岩 波 文 庫
33-642-2

精神分析入門講義

(上)

フ ロ イ ト 著
高田珠樹・新宮一成
須藤訓任・道籏泰三 訳

岩 波 書 店

Sigmund Freud

VORLESUNGEN ZUR EINFÜHRUNG IN DIE PSYCHOANALYSE

1916–1917

凡　例

一　本書は、フィッシャー社(ドイツ、フランクフルト・アム・マイン)から刊行された『フロイト全集』(全十八巻、別巻一)に、第十一巻として収録された『精神分析入門講義』(一九一六年から一七年にかけて執筆)を訳出したものである。翻訳にあたって使用した底本は、以下のとおりである。

Sigmund Freud, *Gesammelte Werke*, XI, Vorlesungen zur Einführung in die Psychoanalyse, herausgegeben von Anna Freud, E. Bibring, W. Hoffer, E. Kris, O. Isakower, Imago Publishing Co., Ltd., London, 1940, Neunte Auflage, S. Fischer, Frankfurt am Main, 1998.

二　本書の本文と訳注は、岩波書店刊『フロイト全集』(全二十二巻、別巻一)第十五巻『精神分析入門講義』(二〇一二年五月刊)を改訂し、必要な修正を加えたものである。文庫化に際しての主な修正点など、留意すべき事項については、以下に順次記す。なお、以下とくにことわりなく「全集」とある場合は、この岩波書店刊行の日本語版全集を指す。

三　本文の下欄に、底本の該当頁をアラビア数字で示し、底本や全集を参照する際の便宜をはかった。

四　著者フロイト自身による「原注」は「＊1」「＊2」の形式で注番号を示し、注本文は各講末に収めた。ただし、全集では原注として示したもののうち、出典を示すなど、ごく短いものについては、本書では(　)に入れて本文中に示した。

五　「訳注」は「(1)」「(2)」の形式で注番号を示し、注本文は巻末に一括して収録した。なお訳注には、英語版全集(次項に示すSE)に掲載されている注解を適宜、翻訳引用する形で収録したものと、各訳者が新たに執筆したものが含まれる。両者を区別するため、翻訳引用した注については、注冒頭または引用個所冒頭に[SE]と示した。[SE]のマークが付されていない注は訳者によるものである。詳細は訳注冒頭の注記に示す。なお翻訳引用の注について、全集では、複数の校訂本、注釈本、翻訳本の注解を掲載したが、本書ではSEの注解に一本化した。

六　訳注作成にあたって、引用・参照した各種校訂本、注釈本、翻訳本について、本書で用いた略号と、書誌を以下に示す。

GW Sigmund Freud, *Gesammelte Werke*, 18 Bände und Nachtragsband: Bände I–XVII, Imago Publishing Co., Ltd., London, 1940–52; Band XVIII, S. Fischer, Frankfurt am Main, 1968; Nachtragsband, S. Fischer, Frankfurt am Main, 1987.

SA Sigmund Freud, *Studienausgabe*, 10 Bände und Ergänzungsband, S. Fischer, Frankfurt am Main, 1969–75; Limitierte Sonderausgabe, 2000.

TB Sigmund Freud, *Werke im Taschenbuch*, 28 Bände, Fischer Taschenbuch Verlag, Frankfurt am Main.

SE *The Standard Edition of the Complete Psychological Works of Sigmund Freud*, 24 Volumes, The Hogarth Press, London, 1953–74.

OC Sigmund Freud, *Œuvres Complètes*, 21 Tomes, Presses Universitaires de France, Paris, 1988-.

七　フロイトの著作には、単行本、雑誌掲載論文などの刊行形態を区別することが困難なものが多く、本書では全集を踏襲し、村上仁監訳、J・ラプランシュ、J－B・ポンタリス『精神分析用語辞典』(みすず書房、一九七七年)所収の「フロイト著作年表」において単行本として刊行された旨が記されている著作は『　』を、その他の著作は「　」を付す形で表示した。なお全集第七巻収録の『日常生活の精神病理学にむけて』

については、岩波文庫版（高田珠樹訳、二〇二二年刊）にあわせ、書名を『日常生活の精神病理』として記載した。

八　本文および訳注において、フロイトの他の著作が参照されている個所は、全集の巻数と該当頁番号を示した。なお『日常生活の精神病理』の参照個所については、あわせて岩波文庫版の該当個所も示した。

九　本文および訳注において用いた記号類については、以下のとおりである。

〔　〕　本文ないしSEの翻訳引用注において訳者によって補足された個所

《　》　原文においてイタリック体で表記されたドイツ語以外の術語など

傍点　原文におけるドイツ語の隔字体（ゲシュペルト）の個所

ゴシック体　夢の内容など、本文中にイタリック体で挿入された独立した記述

十　本書で言及されている書名や雑誌名については、日本語に訳して示した。読者の便宜のため、雑誌名の原題を以下に示す（和名五十音順）。

『アメリカ心理学雑誌』 *American Journal of Psychology*

『アメリカン・イマーゴ』 *American Imago*

『アントロポピュテイア』 *Anthropophyteia*

『医学の進歩』 *Fortschritte der Medizin*

『イマーゴ』*Imago*
『国際医学会議』*International Congress of Medicine*
『国際医療精神分析雑誌』*Internationale Zeitschrift für ärztliche Psychoanalyse*
『国際精神分析雑誌』*Internationale Zeitschrift für Psychoanalyse*
『小児医療年報』*Jahrbuch für Kinderheilkunde*
『心理学論集』*Archives de psychologie*
『性科学雑誌』*Zeitschrift für Sexualwissenschaft*
『精神分析・精神病理学研究年報』
Jahrbuch für psychoanalytische und psychopathologische Forschungen
『精神分析中央誌』*Zentralblatt für Psychoanalyse*
『哲学雑誌』*Revue Philosophique*

十一　本書下巻収録の「解説」は、全集第十五巻収録の「解題」を改稿したものである。

十二　本書下巻収録の「索引」は、全集別巻収録の「事項索引」と「人名・神名索引」をもとに作成したものである。

目次

下巻目次

精神分析入門講義（上）

序　言

精神分析という知の領域についてはすでにヒッチュマン『フロイトの神経症論』（ウィーン―ライプツィヒ、一九一一年）第二版、一九一三年）、プフィスター『精神分析的方法』（ライプツィヒ、一九一三年）、レオ・カプラン『精神分析概説』（ウィーン、一九一四年）、レジスならびにエスナール『神経症と精神病の精神分析』（パリ、一九一四年）、アードルフ・F・マイエル『精神分析による神経症の治療』（アムステルダム、一九一五年）といった概説書があるが、ここで私が「精神分析入門」と銘打って世に問おうとする本書には、こういったすでにある一連の概説書に張り合おうという意図はない。これは、私が一九一五年から一六年にかけての、さらに一九一六年から一七年にかけての二つの冬学期に、医師やそうでない人も含む男女の聴講者を前にして行った講義を忠実に再現したものである。

本書の叙述には読者の目に留まるであろう独特な点がいくつかあるが、これらはすべて本書の成立に絡む様々な事情に由来している。叙述に際し学術書の冷静を守り通すことはできなかった。むしろ、話し手としては、ほとんど二時間に及ぶ各回の講義のあいだ、聴き手の注意が萎えることのないように配慮せざるをえない。折につけその場面での効果に留意したせいで、同じ主題をある時には夢解釈の文脈で、ついで後からは神経症の問題の文脈で取り上げるといった具合に何度も繰り返し論じざるをえなかった。素材の並べ方についても、たとえば無意識などいくつかの重要な主題は、一個所だけでは十分に論じ尽くせず、いったん取り上げながらひとまず中断し、先の知見に何がしかを付け加える新たな機会の到来を期す、ということを繰り返した。

精神分析の文献に親しんでいる人からすると、この「入門」書で述べられているのは、すでに刊行されている遥かに詳しい著作でお馴染みのことばかりで、それ以外のことはほとんど何も見出されないだろう。しかし、素材を整理し概括する必要から、著者としては、いくつかの項目(不安の病因、ヒステリー性の空想《ファンタジー》など)で、これまで手許にとどめて公にしてこなかった素材をやむなく紹介したところもある。

ウィーンにて、一九一七年春

フロイト

第一部　失錯行為

第一講　緒　言

皆さん、精神分析について皆さん一人ひとりが自分で読むなり人から聞くなりして、どの程度にご存じであるか、私は承知していません。しかし、題目として精神分析の初歩的な入門という文言を掲げた以上、私には、皆さんがまるで何も知らず一から手ほどきを必要とする人々であるかのように接する義務があります。

もっとも、精神分析が神経症の患者を医師の立場から治療するひとつの方法であることを皆さんがご存じであることくらいは、あらかじめ想定してよいでしょう。そこで早速ですが、この分野では医学の通常の様子とは多くの点で違っている、それどころか全く逆であることすら稀ではないことを示すひとつの例を挙げることができます。通常、ひとりの患者に対し、その人に馴染みのない新たな治療の技法を試す場合、私たちは、患者にその技法に伴う辛さをできるだけ控えめに説明し、治療の成果を約束して安心させるというのが定石です。これは悪くないやり方だとは思います。こうすることで、成果が得られる見込みも高まるからです。しかし、神経症の患者に精神分析の治療を施す際、私たちはそれとは異なった態度を取ることになります。患者には、この方法には様々な困難が伴い、それが長期に及ぶこと、様々の努力も必要で犠牲を強いられることを説明しますし、その成果についても確かな約束はできない、うまく行くかどうかはあなたの態度や理解、協力、辛抱に懸かっていると言っておきます。一見、不届きとも映るこのような態度には、もちろんそうするのがよい動機がいくつかあります。これらについては、皆さんにもいずれ納得していただけることでしょう。

さてここで、私は皆さんをさしあたりこういった神経症の患者のように扱うことになりますが、これについては気分を害さないでください。率直なところ、私の講義はもう二度と聴きに来られないことをお勧めします。私としては、むしろ皆さんに嫌気を起こさせるつもりで、精神分析の授業にはどのような類いの不完全さが付きまとうのか、また自分で判断できるようになるにはどのような困難が立ちはだかるのか、といったことについて話したいと思います。これまで受けてこられた教育や自分で持っておられる思考の習慣はすべて、皆さんを精神分析の反対論者にしてしまわざるをえないこと、それゆえこの本能的な敵対的態度を克服していただくには、自分の中にあるそういったものをどこまで克服しなくてはならないのか、について述べたいと思います。私の話を聴くことで、精神分析についての皆さんの理解がどこまで深まるか、これについてはあらかじめ言うことはもちろんできませんが、これを聴いたことによって精神分析的な研究を手がけたり、あるいはその種の治療を自ら行ったりするのを習得したということにはならない、ということだけは約束できます。皆さんの中には、精神分析について単に通り一遍の知識を得るだけでは満足できず、末永くこれと関わりを持ちたいと考える人も出てくるかもしれませんが、私は、それはやめておいたほうがよいと助言するだけでなく、ずばり引き留めることでしょう。精神分析を取り巻く現状からして、これを職業として選択しようものなら、大学での栄達の可能性などすべて自ら棒に振ることになりますし、開業医として身を立てようにも、これを迎える社会はその人の努力を理解せず、ただ不審の念と敵意をもって眺め、そこに潜む悪霊どもがいっせいに襲いかかってくることでしょう。その隊列の勢いについては、さしずめ今日ヨーロッパで猛威を揮う戦争に伴う様々の現象を考えるなら、おおよそ見当がつこうというものです。

とはいえ、ささやかながら何か新たな知識となりえようものには、たとえいろいろ面倒なことが付きまとっても、それに魅了される人が少なからずいるものです。皆さんの中の幾人かがこの種の人であって、やめたほうがよいという私の助言に屈することなく次回もここにいらっしゃるなら、私は歓迎します。ただ、皆さんの誰もが、私が先に触れました精神分析に付きまとう困難とはどのようなものであるのか、これを知る権利を持っていらっしゃいます。

まずは、精神分析について手ほどきをし教育する上での難しさです。医学の教育では、皆さんは何かを見るということに慣れておられる。解剖の標本や化学反応の沈殿物を見たり、神経を刺激するとその結果、筋肉が収縮するのを目にしますし、後になれば患者本人や、患者の病苦の症状、病的過程の所産、さらに多くの場合には病原体を分離した状態で見せられたりもします。外科の各分野では手術によって患者が助かるのを目の当たりにし、自分でそういった手術を実際に行ってみることも許されます。精神医学においてすら、患者の表情に変化が生じたり独特の話し方や振舞い方をしたりするのが実際に提示され、深い印象を残す数多くの例を観察する機会に恵まれます。そこでは医学の教師は、主として、美術館で皆さんに付き添う案内者や解説者の役割を演じ、皆さん自身は対象に直接に触れ自ら見聞きすることを通して新たな事実の存在を確信したと信じることになります。

残念ながら精神分析では事情が全く異なります。分析治療では、分析を受ける人と医師とのあいだの言葉のやり取りが行われるだけです。患者はいろいろ話します。過去の体験や現在の印象について語ったり、繰り言を言ったり、自分の欲望や感情の蠢《うごめ》きを告白したりします。医師はじっと耳を傾け、患者の思考の歩みを誘導し、促します。そして患者の注意が一定の方向に向かうように圧迫したり、解明を与え、そうすることで自分が患者に引き起こす了解や拒絶といった反応を観察したりします。私たちが診る患者たちの身内でも教養のない人たちは、もっぱら目に見えるものや具体的に捉えられるものしか納得せず、できれば映画で見るような筋書きを期待しがちで、ことあるたびに「単に話すだけでどうして病気に対して有効な手を打てるのか」という疑いの念を示しがちです。もとよりこういった発想は短慮的で一貫性に欠けています。他ならぬこの人たちは、患者の症状が単に「気のせいでそう思い込んでいるにすぎない」のをちゃんと知っているのです。言葉とは元来、魔術でした。そして言葉は今日もなおかつての魔力の多くを失うことなく保持しています。言葉によって人間は他人を喜ばせもすれば絶望に陥れもします。教師は言葉によって自らの知識を生徒たちに伝え、また弁士もやはり言葉によって参集した聴衆を感極まらせ、彼らの判断や決定を左右します。言葉は情動を喚起するもの、人間が相互に影響しあうための一般的な手立てです。私たちはそれゆえ、精神治療において言葉が用いられるのを軽視するべきではなく、自分たちが、分析者とその患者とのあいだで交わされる言葉の聴き手となりさえすればそれで満足するこ

とでしょう。(1)

　もっとも、この聴き手となることすら私たちには叶わないのです。精神分析の治療は語らいによって成立しますが、それには聴き手の存在がそぐわないのです。精神分析の治療を実地で示すことはできません。もちろん神経衰弱の人やヒステリーの患者を精神医学の講義で学生たちに見せたりすることはできます。そうすると、患者は自分の病状や症状について語ります。しかし、それ以外については何も話しません。分析に必要なことは、医師との特段の感情的な結び付きとしての拘束があるという条件のもとでしか、患者は話してくれないのです。たとえひとりでも自分とは無関係の傍聴者がいるのに気がつけば、患者は黙り込んでしまうことでしょう。というのも、ここで伝えられるのは、本人の心の生活の中でも最も内密のもの、社会的に自立した人物として他人に対して隠さなくてはならないものの一切、さらには統一した人格として自分に対してもなかなか認めたくはないもの全般に関わるからです。

　こういう次第で、皆さんには、精神分析の治療をそばで一緒に聴いていただくわけにはいきません。それについて伝え聞くことしかできないのです。言葉の最も厳密な意味での精神分析については、ただ話に聞くことを通して知識を得るしかないでしょう。この言わばまた聞きによる教育のせいで、皆さんは判断形成に関して通常とは実に異なった条件に置かれることになります。皆さんからすれば、情報を提供してくれる人がどの程度、信頼するに足りるのか、大方のところはどうやらこれに懸かっているということになります。

ここでひとつ皆さんが、精神医学の講義ではなく、歴史学の講義に出席している、そして講義の担当者はアレクサンダー大王の生涯と武勲について話していると仮定してみましょう。どういった動機から皆さんは、その人の語ることが本当だと信じることができるのでしょうか。さしあたっては、精神分析の場合よりも形勢が良くないように見えます。何しろ歴史の教授は、アレクサンダーの遠征に参加したわけではなく、その点では皆さんと何ら変わりないからです。精神分析医は、少なくとも自分が一定の役割を果たした事柄について皆さんに報告します。しかし、そのあと、今度は歴史家の話に信憑性を与えるものの出番です。歴史家は、くだんの出来事と同じ時代の人であったか、少なくとも私たちより近くに位置していた昔の文筆家たちの報告、たとえばディオドロスやプルタルコス、アッリアノス(2)らの報告を引き合いに出すことができます。今日にまで残される王の肖像を刻んだ貨幣や王の立像の図を見せたり、イッソスの戦いを描いたポンペイのモザイク画の写真を回覧させたりすることもできるでしょう。厳密に考えるなら、これらの記録も、単にすでに私たちより前の世代もアレクサンダーが実在したことと、彼の功績が事実であったのを信じていたことを証明しているだけで、皆さんがあらためてそこに批判の目を向けても支障はありません。そうすると、アレクサンダーについて報告されていることは必ずしもすべてが信ずるに足るものではない、あるいは個々の細部に至るまで確認できるものではないことが分かるでしょうが、だからといって、私には、皆さんがアレクサンダー大王の実在を疑う人となって講義室を去ることになるだろうとは想定できません。この件に関する皆さんの決定は、主として二つの点を考慮することによって決まってきます。第一に、講義の担当者には、自分が本当であると思ってもいないことについてそれを実際の話であると皆さんに言って聞かせる動機があるとは考えられないこと、第二に、手に入りうる歴史書のすべてがこぞって一連の出来事をほぼ似たようなかたちで記述しているということです。ついで皆さんが昔の史料を検証してみようとすれば、やはりこれと同じ要因、すなわち、報告者たちがそれを行うのにどのような動機が考えられるか、彼らの証言は互いに一致しているか、という点を顧慮することになるでしょう。検証の結果、アレクサンダーについてはなるほど納得できるものの、モーセやニムロド(3)といった人物などの場合だとどうやら違った結果になりそうです。もっとも、精神分析について報告する人の信憑性に対してどういった点で疑いの余地があるかについては、今後、はっきり見極めていただく機会が何度かあるでしょう。

こうなると皆さんは、当然、もし精神分析の信憑性の客観的な裏付けとなるものがなく、またそれを実地に示してみせるすべもないのなら、そもそもどのようにして精神分析を習得し、かつその主張の真実性を確信できるのか、と問うてみることができるはずです。実際、精神分析を習得するのは容易ではなく、またこれをきちんと学んだ人も多くはありません。とはいえ、もちろんそれに通じる道もないわけではありません。精神分析はさしあたり我が身に即して、自分の人間としての在りようを研究することを通して習得されます。自己観察と呼ばれるのと全く同じというわけではないものの、ひとまずそのひとつと見なしてよいでしょう。ごく頻繁に起こって誰もが知っている心的現象のうち、技法についていくらか指導を受けさえすれば、そのあとは自分自身を分析の対象とすることのできるものが少なからずあります。そうすれば、期待にたがわず精神分析が記述する現象が実際に存在しており、その見解が正しいことを確信できるはずです。もとよりこの方策にも一定の限界があります。この道に通じた分析家による分析を受け、分析の効果を自ら身をもって体験し、しかもその際、自分以外の人がこの方法の精緻な技法を用いるのを窺える機会を活用すれば、遥かに大きな進捗が得られます。こうしたやり方は優れてはいるものの、もちろんあくまで個々の人が個別に試してみられるものであり、講義に出席している全員が一斉に揃ってこれをやってみるというわけにはいきません。

精神分析に対する皆さんの関係が難しくなる二つめの理由は、もはや精神分析のせいではなく、講義を聴いておられる皆さん自身の責任によるものです。少なくとも皆さんがこれまで医学を学んでこられた以上、その範囲で責任を免れません。これまで皆さんが予備的に学ばれたことは、皆さんの思考活動に一定の方向性を与えていますが、それは精神分析とはおよそかけ離れた方向に向かうものです。皆さんはこの方向で、生体の様々な機能とその障害を解剖学的な理由から解明し、化学や物理によって説明し、生物学的に捉えようとする訓練を受けてこられました。しかし、この見事に複雑な生体の働きの頂点に位置する心的な活動には、皆さんは全く関心を向けてこられませんでした。それゆえ、皆さんにとって心理学的な思考法は疎遠なものにとどまり、この種の思考法には不審の念をもって臨み、それが科学的であるのを否定し、医学の門外漢や詩人、自然哲学者、(4)神秘家にそれを任せるのが習い性となっています。こういった狭い枠を自分にはめるのは、実は皆さんの医師としての活動には有害です。どのような人間関係においても決まってそうであるように、患者は皆さんに対してさしあたり心の表側の面を見せるからです。皆さん(5)が治療において影響を及ぼそうとしながら、その一部を、皆さんが軽蔑しておられるもぐりの医者や自然療法師、神秘家に委ねざるをえない次第です。そういった関心の狭さに対するしっぺ返しではないかと私は案じる次第です。

皆さんが受けてこられた予備教育のこの欠点には、それなりに弁解の余地があることは私も分からないではありません。皆さんが医師として持つ意図に資するに足る哲学的な補助学問というのが見当たらないのです。思弁哲学や記述心理学、あるいは感覚生理学に立脚し教育機関で講じられてもいるいわゆる実験心理学、これらのどれをとっても、皆さんに身体的なものと心的なものとの関係について役に立つことは何ひとつとして教えてくれません。心的機能に生じうる障害を理解する手掛かりを与えてくれることもありません。医学の中では、精神医学が心の障害を観察して記述し、臨床的な病像へ纏めようと腐心してはいますが、精神医学に従事する者自身、折あるごとに自分たちがもっぱら記述的に纏め上げたものがはたしてひとつの学問の名に値するか疑ったりします。これらの病像を構成する様々な症状も、それらが何に由来し、どのような機制で作用するか、互いにどう結びついているかについては分かっていません。症状に対応する変化が、心を司る解剖学的な器官に認められるわけではなく、また対応する変化がある場合も、そこから症状を説明することはできないのです。そういった心的障害に治療面での何らかの効果を及ぼせるのは、そういった障害が何か他の器質性の疾患の副作用であると認められる場合に限られます。

ここにあるすき間を、精神分析は何とかして埋めたいと奮闘しています。精神医学に欠落している心理学的な基盤を与えてやりたいと考えているのです。なぜ身体面での障害と心的な障害とが合致するのかを理解できる共通の基盤を発見したいと念じています。この目的のために、精神分析は、解剖学的な性質のものであれ化学や心理学に根ざすものであれ、自分とはそりの合わない前提を排し、もっぱら純粋に心理学的な補助概念だけで作業を進めなくてはいけません。まさにそのゆえに、精神分析は皆さんにとってさしあたり何か縁遠いものと映るのではないかと案じます。

その次の困難については、私はそれがひとつには皆さんのせいだ、皆さんが受けた予備教育や心構えもその責を免れないなどと言うつもりはありません。精神分析は、それがこれまで打ち立ててきた主張の中でも二つの点で世の中全体を侮辱し、反感を買ってきました。うちひとつは知的な先入見を逆撫でし、いまひとつは美的かつ道徳的な先入見に悖《もと》るのです。こういった先入見はけっして馬鹿にはできません。なかなか手ごわいです。これらは人類の有益にして必然的な発展が残した沈殿物です。情動的な力がこれらにしがみついて放そうとせず、これらと戦うのは困難を極めます。

評判の悪いこれら二つの主張のうち第一のものは、諸々の心的な過程はそれ自体としては意識されない、無意識である、そして意識されている過程は心の生活全体の中のいくばくかの作用、その一部にすぎないというものです。想い起こしていただきたいのですが、私たちは通常、それとは逆に心的というのと意識的というのとを同一視しがちです。意識されているというのは、私たちにとってまさに心的なものを定義する性格となっており、心理学とは意識の内容についての学問だと考えられています。両者を同一視するのはごく自明のことと映るものですから、これに異を唱えようとするのは、どう見ても明らかな愚行と感じられてしまいます。にもかかわらず、精神分析としてはここに異を唱えざるをえない、意識されているというのと心的というのとが同じだと想定するわけにはいかないのです(6)。心的なものとは感知とか思考、意欲といった類いの過程のことであるというのが精神分析による心的なものの定義であり、精神分析としては、無意識の思考とか無意識の意欲といったものが存在するという見解を取らざるをえません。しかし、こう考えたせいで、当初から精神分析は、冷静な学問性を支持する人々の共感を繋ぎ止めることができず、暗闇に高楼を築き濁水に魚を求めようとする空想的な秘教ではないかとの嫌疑をかけられることになりました。もっとも、皆さんにはまだ当然ながら、いかなる権利をもって私が「心的なものとは意識されているものだ」といった、はなはだ抽象的な性質の命題を先入見にすぎないと断じるか、理解できません。意識されないもの、無意識というものが在るとするなら、どのような経緯からそれが否認されるに至ったりしたのか、そしてこれを否定することにどのような利点があったのだろうか、こういったことは皆さんにはまだ見当がつきません。心的ということを意識的というのと同じだとするべきなのか、あるいはもっと広いものだとするべきなのか、というのは、単に言葉だけの空疎な争いに聞こえます。しかし私は皆さんに、無意識の心的過程を想定することによって世界と学問の中に新たな方向を設定する上で決定的な一歩が踏み出されたのだ、と断言できます。

そして、精神分析のこの第一の大胆な命題が、これからお話しする第二の命題とどれほど密接に繋がっているか、皆さんにはやはり見当がつかないはずです。精神分析が自らの成果のひとつとして唱導するこのもうひとつ別の命題とは、いわく、狭い意味にせよ広い意味にせよ性的と呼ぶほかない欲動の蠢きが、神経と精神の病を引き起こす上で異様に大きな役割を果たしている、この役割は従来けっして十分には評価されてこなかった、加えてその性的な蠢きは文化や芸術、社会といった面で人間精神の極めて優れた創造にあずかり、その貢献は侮れない、という主張です(7)。

私の経験からしますと、精神分析に立ちはだかってきた抵抗の最も重要な源泉は、精神分析の研究から引き出されたこの結論に対する嫌悪感です。私たちがこれをどう説明しているか、お話ししましょう。文化とは生きる上での必要に駆られ、欲動の充足を犠牲にして創造されてきた、と私たちは考えます。そして、人類共同体の中に新たに入ってくる個々人が全体の利益のために欲動の充足を犠牲にするのを繰り返すことによって、文化は、その大部分が何度も新たに創造されなおすのです。このようなかたちで転用される欲動の諸力の中でも性的蠢きの力はひとつ重要な役割を果たします。この過程でそれらは昇華される、すなわちその性的な目標から逸らされ、もはや性的ではない社会的にもっと高等な目標に向けられるのです。しかし、こういった建設的な営みは不安定で、性的欲動はうまく制御されていません。文化の作業に従事するはずの個々人といえども、その誰しもに、性的欲動がそのように転用されるのを拒む危険があります。社会の信じるところでは、性的な欲動が解放され欲動がその元々の目標に戻るということほど自らの文化にとって物騒なものはありません[8]。社会はそれゆえ自らの基盤というべきこの微妙な部分に注意を喚起されるのを好まず、性的欲動の強さが認識され個々人にとって性生活の持つ意義が明らかになるように努めるなどといったことに関心は全くありません。社会はむしろ、教育的な意図からして、この領域全体から注意を逸らせるという方策を取ってきました。それゆえ、社会にとっては、先に挙げた精神分析の研究結果には我慢ならない、できればこれに美的観点からはおぞましく道徳的には唾棄すべきもの、危険なものという烙印を捺したいのです。しかしこのようにけなすだけでは、学問的な仕事から得られ客観的であると名乗る成果に横槍を入れることはできません。面と向かって異を唱えようというのであれば、知的な領域に場所を移さなくてはいけません。さて、人間はその本性からして何か自分が好きでないものをとかく正しくないものと見なしがちです。この場合、それを否定する論拠もたやすく見つかります。こうして、社会は、好ましくないものはすなわち正しくないものだとし、精神分析が明らかにした諸々の真実も論理的かつ実証的な論拠でもって、ただし情動的な理由から否定してかかり、所詮いかなる論駁の試みをも排する先入見にすぎないこの手の異論に執着することになります。

しかし、皆さん、私たちが世間から叩かれたあの命題を打ち立てたとき、自分たちは何か特定の方向性を追い求めていたということはないと主張してよいでしょう。私たちはただ、苦労して認識しえたと信じたひとつの客観的事実に対して表現を与えようとしたにすぎません。学問的な作業の中に実生活上の配慮が混入するのを、私たちは断固として拒否します。たとえ、そう配慮をするようにと私たちに指図しようとする懸念の当否について私たちがあらかじめ調べを済ませたわけではなくても、私たちにはその権利があるはずです。

さて、ここまで皆さんが精神分析に取り組まれる際に立ちはだかる困難のいくつかを挙げてきました。手始めとしてはこれで十分すぎると言っていいでしょう。もし皆さんがこういった困難に気おされることがないなら、私たちはこの先をさらに続けることにしましょう。

第二講　失錯行為

皆さん、私たちは、前提をいくつか挙げることから始めるのではなく、調べるということから始めたいと思います。調べる対象として私たちが選ぶのは、はなはだ頻繁に起こって周知のことではあるのですが、ほとんどまともに評価されておらず、また健康などんな人にも見られ、その限りでは病気とは何の関係もない、ある一定の現象です。それは、人間のいわゆる失錯行為で[1]、たとえば何かを言おうとして、その代わりに別の言葉を言ってしまう言い違いがそれです。あるいは同様のことがものを書く際に起こったりしますが、これには、本人が気づく場合もあれば気づかない場合もあります。また、何か印刷物や手書きのものを読む際に、読むべきものとは違ったことを読んでしまう読み違いもそうですし、さらには、自分に言われたことを誤って聞いてしまう聞き違いもそうです。もちろんここで考えているのは聴力に何か器質上の障害を勘案する必要のない場合のことです。このような現象のもうひとつ別の系列に、永久に忘れるというのではなく、短期的にすぎない度忘れに起因するものがあります。たとえばよく知っていて、言われればすぐにそれと分かる名前が出てこないとか、あるいは何かしようという企図を実際に行うのを忘れてしまうのだけれども、後になれば想起し、それゆえ単に一定の期間だけ忘れたにすぎない、というのがそれです。さらに第三の系列は、この短期的という条件が欠落している場合で、たとえば何かをどこかにしまってもはや見つからない置き忘れとか、それと実によく似た紛失などがこれに当たります。ここでのもの忘れは、ほかのもの忘れと違って本人には納得がいかず、自分に呆れたり腹立たしく思ったりしがちです。これらに続く系列には、ある種の勘違いなどが来ますが、ここでは、しばらく何かについてそうだと信じているのだけれども、その前や後ではそうではないということが分かっており、その点でやはり一過性が前面に出てきています。ほかにも様々の名前で呼ばれる数多くの似た現象があります。

ここで挙げた一連の現象に内的な類縁性があることは、それらを表す言葉のいずれにもver-という前綴りが付く(2)という点に現れていますが、いずれも大して重要ではない現象で、大概のところごく一過的なもので、人間の生活にとってさして大きな意味を持っていません。ごくたまに持ち物を紛失したりすると、それが実際にある程度重要な意味を持ってくるくらいのことです。このため、さほど注目されることもなく、僅かに情動を刺激するにすぎません。

そこで今、皆さんにこれらの現象に注目してほしいのです。もっとも皆さんは、不満げに私にこう文句を言うのではないでしょうか。「広い世界にも心的な生活という比較的狭い世界にも実に多くの大きな謎があります。心の障害という領域には解明を必要とし、また解明に値する不思議なことが実にたくさんあります。このような下らないことでいたずらに労力と関心を費やすのは、いかにも気楽な感じがします。目も耳も健康な人がまっ昼間からありもしない物が見えたり聞こえたりすると思い込んだりするのはどうしてなのか、またある人がそれまで自分にとって最も親しく身近であった人から急に迫害されていると思い込んだりするのはなぜか、あるいは子供から見ても馬鹿げていると思えるような妄想を理路整然と説いたりするのはなぜか、といったことを納得させてもらえるのであれば、私たちもなるほど精神分析とは大したものだと思うでしょう。ところが誰かが祝辞を述べる際にひとつの言葉を別の言葉と言い違えたのはなぜか、主婦が鍵をどこかに置き忘れたのがなぜか、といったことを考えろとおっしゃるのであれば、私たちとしてはもっとましなことに自分の時間と関心を振り向けたいと思います」(3)。

それに対して私は、皆さん、ひとまず辛抱してください、皆さんの批判は的外れではないかと思われます、と答えるでしょう。確かに精神分析としては、自分がかかずらってきたのは瑣末なことではないと自慢するわけにいきません。むしろ逆に、精神分析が観察対象とするのは、通常、ほかの学問からあまりに些細なことだとして脇に押しやられている見栄えのしない事柄、いわば現象界の滓《かす》のようなものです。でも、そういった批判を持ち出される際、皆さんは問題が重大であるのと見かけが派手であるというのとを混同されてはいないでしょうか。たいへん重要なのだけれども、ある一定の条件のもと、ある一定の時にただごく微かなしるしを通してしか表に現れてくることができないものもあるのではないでしょうか。この種の状況を皆さんにいくつか挙げてみせるのは何でもありません。皆さんの中でも若い男の人たちは、ひとりの女性が自分に好意を抱いていると察するのに、ごく些細なしるしを手掛かりとされるのではないでしょうか。そうと感づくのに、あからさまな愛の告白か、熱烈な抱擁を待っておられますか。それとも、ほかの人がほとんど気づくことのない眼差しや、ごく僅かな仕草、たとえば握手がほんの一秒長い、というので十分ではないでしょうか。仮に皆さんが刑事になって殺人事件の捜査に加わるとしたら、まさか、犯人が自分の写真に住所まで添えて現場に残しておいてくれているのを期待されたりしますか。むしろ、くだんの人物が残したいかにも貧弱で曖昧な痕跡に満足するよりほかないのではないでしょうか。だから些細なしるしを見くびるのはやめましょう。それだって、首尾よくもっと大きなものを辿ってゆく手がかりとなるかもしれません。その暁には、私も皆さん同様、晴れて、世の中、学問の中の大きな問題こそがまず私たちの関心を惹いて当然だと考えます。ただし、さあ今からあれこれの大きな問題の探究に取りかかるのだと声高に計画してみたところで、大概のところほとんど何の足しにもなりません。そう企図したところで、最初の一歩すらどちらに踏み出してよいやら分からないというのがしばしばです。学問的な仕事では、すぐ目の前にあって、その究明に道が開けてくるものをまず取り上げるほうが、成果が見込まれます。これといった前提や期待がなくともとにかく根本的にやってみるなら、何事も互いに繋がりあい、小さなことも大きなことと絡まっているのですから、運さえよければ、ごくささやかな仕事といえども、そこから大きな問題の研究へ通じる道が開けてくるものです。

健康な人に見られる一見したところごくつまらない失錯行為について論じることに皆さんの関心を引きとめておきたいがために、私はさしずめこのようなことを話すはずです。さてここで、私たちは、誰か精神分析についておよそ不案内な人に声をかけ、こういった事柄が生じるのをどう説明するか、質問してみることにしましょう。

その人は恐らく、ああ、それはしいて説明するまでもありません、些細な偶然にすぎません、とまずは答えるはずです。その人が言いたいのはどういうことでしょうか。世界の中で起こる事柄の連鎖から漏れ落ち、在ろうとなかろうと変わりない些細な事柄が在るのだ、と主張したいのでしょうか。もし誰かがそのようにして、どこかただの一個所においてにせよ自然界の決定論を破ったなら、その人は科学的な世界観を打ち捨ててしまったことになります。だったら、そんな人には、神の特段の意志がないかぎり一羽の雀とて屋根の上から落ちはしないと断言して憚らない宗教的な世界観のほうが、遥かに一貫性があると言ってやってもかまいません。その人は、自分の最初の答えから出てくる帰結に最後まで付き合う気はなく、譲歩して、もし自分がこれらの事柄について研究するなら、自分にだってもちろんそれらに対する説明が見つかるはずだ、と言うことでしょう。これは機能が僅かに脱線したもの、心的な働きが不正確になったものであり、そうなる条件は挙げられるはずだというのです。普段、きちんと話せる人であっても、一、いくらか気分がすぐれず疲れているとき、二、興奮しているとき、三、ほかの事柄にあまり強く気をとられているときには、言い違いをする、というのです。これらの言い分は容易に裏付けられます。実際、疲れているとき、頭痛がしているか偏頭痛が間もなく始まりそうだというときには、言い違いは特に頻繁に起こるものです。固有名詞の度忘れもやはり同様の状態のときに容易に生じます。習慣上、固有名詞が思い浮かばないことから、偏頭痛が間もなく生じるのに気づく人もいます。(4) 興奮している際にもやはり言葉を間違えたりしますが、それだけでなく物を間違えたりもします。「取り違える」のです。また、注意が散漫になっているとき、これは本来のところ何かほかのことに集中しているのですが、そういったときには、するつもりだったことを忘れたり、意図していなかった別の行為をいろいろしてしまったりするものです。注意散漫の例としてよく知られているのは、『フリーゲンデ・ブレッター』(5) 誌に登場する教授で、自分が次に書く本の中で扱うことになる問題について考えていて、傘を置き忘れたり自分の帽子を間違えたりします。何かしようと心積もりしたり、人と約束したりしながら、実際に行う前に何かひどく気を取られることがあったせいでそれをつい忘れるというような例は、私たちの誰もが身に覚えのあるものです。

これは一見、誰もが納得できるところで、異を唱える余地もないかに見えます。さほど興味深いものでもないかもしれません。少なくとも私たちが期待したほどのものではないのかもしれません。失錯行為についてのこういった説明をもう少し詳しく見ておきましょう。このような現象が成立するために必要だとして挙げられる条件は、互いに同じ性質のものではありません。不快であるとか血のめぐりが悪いとかというのは、正常な機能が損なわれることの生理学的な理由を挙げるものですし、興奮や疲労、注意の散逸などは、精神生理学的とでも呼びうるであろう別種の契機です。このうち後のほうは、容易に理論の中に取り込むことができます。疲労や散漫のせいで、あるいはことによると一般に興奮のせいで、注意力の分散という事態が引き起こされ、その結果、当該の行為にほとんど注意が向けられなくなるのかもしれない。そうなるとその行為はとりわけ容易に攪乱され、きちんと行われなくなるのかもしれません。軽く病気にかかっていたり、中枢神経での血液の供給に変調があったりすると、注意力の配分という肝腎の契機に類似の影響を与えて同様の結果を引き起こすのかもしれない。いずれの事例も、原因が器質的であるか、心的であるかは別として、注意力の攪乱によるものだ、というわけです。

私たちの精神分析的な関心からすると、このあたりからはあまり大きな成果が得られそうにないかに見えます。つい、このような主題は結局、放り出したいと感じられるかもしれません。もっとも、これについて観察されるところにもう少し詳しく立ち入ってみるなら、注意力の低下による失錯行為の説明にすべてが符合するわけではない、あるいは少なくともすべてがそこからおのずと導き出されるわけでもありません。こういった失錯行為や度忘れが疲労や注意散漫、興奮といった状態にはない、どう見ても正常な状態にある人にも起こるというのは、私たちが経験するところです。もちろん、その人が失錯行為をしたために後から実はその人は興奮していたのだとまわりの人が言うこともありますが、これとて本人自身は認めようとしないものです。加えて、ある行為に向けられている注意が増大することでその遂行が安定し、低下することで危うくなるとは必ずしも単純に言えません。ほとんど注意を向けられることなく純粋に自動的に行われながら、およそ確実に実行される動作も数多くあります。散歩をしていて自分がどこを歩いているか気づいていない人でも、正しい道から外れることなく、目的地では通り過ぎてしまうことなく立ち止まります。少なくとも通常のところはそれを間違うことはありません。熟達したピアニストはしいて考えることなく鍵盤の正しいキーを叩きます。もちろん時に弾き間違うこともあるとはいえ、自動的に演奏するのがこの弾き間違いの危険を増大させるのなら、長く練習を重ねて演奏が全面的に自動的となった巨匠こそこういった間違いをする危険が最も大きいはずです。私たちがよく目にするのはその反対(6)で、多くの動作は、特段にそこに強い注意が向けられていないときにこそ確実に行われ、逆に正しく行うようにとことのほか気にしていて、必要な注意が逸れることなぞけっしてないときに限って、失錯行為の憂き目に遭ったりするものです。これについては「興奮」のせいだと言えなくはないでしょう。けれども、それほどに強い関心をもって意図しているなら、なぜ興奮は、それに向けられる注意を高めることにならないのか、分かりません。誰かが重要な演説や口頭の交渉をしている際に言い違いによって自分が言おうと意図していたのとは逆のことを言ってしまったりするのは、精神生理学の理論や注意の多寡の理屈ではほとんど説明がつかないのです。

失錯行為についてはさらに、瑣末ながら、従来行われてきた解明の試みによってもうまく説明できない不可解な副次的現象が多々あります。たとえばある名前をしばらく度忘れしたときなどは、これを腹立たしく思い、何とか想い出そうとしてその課題から逃れられなくなったりします。よく言うように「喉まで出かかって」おり、誰かに言ってもらえばただちにそれだと分かるのに、苛立つ本人がいくらあがいても滅多に自分の注意をうまくその名前に向けることができないのはなぜでしょうか。また、いくつかの失錯行為が重なるとか連鎖的に繋がる、あるいはひとつの失錯行為がなくなると別の失錯行為がそれに取って代わるといった場合もあります。一度めはデートを忘れ、忘れないでおこうと心に決めた二度めには、間違って別の時間を覚えていたことに気づくというのがそれです。忘れた名前を想い出そうとしていろいろ回り道をしてみるうちに、その一つめの名前を探し当てる手掛かりとなるはずだったもうひとつの名前まで浮かんでこなくなる、この二つめの名前を追いかけていると今度はさらにもうひとつの名前まで失念する、などということもあります。周知のように同様のことが植字工の失錯行為と解

24

するべき誤植についても起こります。かつて社会民主党系のある新聞の中に、次のような執拗な誤植が忍び込んだのだそうです。ある祝典についての記事で「列席者の中には皇太子《クローンプリンツ》殿下もいた」とすべきところが「穀物皇子《コルンプリンツ》殿下もいた」と記されていました。翌日には訂正記事が出ました。新聞はお詫びの言葉に続いて、もちろん切り株皇子《クノルプリンツ》の誤りです、と書きました。このような誤植について、私たちは誤植の悪魔とか活字箱の妖怪といった類いのことを口にしますが、それは、こういった誤植は精神生理学的な理論によっては説明しきれないことを表しています(7)。

　言い違いというのは、それが生じるように仕向ける、いわば暗示によって喚起することもできるというのをご存じでしょうか。これについては次のような逸話が伝えられています。あるとき、新入りの役者が『オルレアンの乙女』(8)の中で、「司令官《コネタブル》が剣《シュヴェアト》を送り返してきました」と国王に報告するという重要な役を任されたのですが、主役の俳優がふざけて稽古のあいだ中、気後れした新入りに向かって台本から離れて「一頭立ての馬車《コンフォルターベル》が馬《プフェアト》を送り返してきました」と繰り返し吹き込んだのです(9)。その狙いは成功しました。かわいそうなことに、この新米役者は、初舞台となったその劇の本番で実際にその誤った台詞を言ってしまいます。そうしないように十分に警戒していたにもかかわらず、あるいはことによると警戒していたからこそ、その間違いをしでかしたのでした。

失錯行為に備わるこういった些細な特質は、注意の減失といった理論からはそもそも説明できません。しかしそれだからといって、この理論はもはや間違いだということにもなりません。そこには何かが欠けているのかもしれない。全面的に満足のいくものであるには何かを補ってやらなくてはいけないのかもしれません。しかしまた、失錯行為そのものについても、ひとつ別の面から観察されるべきものが少なくありません。

失錯行為のうち私たちの意図にいちばんふさわしいものとして、言い違いを取り上げてみましょう。もちろん書き違いや読み違いを選んだってよいのです。そうすると、今さらながら私たちは、自分たちがこれまで、ひとはいつどのような条件のもとで言い違いをするのかを問うてきたにすぎず、また所詮そういった問いに対する答えを得てきたにすぎないと言わざるをえません。もっとも、関心を別の方向に向けて、なぜひとはわざわざこのような言い違いをし、別の仕方で間違わなかったのか、と考えてみることもできます。言い違いをすることでどのような結果が生じたかを考慮に入れてもよいはずです。お察しのとおり、この問いに答えないかぎり、つまり言い違いの効果を解明しないかぎり、たとえ生理学的な説明が見つかったところで、心理学的な側面からすればこの現象は所詮、単なる偶然にすぎません。私が言い違ってしまうとき、その言い違いには無限に多くの仕方があってよいはずです。ひとつの正しい言葉の代わりに何千という別の言葉のひとつを言ってよい、正しい言葉に対して数えきれないほど多くの変形や間違ったものが選ばれてよいはずです。ところがある特定の場合には、考えうるあらゆる可能性のうち、まさにあるひとつのかたちの言い違いだけが私に浮かんでくるように仕向ける何かがあるのでしょうか。それとも、これは所詮、単なる偶然か気まぐれであって、この問題についてはそもそも理に適うことは何ひとつ提出できないのでしょうか。

メーリンガーとマイヤーはそれぞれ言語学者と精神科医ですが、このふたりの著者は一八九五年に、やはり言い違いの問題をこの側面から取り上げることを試みました。ふたりは実例を集め、当初はもっぱら記述的な観点からそれらを記録しました。これではもちろんまだ説明にはなりませんが、説明に至る道を見つける手掛かりを与えてはくれます。彼らは、意図していた語りが言い違いによってこうむる変形に、交換、予響、残響、混じり合い(混交)、代替(置換)などを区別しています。それぞれのグループに属する例としてふたりの著者が挙げるものをいくつか紹介してみましょう。交換というのは、たとえば誰かが「ミロのヴィーナス」という代わりに「ヴィーナスのミロ」と言ったりするもの(言葉の順序の交換)で、予響とは、たとえば「私は塞ち《シュヴェスト》が……気持ち《ブルスト》が塞い《シュヴェア》で」と言ったりするもの、残響とは、「では皆さん、主任のご健勝を祈《アウフ》って乾杯《アンシュトーセン》」と言おうとして「げっぷ《アウフシュトーセン》」と言ってしまった、有名な乾杯の音頭の失敗例です[10]。これら三つの言い違いの形式の頻度はさほど高いとは言えません。それらに比べて遥かに数多く観察されるのは、縮約や混交によって成立する言い違いです。たとえばある男性がひとりの女性に街で「お伴させていただいてよろしいですか」と声をかけようとして「お供する《ベグライテン》」のつもりで「ベグライトディゲン」と言ってしまったりするものです。混ぜ合わさってできたこの言葉の中には「お供する《ベグライテン》」のほかに「不躾になる《ベライディゲン》」という言葉も潜んでいるのは明らかです(ちなみにこの青年は、その女性に関して大した成果を収めることはなかったでしょう)。代替の例としてメーリンガーとマイヤーが挙げるのは、誰かが「私はこの標本を孵化器《ブリュートカステン》に入れる」と言うべきところを「郵便箱《ブリーフカステン》に入れる」と言ったりする場合です[11]。

ふたりの著者が自分たちの集めた例を根拠として提出する説明の試みは、全くもって不十分としか言いようがありません。彼らの考えるところでは、ひとつの単語を形成する音や音節にはそれぞれ異なった価値が備わり、価値の高い要素による神経支配が価値の低い要素による神経支配に障害となるかたちで影響を与えうるのだ、というのです。どうやらふたりは予響と残響による言い違いを踏まえてそう考えているようなのですが、これら自体そもそもそう頻繁に起こるものではありません。仮に特定の音の優先といったことがあるにしても、右に挙げられたのとは違ったかたちで言い違いが生じる場合には何の働きも及ぼしません。言い違いとして最も頻繁に起こるのは、なんと言っても、ひとつの言葉の代わりにそれと極めてよく似た別の言葉を言ってしまうもので、多くの人にとって言い違いの説明はこの類似性で十分に尽くされるのです。たとえばある教授は自分の就任講演で「はなはだ尊敬いたします前任の先生の御功績について、それに見合うだけのことを私に述べる資格はありません」と言おうとして「資格がない《ニヒト・ゲアイグネト》」のはずが「気がない《ニヒト・ゲナイクト》」と言ったり、また別の教授は「女性の性器については、多くの誘惑《フェアズーフンゲン》にもかかわらず、いや失礼、実験《フェアズーヘ》にもかかわらず……」と言ったというのがそれに当たります[12]。

しかし、言い違いとして最もよくあって、しかも最も目に付くのは、自分が言うつもりだったのとはまさに正反対のことを言ってしまう類いです。このような場合には、音の繋がりとか類似性の影響といったことは当然ながらあまり重要ではなくなり、その代わりとして、それぞれ反対の事柄のあいだには互いに概念的な親縁性があり、心理学的な連想においては相互にとりわけ近接している、といったことが引き合いに出されたりします〔第一一講、本書上巻、三一一―三一四頁参照〕。この類いのものには歴史的な例もあります。我が国の国会の議長が議会を開会するに際して、「皆さん、私はこれこれの人数の議員諸氏の出席を確認し、これをもって議会の閉会を宣言いたします」と述べたのです[13]。

逆の関係にあるというのと並んで、言い違いを招きやすいのが、人口に膾炙《かいしゃ》した連想で、これは場合によっては実に不都合なところで現れてきたりします。たとえば伝えられるところでは、H・ヘルムホルツの子供と、有名な発明家で実業家でもあったW・ジーメンスの子供との結婚を祝う披露宴で、著名な生理学者であるデュボワ＝レーモンが祝辞を述べることになりました。さだめし見事な祝いの言葉であったかと思われますが、結びの言葉として「それでは、新会社ジーメンスとハルスケの栄えある前途を祈って」と言ったのです。これはもちろん前からある会社の名前です。二つの名前を繋げるのは、ベルリンの人には、たとえばウィーンの人間にとってリーデルとボイテルを並べて言うのと同じように[14]、すでにごく広く定着しておのずと口をついて出てくるものとなっていたに違いありません。

そうなると、私たちは音の繋がりと言葉が似ているということのほかに言葉の連想の影響というのも付け加えなくてはいけないことになります。しかし、それでもやはり十分とは言えません。言い違いが観察されても、その一文の前に何が語られたか、あるいは少なくとも何が考えられていたかをも考慮に入れないかぎり、その言い違いをうまく解明できないと思われる事例もいくつかあるからです。こうなると、またメーリンガーが強調したような残響の一事例ということになります。ただ先行するものとの距離がもっと大きいだけです。率直なところ、総じて私たちは、言い違いという失錯行為の理解からいよいよ遠ざかってしまったという印象を覚えると言わざるをえません。

とはいえ、今しがた行った考察を通して、私たちは皆、言い違いの実例について新たな印象を得たので、言い違いについてもうしばらく考えてみるのも悪くあるまいと言っても、さほど見当違いではないでしょう。私たちは、そもそもひとつの言い違いが成立する条件を調べ、どういったことが影響して言い違いによる変形の種類が規定されることになるのかを検討しましたが、言い違いの成立を度外視して言い違いの効果についてそれだけを取り出して吟味してみるということにはまだ一切手を付けていません。もし、これもやってみようと心に決めたなら、私たちはやはりここで腹をくくって、いくつかの事例では、言い違いとして成立したものにはやはり何らかの意味があると言わなくてはなりません。そこに意味があるとはどういうことなのでしょうか。いわく、言い違いの効果は、ことによると、それ自身、また固有の目標を追求する歴とした心的な活動として、内容と意味の表出として捉えられるべき権利を備えているのではないか、ということです。私たちはここまで常に失錯行動といった言葉を用いてきました[15]が、今さらながら、時に失錯行動それ自体が立派なひとつの行動であり、ただ、期待されるなり意図されるなりしていた別の行動の代わりとなっただけのことではないか、と思えてきます。

失錯行動に固有のこの意味は、いくつかの事例についてははっきりそれと分かり、見まがうべくもないと思われます。議長が国会の冒頭に開会でなく閉会の宣言をするのについて、この言い違いが生じた当時の事情を知るだけに、私たちはこの失錯行動はそれなりに意味深長だと考えたくなるのです。会を開いてもろくなことはあるまい、できることならただちにまた閉じてしまいたいと考えていた。この意味を暴き出す、つまりこの言い違いを解釈するのは、私たちにとって何ら難しいことではありません。あるいはまた、ひとりの婦人が別の婦人に向かって、いかにも感心したという調子で「この新しい素敵な帽子はきっとご自分でお手入れ《アウフプッツエン》なさったんでしょうね」と言おうとして、「プッツェン」のところを「パッツェン」と言ってしまうとき、世の科学精神が何を言おうと、私たちにはその言い違いから「この帽子はやっつけ仕事《パッツエライ》ね」という言葉が聞き取れます。あるいは、精力的であることで知られるひとりの婦人が、自分の夫が医者にどういった食餌療法をすればよいのか尋ねたところ、お医者さんは、食餌療法の必要はない、私が望むものなら夫は何を食べてもいいし飲んでもいいとおっしゃったと話すとき、これもまた別の面で、やはり見まがうべくもない一貫した目論見の表現なのです。(16)

皆さん、仮に言い違いや失錯行為のうちそもそもひとつの意味を備えるものがごく僅かなものであるにとどまらず、もっと多くのものがそうであるということが明らかになるなら、これまで論じてこなかった失錯行為のこの意味というのが私たちにとって最も興味深いものとなるのは避けられず、当然、ほかのすべての観点は背後に押しやられてしまうことでしょう。その暁には、私たちは生理学的、ないし心理生理学的な契機はすべて脇に押しやり、失錯行為の意味、つまり趣旨や意図についての純粋に心理学的な研究に邁進してよいでしょう。折角ですから、この期待に沿ってさしあたりもっと多くの観察素材を検討してみましょう。

しかし、この企図を実際に行うに先立って、私は皆さんに、もうひとつ別の道筋からの手掛かりの探索にお誘いしたいと思います。往々、作家は言い違いやほかの失錯行為を文学的な描写の手段として用いることがあります。この事実ひとつにしても、作家が言い違いなどの失錯行為を意味あるものと見なしている証左と言えましょう。作家はそれをあえて意図的に創作しているからです。作家がたまたま書き違え、次いで自分のこの書き違いを作中人物による言い違いとしてそのままにしておいた、などというのではないのです。作家は、言い違いによって私たちに何かを悟らせようとしているのであり、私たちも、それが何であるのか、作者はたとえば私たちに、当該の人物の注意力が散漫になっているなり、疲れているなりしている、あるいは間もなく偏頭痛に見舞われそうであるといったことを暗示したいのか、吟味できるわけです。もちろん、作家が言い違いを意味深長なものとして用いているからといって、それを過大に評価するのもまた考えものです。言い違いは、実際のところやはり無意味で、たまたま心に生じた偶発的なものにすぎないのかもしれない。あるいはごく稀な場合に限ってそこに深い意味があるだけなのかもしれない。そして作家は、この言い違いに意味を背負わせることでそこに精神の息吹を与え、それを自分の目的のために用いる権利を有しているのかもしれません。ただ、言い違いについては、言語学者や精神科医より詩人や作家から学ぶことのほうが多いからといって不思議ではないでしょう。

このような言い違いの例が『ヴァレンシュタイン』(17)(「ピッコローミニ父子」第一幕、第五場)にあります。マックス・ピッコローミニは、前の場でヴァレンシュタイン公に熱烈に肩入れし、またヴァレンシュタイン公の娘を陣営に伴う旅の途中で知った平和の尊さや恵みを賛美したのでした。マックスは、呆気に取られた父オクタヴィオと宮廷の使者クヴェステンベルクをよそに、その場を去ります。さて、そこから第五場が続きます。

クヴェステンベルク　ああ何ということか。これはまことか。

かような考え違いをしている彼をこのまま行かせるつもりでござるか。
すぐに呼び戻して、ただちに眼を開かせてやりなされ。

オクタヴィオ　（深い物思いから我に返って）
今、私のほうがせがれに眼を開かされもうした。
そして、喜ばしくないことまで見えてまいった。

クヴェステンベルク　それはまた何でござる。

オクタヴィオ　ええい、すべてはこの旅のせい。

クヴェステンベルク　なぜ。いったいどうした。

オクタヴィオ　いらっしゃれ。私は、この不幸の跡を追い、
この眼でしかと見なくてはならぬ。いらっしゃれ。
（クヴェステンベルクを連れ出そうとする）

クヴェステンベルク　どういたした。いったいどこへ。

オクタヴィオ　（急いで）　彼女のところへ。

クヴェステンベルク　どこへと。

オクタヴィオ　（言い直して）　公のところへ、でござる。まいりましょうぞ。

オクタヴィオは、「公のところへ」つまりヴァレンシュタイン公のところへと行くと言うはずが、言い違えて「彼女のところへ」と言ってしまう。そのことで、何に影響されて若い勇士が平和を賛美するに至ったかを彼がよく見極めているということが、少なくとも私たちには分かるわけです。[18]

さらに興味深い例をO・ランク[19]がシェイクスピアで見つけました。『ヴェニスの商人』で、幸運な求婚者が三つの小箱のうち一つを選ぶ有名な場面の中にあるものです。これについては、恐らくランクの簡潔な叙述をここで皆さんに読み上げるのが一番でしょう。

「フロイトは『ヴァレンシュタイン』の中で、言い違いが、作品の構成の中で巧みに動機付けられ、技法の点でも見事なかたちで用いられている一例を示したが、このような事例は、作者がこの失錯行為の機制と意味をよく承知し、また観衆のほうもそれらをよく心得ていることを前提としていることを窺わせる。それに匹敵する言い違いが、シェイクスピアの『ヴェニスの商人』の中にも見出される(第三幕、第二場)。結婚相手を籤《くじ》で選ぶという父の遺志に縛られているポーシャは、これまでただ偶然が幸いして、疎ましい求婚者たちからうまく逃れてきた。ところが、ついにバッサニオという本当に心を寄せることのできる求婚者が現れると、今度は、彼も外れ籤を引くのではないかと恐れざるをえなくなる。たとえそうなっても、あなたに対する私の愛は変わりないと言いたいところだが、誓いのせいでそれもできない。この内心の葛藤に悩む彼女に、作者は、心惹かれる求婚者に向かって次のように言わせる。

後生ですから、あと一日か二日、
籤を引くのをお待ちになって。籤をおはずしになったら
お付き合いもなくなります。だから先に延ばしてください。
何かが私にそう言うのです(恋心というのではなく)
失ってしまいたくありません。――
――当たり籤を教えることもできるでしょう。
でも、それでは誓いを破ってしまいます。
それはしたくありません。でも、それじゃ私を引き当ててくださらないかもしれません。
そうなると、誓いなど破っておけばよかったなどと、
あなたのせいで私は罪深いことを願ってしまいます。
ああ、私をお見つめになるその眼が、私を引き裂くのです。
私の半分はあなたのもの、後の半分はあなたのもの

いえ、私のものと言おうとしたのです。でも、私のものはあなたのもの、
では、やっぱり、全部、あなたのもの。

（〔ドイツ語原著では〕シュレーゲルとティークの独訳による）

籤引きの前から自分の全部がすでに彼のものであり、また自分が彼を愛しているということ、これは本来、言ってはならないことなので、彼女としては、ただ微かににおわせておきたい。これを、作者は驚くべき繊細な心理学的感性をもって、言い違いというかたちで表面に浮かび上がらせ、この技法によって、愛ゆえに籤の結果にやきもきする男の気持ちと、やはりそれを心配する観衆の側にある同様の緊張とを鎮めるのである」。

さらに注目していただきたいのは、言い違いの中に含まれる二つの文言を最後には見事に繋ぎあわせ、両者のあいだにある矛盾を止揚し、最終的にこの言い違いがやはり正しかったことにしてしまう、ポーシャの巧みさです。

でも、私のものはあなたのもの、
では、やっぱり、全部、あなたのもの。

医学とはほとんど縁のない思想家も、時に、失錯行為の意味を解き明かすような言葉を残しており、失錯行為を解明しようとする私たちの試みの先駆けとなっています。皆さんは、どなたも、才気煥発な風刺家リヒテンベルク（一七四二―九九年）のことをご存じと思います。彼について、ゲーテは、リヒテンベルクが洒落を言うときはそこに何か問題が潜んでいる、と言っています。もっとも、時には洒落によって問題の解決策が見えてきたりもします。リヒテンベルクは、『頓智噺に風刺噺』（一八五三年）の中で、自分は「アンゲノメン（仮に……と想定すれば）」をいつもアガメムノンと読んでしまう、これほどまでに自分はホメロスを読んできたのだ、と述べていますが、実際、これぞ読み違いの理論なのです[20]。

次回は、失錯行為の捉え方について詩人や作家と同じ道を歩んでよいのか、検討したいと思います。

第三講　失錯行為（続き）

皆さん、前回、私たちは失錯行為を、もともと意図されていながらこの失錯によって妨げられた行為との関係において眺めるのではなく、それ自体として考察してみるということに思い至りました。さらに、失錯行為のいくつかの事例の中にはそれ固有の意味が認められるものがあるとの印象も得られました。そこで、もし失錯行為には意味のあることが比較的広い範囲で確認されるなら、いずれ私たちにとっては、この意味のほうが、失錯行為が成立する事情を調べるよりも興味深くなるのではないかと述べました。

ここで今いちど、ひとつの心的な過程の「意味」ということで私たちが何を考えているのか、確認しておきましょう。それは、この過程が果たそうとする意図、あるいはその過程が心的な系列の中で占める位置にほかなりません。私たちが検討する事例の大概については、「意味」はまた「意図」や「意向」という言葉によっても置き換えることができます。だとすると、私たちが失錯行為の中にひとつの意図が認められると考えたのは、単なる思い違いか、あるいは失錯行為を詩的に祭り上げただけのことだったのでしょうか。

しばらく言い違いの例の検討を続け、もう少し多くのこういった観察例を概観しておきましょう。そうすると、実に様々な類いの事例について、言い違いの意味や意図がはっきりと現れてくるのに気づかされます。まずは何より、意図していたものに代わってその逆の言葉が出てくる例です。開会の辞で議長が「これをもって議会の閉会を宣言いたします」と言う例〔第二講、本書上巻、五〇―五一頁〕、これについては明白です。自分としては議会を閉じたいと思っている、それがこの言い損ないの意図にして意味なのです。「本人が自ら話してくれるよ」[1]という言葉を引いて合いの手のひとつも入るかもしれません。実際、私たちは、彼の言葉をそのまま額面どおり受け取ればよいのです。ここで、そんなはずはない、議長は閉会したがってなんかいなかった、開会しようとした、本人の言い分こそ最高の証拠、これを額面どおり受け取ることにしたじゃないですか、本人自身が、自分は開会を告げようとしたと断言してくれるはずです、などと横槍を入れないでください。私たちは、失錯行為をさしあたってそれ自体として考察するというのを確認したことを忘れておいでです。失錯行為と、失錯行為によって妨害された意図、この両者の関係は後で取り上げることにします。でないと、論理上の間違いを犯すことになります。そうすれば目下、論じている問題を見事に目の前から消してみせることになりますが、それは英語で begging the question[2] と呼ばれる類いのものです。

別の例では、言い違えて出てきた言葉がまさに逆の言葉ではなかったにしても、言い違いのせいで、言おうとしていたのとは逆の意味が表現されてしまうということもあります。「前任の先生の御功績について、それに見合うだけのことを私に述べる資格はない《ニヒト・ゲアイグネト》」と言うはずが「述べる気がない《ニヒト・ゲナイクト》」と言ってしまった例の場合（第二講、本書上巻、五〇頁）、「気がある《ゲナイクト》」は「資格がある《ゲアイグネト》」の逆ではないものの、これはやはり本音を打ち明けたもので、話し手が置かれている状況に真っ向から対立します。

さらにまた別の例では、言い違いによって、意図されていた意味に加えて単純にもうひとつの意味が付け加えられることになります。そういったとき、その文は、まるで複数の文を縮約したか短縮、縮合したかのように聞こえます。精力的な婦人が、「私が望むものなら夫は何を食べてもいいし飲んでもいい」と言いましたが（第二講、本書上巻、五三頁）、これはまるで、「夫は自分が望むものなら何を食べてもいいし飲んでもいいんです。でも夫が何を望むと言うんです。代わりに私が望んでやるのです」と話しているような具合です。言い違いは、往々このように短縮しているとの印象を与えがちです。

たとえば、解剖学のある教授が鼻腔について講義をしたあとで、聴講した学生たちにも話の内容が理解できたか尋ねたところ一同から「はい」との声が上がったのに対して、「とても信じられないな。鼻腔のことが分かる人を数えるのに、〔ウィーンのような〕百万都市ですら、一つの指で――失礼、一つの手の指で十分なんだから」と続けます。この短縮された語りにはそれ自身の意味があり、これが分かる人間は、ひとりしかいないんだと言っているのです(3)。

　このように失錯行為自体がその意味を前面に出してくる一連の事例があるのに対して、別の一連の事例では言い違いから何かそれ自体として意味あるものは出てこず、それゆえ私たちの想定にはなはだ悖《もと》る場合もあります。言い違えることによって固有名詞を歪曲したり、無内容な音の連なりが組み立てられたりするなどというのは実に頻繁に起こることですが、そうなると、すべての失錯行為は何か意味あることを行うのかという問いには、すでに否定の方向で答えが出てしまったかに見えます。もっとも、このような例でも立ち入って少し詳しく見てみると、この種の変形を理解することが容易に可能となり、こういったいくらか不鮮明な例も先の明快な事例とそれほど大きく違っているわけではないことが分かってきます。

　ある男性が自分の馬の様子を尋ねられて、「ええ、あと一カ月ドラウト……もつ《ダウエルト》かどうか」と答えます。本当のところ何を言いたかったのか尋ねられると、その人は、これは悲しい《トラウリヒ》ことだと自分は考えていた、「もつ《ダウエルト》」と「悲しい《トラウリヒ》」とが合体して先の「ドラウト」が出てきた、と説明します(メーリンガーとマイヤーによる)(4)。

また別の男性は、自分が苦々しく思っているある事柄について話していて、「ところがその後、次のような事実が、明らか《フォアシャイン》になったのです」と言うつもりで「あきれんち《フォアシュヴァイン》になったのです」と続けます。わけを尋ねられたその人は、自分はこの事柄を「破廉恥《シュヴァイネライエン》」と呼びたかったことを認めます。「明らか《フォアシャイン》」と「破廉恥《シュヴァイネライエン》」とが一緒になって、「あきれんち《フォアシュヴァイン》」という奇妙な表現が生まれたのです(メーリンガーとマイヤーによる)(5)。

見知らぬ女性に「ベグライトディゲンさせていただいてよろしいですか」と声をかけた青年のことを想い出してください(第二講、本書上巻、四九頁)。ここで出来た単語を私たちは大胆ながら「お供する《ベグライテン》」と「不躾になる《ベライディゲン》」とに分解し、この解釈については本人に確認を求めるまでもなく間違いないと考えました。これらの例からは、こういったいささか不鮮明な言い違いの場合でも、二つの異なった語りの意図の遭遇、相互干渉からそれが説明されるということが見て取れます。違いが生じるのは、先の場合だと一方の意図が完全に他方に取って代わり(代替)、言い違いの際に逆になってしまったのですが、今回の場合、一方の意図は別の意図を変形させ変容させるにとどまり、その結果、二つが混じりあった形が出来上がるからです。ただ、この合体した言葉もそれ自体、どれだけ鮮明であるかは別にしてそこに何らかの意味が含まれていると映るわけです。

私たちは、今や数にして相当多くの言い違いの秘密を捉えたはずです。この見地をしかと堅持するなら、これまで謎であった別の言い違いの類いも理解できることになるでしょう。たとえば名前の変形については、それをすべて、互いに似ていながらそれぞれ異なった二つの名前の競合だと想定するわけにはいきません。とはいえ、二つめの意図を探り出すのは難しいことではありません。名前を変形するのは、言い違い以外でも、しばしば行われます。こういった変形は名前に不快な響きや何か卑しいものを思わせる響きを与えようとするもので、人を侮辱するのには周知の得策、ないし下策であります。教養ある人ならやがてはこういった方策を控えるようになるとはいえ、なかなか進んで放棄できるものではありません。その後もそれをしばしば「機知」として口にしてみたりもするのですが、もちろんはなはだ品性を欠いた冗談であることには変わりありません。この手の名前の変形の強烈で醜悪な一例を挙げれば、フランス共和国の大統領の名前ポワンカレのことを最近では(6)「豚の肋骨《シュヴァインスカレ》」と歪めて言ったりします。こうなると、言い違いにはこの種の侮辱的な意図があり、これが名前の変形にも及んでいると考えてよさそうです。この見地をさらに進めれば、可笑しさや愚かしさといった効果を伴う言い違いについても、当然、似たような形で解明されるのではないかと考えられます。「では皆さん、主任のご健勝を祈《アウフ》って乾杯《アンシュトーセン》」と言おうとして「げっぷ《アウフシュトーセン》」と言ってしまった例では〔第二講、本書上巻、四八―四九頁〕、祝賀の雰囲気が、思いがけない、食欲を削《そ》ぐような想念を喚起する言葉の闖入によって攪乱されていますが、罵《ののし》ったり逆らったりするのに用いられるある種の言葉に照らして考えれば、立て前の敬意に強烈に異を唱え、これを俺の本心なぞとは思ってくれるなよ、俺はこいつに悪態をついてるんだ、といった本音を言おうとする意向がここに現れ出ようとしていると推測するよりほかないでしょう。「アプロポ〔ちなみに……と言えば〕」と言う代わりに「アポポ〔ポポは「お尻」の意〕」、「蛋白質の小片《アイヴァイスシャイプヒェン》」の代わりに「アイシャイス・ヴァイプヒェン〔シャイセは「糞」を意味し、ヴァイプヒェンは「牝」を意味する〕」などと言って、何の変哲もない言葉を下品で猥褻な言葉にしてしまう言い違いについても全く同じことが言えます（これらの例はメーリンガーとマイヤーによる[7]）。

　変哲のない言葉をこのように意図的に猥褻な言葉に変形してある種の快を得ようとする傾向が少なからぬ人に見られるのはご存じのとおりです。この傾向は機知に富んだものだとされ、実際、私たちは、誰かがそのようなことを口にすると、その人がそれを意図的に機知として言ったのか、あるいは言い違いとして生じたのか、まずは本人に尋ねてみなくてはなりません。

さて、これで私たちは、失錯行為の謎を比較的たやすく解いてしまったように見えるかもしれません。これらは偶然の所産ではなく、歴とした心的な活動だ、それらには固有の意味があり、二つの異なった意図が協力しあうことによって、あるいはむしろ互いに反発しながら作用することで成立するのだ……。しかし、ここで皆さんが私に山ほどの質問や疑問を浴びせたいと思っておられるのは、私にも分かります。これにお答えして疑問を片付けないかぎり、私たちも自分たちの研究の最初の成果に喜ぶわけにはいきません。もとより皆さんに性急な決定を無理強いするつもりは私にありません。すべて一つずつ順を追って冷静に検討していきましょう。

皆さんが私に言いたいのは、どのようなことでしょう。そういった説明は、言い違いのあらゆる事例について言えると考えているのか、それともある一定のものについてだけなのか。同様の見地を読み違いや書き違い、度忘れ、取り違い、置き忘れといった他の様々な類いの失錯行為にまで広げてよいのか。失錯行為がもともと心的な性質のものであるとするなら、注意力が妨げられる疲労や興奮、散漫といった契機にはどんな意味があるのか。加えて、失錯行為で互いに競合する両方の意向のうち常に一方は顕在的であるのに対して、もう一方が必ずしもそうでもないのは誰の目にも明らかだ。それなら、後者のほうを探り出すにはどうしたらよいのか。さらにそれを探り出したと思われるとき、これが単にどうやらそうであるらしいというだけでなく、唯一の間違いない意向であるのをどうやって証明するのか、云々。ほかにもまだ何か尋ねたいと思っておられることはあるでしょうか。もしなければ、話を続けます。まず想い起こしていただきたいのは、私たちは、本来、失錯行為そのものにさほど関心を持っているのではなく、失錯行為を研究することによって、そこから精神分析に役立つものを学びたいと考えているのだということです。それゆえ私が提起するのは次のような問いです。いわく、他の意図や意向をそういったかたちで妨害する意図や意向とはどのようなものであるのか。妨害する側の意向と妨害される意向とのあいだにはどのような関係が成立しているのか。この問題を解決して初めて、私たちの研究はあらためて一から始められることになります。

それではまず、これが言い違いのあらゆる事例の説明となるか、という点です。私としては、そう見てほぼ間違いあるまいと考えています。それは、言い違いの事例を調べるとそのたびにそういったかたちで解き明かせるからです。ただ、このような機制がなければ言い違いは発生しえないというのまでは証明できません。それでよいと思います。

私たちにとってそのことは理論的に重要ではありません。言い違いの僅かな事例が私たちの見地に沿いさえすれば、精神分析入門のために私たちがここから引き出したいと思う結論にとってはそれで十分ですし、また実際、私たちの期待に適う事例が少数であるなどということはないはずです。次に、言い違いに関して得られた成果を別の類いの失錯行為に広げてよいのかという問題ですが、私はひとまず今後の議論を先取りして、広げてよいと答えておきたいと思います。これについては、私たちが書き違いや取り違いなどの事例を検討する段に、皆さん自身で確信してもらえるはずです。ただし、技術的な理由から、これは後に回し、まずは言い違いそのものをもっと根本的に論じておくことを皆さんに提案いたします。

では、以上に述べたように言い違いには心的な機制が働くのだと想定したら、先のふたりの著者も含め従来、論者たちが強調してきた血液循環の障害、疲労、興奮、散漫などといった契機や注意力の障害に関する理論は、私たちになおどれほどの意味を持ちうるのかという問題ですが、これは重要な点なので、いくらか立ち入って答えてみます。よく銘記しておいてほしいのですが、私たちはこういった契機を否定するわけではありません。他の方面から主張されていることを精神分析が否定するなどということは、そもそも滅多にないのです。通常は新たな何かを付け加えるだけです。ただし、これまで見過ごされてきて、今回、新たに加わったこの点こそがまさに本質的な点だ、ということが時おりあります。軽い不快感や血液循環の障害、疲労困憊の状態に起因する生理学的な体調が影響して言い違いが生じるのは、もとより認められて然るべきです。皆さんも日々の自分の経験からそれを確信できるはずです。しかし、それではほとんど何も説明したことにはなりません。とりわけ失錯行為の必要条件となるとほとんど説明されていません。言い違いは全く健康な状態、普通の体調でもやはり同じように生じてきます。それゆえ、こういった身体的な契機は、せいぜい言い違いを生じさせる独特の心的機制が容易かつ有利に働くように補佐するにすぎないのです。この関係を表すのに私は以前、比喩をひとつ用いたことがありますが、これを今いちどここで繰り返します(8)。これに代わるもっと良いものが思い当たらないからです。私が夜の暗い時間帯にどこか人気のない地域を歩いていて、ならず者に襲われて時計と財布を奪われたと仮定してください。そこで私は近くの警官の駐在所に出向いて、強盗の顔がはっきりとは見えなかったという理由から、人気のなさと暗がりに時計と財布を奪われました、と届け出たとします。これに対して警官は私にこう言うかもしれません。極端に機械論的な見地を取っておられますが、それは的外れです。この事案については、暗がりにまぎれ、まわりに人気がないのに助長されてひとりの見知らぬ強盗があなたから貴重品を奪い取った、と記しておくことにしましょう。この件で課題として肝腎なのは、われわれが強盗を捜し出すことです。それがうまく行けば、奪われたものも取り戻せるかもしれません。

興奮や散漫、注意力の攪乱といった精神生理学的な契機は、どうやら説明という目的にはほとんど役に立ちません。それは単なるお題目か、目隠しの衝立のようなもので、そんなもので奥を覗きこむのを遮られるわけにはいきません。むしろ問題は、何がここで興奮なり注意力の散逸なりを喚び起こしたか、にあります。音の響きの影響、言葉の類似、あるいは言葉から湧いてくる習慣的な連想などもまたそれなりに重要なものと認めざるをえません。それらは、言い違いがさ迷い出ることのできる道筋を示してやるという点で、言い違いに手を貸しはします。けれども、私の前に道が一本あるからといって、私がその道を行くのまで、当然のように決まっているでしょうか。私がその道を行こうと決めるには、もうひとつ動機が必要であり、加えて私にこの道を前に進ませる力が必要です。この音の響きや言葉の繋がりは、それゆえ、体調と同じくせいぜい言い違いが起きるのに適した条件ではあっても、言い違いについて本来の解明を与えうるものではありません。考えてください。私が用いる言葉のうち、あるものの響きが他の言葉に似ていてそれをつい想い起こしてしまうとか、ある言葉はその逆の言葉と内的に結びついているとか、その言葉から馴染みの連想が湧いてくるなどといっても、私の語りの事例のうち圧倒的多数はそういった事情によってかき乱されることはありません。哲学者ヴントに従って、体が疲れたせいで連想傾向が他の発話の意図に対して優勢となるときに言い違いが成立するという見地でここを切り抜けられるかもしれない。これはなるほど一見、分かりやすい話ではありますが、経験の教えるところでは、言い違いの中にはそれを誘発するような身体的な条件が見当たらないものもあれば、連想に助長されて生じたとは考えられないものもあり、そうなるとヴントの折角の指摘も実際の経験と矛盾すると言わざるをえません。

もっとも、私にとってとりわけ興味深いのは皆さんのその次の疑問、互いに干渉しあう二つの意向の存在はどのようにして確認されるのかという疑問です。これがどれほどの重要な帰結を孕むものであるか、皆さんはおそらく気づいておられないでしょう。二つの意向のうちの一方、妨害されるほうの意向の存在についてはどこを取っても疑いの余地はありません。失錯行為を犯す本人も自分のこの意向については承知しており、またそれが自分の意向であると認めています。疑いと不審の念をもって見られるのは、もっぱらもうひとつの意向、妨害する意向の存在です。さて私たちはすでに、いくつかの事例ではこの妨害する側の別の意向の存在も、妨害される意向と同じく明白であるということを見ました。皆さんもきっとそれを忘れてはいらっしゃらないと思います。言い違いの効果として、この意向の存在が浮かび上がってくるのです。この効果そのものを認めるだけの勇気さえあれば、この意向が見えるはずです。うっかり言い違えて自分の意向とは逆のことを言ってしまった議長、彼が開会しようとしたのは明らかです。しかし、彼がまたできれば閉会したいと思っていたこともやはり同様に明らかなのです。これはまことに明快であって、あえて解釈するまでもありません。しかし、これらとは違って、妨害するほうの意向が元の意向をただ変形するだけで、それ自体としては姿を現さないような事例の場合、変形されたものから、妨害的に作用する意向の存在をどうやって探り出すのでしょうか。

初めに挙げたほうの一連の事例では、妨害されるほうの意向がたやすく確認されるのと同じく、ごく容易に確実な仕方で探り出すことができます。話し手に直接、言ってもらえばよいわけです。言い違えた直後に、もともと意図していた文言を話し手にあらためて言い直してもらうわけです。「ええ、あと一カ月ドラウト、いえ、もつ《ダウエルト》かどうか」〔本講、本書上巻、六四―六五頁〕。ここでは、変形を引き起こした意向を、すぐに話し手に言ってもらっています。なぜ、最初「ドラウト」と言ったのですかと尋ねられて、その人は「これは悲しい《トラウリヒ》ことだ」と言いたかったのだと答えています。また別の「あきれんち《フォアシュヴァイン》」と言い違えてしまった例では〔本講、本書上巻、六五頁〕、話し手は自分が当初「これは破廉恥《シュヴァイネライエン》だ」と言いたかったのだが、口調を抑え、別の発言に転じたことを認めています。要するにここでは、変形する側の意向が、変形される側の意向と同様、確実に確かめられるわけです。これらの例は、私、あるいは私の支持者が伝えたり解釈したりしたものではありません。あえて意図的にそういった例をここで引いたのですが、実はどちらの例でも、それを解くためにはある種の介入が必要でした。話し手に、なぜそういった言い違いをしたのか、この言い違いについて何か思い当たるところがないか、尋ねなくてはなりませんでした。そうしないと、話し手は、自分の言い違いをあえて解明しようなどという気を起こすこともなく素通りしてしまったかもしれません。ところが尋ねられると、話し手は、自分に最初に思い浮かんだことを挙げて説明しようとしています。そしてこのささやかな介入とその成果、これはすでに精神分析であり、私たちがこれから先、行うであろうあらゆる精神分析的な考察にとって手本となるものです。

さて、精神分析が皆さんの前に登場した途端、皆さんの中では精神分析に対する抵抗が頭をもたげてきていると私が推測したら、あまりに疑い深いでしょうか。言い違いをした人がわけを尋ねられて返す答えなど証拠としては必ずしも頼りにならないではないか、と異議を挟みたくてうずうずしておられるのではありませんか。言い違いを説明してくれと言われて、本人はもちろん何とかそれに応えようと焦る、そして、たまたま思い付いたものでこの種の説明に役立ちそうなものを言っただけのことだ、そうお考えでしょう。言い違いが実際にそのようなかたちで生じたという証拠はそれで出てきたわけではない。そうかもしれないし、やはり違うかもしれない。これに劣らずうまく合う、あるいはもっとふさわしい何か別のことをその人は思い付いたかもしれない、こうお考えでしょう。

奇妙なことに、皆さんは心的な事実に対して基本的にほとんど敬意を払っておられません。今、誰かがある物質の化学的な分析を試み、その成分のひとつを重さにして何ミリグラムか得た、と考えてください。この重量からは一定の推論を引き出すことができます。さてそこで、遊離した物質の重さはこれとは異なった値でもありえたかもしれないなどと称して、この推論に異を唱えようとする化学者がいるとでもお考えでしょうか。誰もが、その重さはまさにこのとおりだった、それ以外ではなかったという事実の前に頭を垂れ、安心してその事実の上にさらなる推論を積み重ねていくはずです。ところが、言い違いをした人が、そのわけを尋ねられて、ある特定のことがふと頭に浮かんだという心的な事実が差し出されると、皆さんはそれだけは認めようとせず、その人が何か他のものを思い付くことだってあったかもしれないと言うのです。皆さんは、まさに心的な自由といった錯覚を内に抱いておられて、この錯覚を手放したくないのです。あいにく、この点で私は皆さんとは真っ向から対立します。

ここで皆さんはひとまず引き下がりますが、隙を見てふたたび反撃に出ようとします。たとえばこんな具合です。分析を受ける本人に問題の解答を言わせるのが精神分析の特異な技法であるのは分かりました〔第六講、本書上巻、一六九頁参照〕。それでは、これとは違った例を取り上げてみましょう。乾杯の音頭を取った人が、一同に向かって「主任のご健勝を《アウフ》祈って乾杯《アンシュトーセン》」と言うはずが「げっぷ《アウフシュトーセン》」と言ってしまったあの例です〔第二講、本書上巻、四八―四九頁〕。あなたは、この例の場合、妨害する側の意向というのは侮辱しようとする意向だとおっしゃる〔本講、本書上巻、六六―六七頁〕。それが敬意を表現するのに抵抗するのだ、というわけですね。でもそれは、言い違いを外側から観察したことに基づく、あなたの側からの単なる解釈にすぎません。この事例に関して、言い違いをした本人にそのわけを尋ねても、自分は侮辱するつもりだったと認めることはないでしょう。むしろ激しく否定してかかるはずです。本人がこれだけはっきり異論を唱えるのに、取り合わないで、証明しようのない自分の解釈を引っ込めないとはどういう了見ですか。

いやはや、今回は相当、強力なのを持ち出してこられました。私には面識のない、祝辞を述べるこの人の人物像を想像してみましょう。たぶん、お祝いの言葉が向けられている主任教授の助手で、どうやらすでに私講師になっている前途洋々の青年です。私はこの人に、主任に敬意を表するように一同に呼びかけるのに逆らう何かをやはり感じていたのではないか、問いただそうとします。が、それだけで嫌な顔をされます。青年は、我慢ならないという様子で、猛然と私に食ってかかります。「あなた、くどくど訊くのはただちにやめてください。聞き流すわけにはいきません。妙な勘繰りをかけられては、私の今後の栄達の道も台無しです。同じ文の先のほうですでに二度「アウフ」と発音していたので、「乾杯《アンシュトーセン》」と言おうとして「げっぷ《アウフシュトーセン》」と言っただけのことです。メーリンガーが残響と呼ぶもので、それ以上、詮索したり解釈したりする余地はありません。分かりましたか。失礼します」。ふむ、これはまた予想外の反応、実に激しく拒否するものです。どうやら、この人にはこれ以上何か言っても仕方ないでしょうが、思いますに、本人としては、自分の失錯行為にはあくまで何の意味もないとしたいのであり、どうやらその点に個人的な強い関心があるのが窺えます。それにしても、純然たる理論的検討に関して彼がすぐにこれほどまで粗野になるのは当たらないとは皆さんもお感じになったことでしょう。そして結局のところ皆さんも、この青年は自分が実は何を言いたかったのか、何を言いたくなかったのか、分かっているに違いないとお考えになるでしょう。

では、この人は本当は分かっているに違いないのでしょうか。この点については依然として問題かもしれません。

ここで皆さんとしては、もう私について、さあ取っ捕まえたぞ、と考えておられる。皆さんの声が聞こえてきます。これがあなたの手口だ。言い違いをした本人がそのわけとしてあなたの見地に合うことを言えば、当事者こそが最終的な判断を下す権威だとおっしゃる。「本人が自ら話してくれるよ」〔本講、本書上巻、六二頁〕というわけです。ところが本人の言うことが自分の目論見に合わないとなると、途端に、本人の言うことなどどうでもよい、信じる必要はない、と主張される[9]。

確かにご指摘のとおりです。でも、それを言うならやはり同じような理不尽がまかり通っている似た例を紹介することができます。被告がある犯行について裁判官の前で自分がしたと認めたら、裁判官はその自白を信じます。被告が認めなかったら、裁判官は信じません。そうでないと司法は成り立たないし、時に誤りもあるとはいえ皆さんもこの制度の妥当性を認めるしかないのです。

だとしたら、あなたは裁判官で、言い違いを犯した人は、あなたの前に引き立てられた被告人というわけですか。言い違いというのは罪を犯すことなのですか。

まあ、私たち自身はこの喩えを拒否するには及ばないでしょう。しかし、ここはひとつ注意してください。失錯行為といった一見なんの変哲もないかに見える問題にいくらか深入りしただけで、私たちのあいだにはこれほどの大きな違いが生まれました。この食い違いをどう埋めたらよいのか、目下のところ見当がつきません。私は裁判官と被告の喩えを踏まえて、ひとつ暫定的な妥協案を提案したいと思います。分析を受ける本人自身が認めるのであれば失錯行為に意味がある、これには何ら疑う余地がないことを皆さんに認めていただきたい。かわりに、私も、分析を受ける人が拒否して私たちに何も教えてくれなかったり、ましてや教えるべきものを何ひとつ持ち合わせていなかったりしたら、こちらが意味を推測してもそれを直接に証明することはできないというのを認めましょう。そういうときには、司法の場合と同じく、私たちは状況証拠に頼るほかありません。状況証拠によってひとつの判断の信憑性は高まることもあれば、低下することもあります。裁判では、実際上の理由から状況証拠を根拠として有罪の審判を下さなくてはならないこともあります。私たちの場合、そうしたことを迫られているわけではありませんが、しかしこのような状況証拠の活用を断念することを強いられているわけでもありません。ひとつの学問が厳密に証明された命題だけから成り立っていると信じるのは誤りでしょうし、それを求めるのは不当でしょう。そのような要求をかかげるのは、所詮、何につけ権威に頼ろうとする手合いだけです。そういう人は、一問一答の形式による宗教の入門書が用済みになっても、今度はその代わりに、学問上のものとはいえ、やはり出来合いの答えを教えてくれる別の入門書をほしがるのです。その種の学問の入門書に載っているものの中で誰もがその通りだと認めうる命題などはごく僅かであって、あとはその学問のおかげで多少とも信憑性のレベルが上がった主張にすぎないのです。このように確実性に少しずつ近づいていくことに喜びを見出し、最終的な確証がなくても建設的な作業を続けうること、それこそがまさに科学的な思考法のひとつのしるしにほかならないのです。

それにしても、分析を受ける人たちが語るところだけからでは失錯行為の意味がおのずと解き明かされない場合、それを解釈する手がかり、いわば立証の裏付けとなる状況証拠はどこから得られるのでしょうか。これは様々な方面から得られます。たとえば、私たちは、言い違いによる名前の変形には、意図的な名前の歪曲と同じ侮蔑的な意図があると主張しますが、このように、さしあたっては失錯行為以外の現象との類似から得られます。ついで失錯行為が起こるときの心理状況から、さらには失錯行為を犯す人物の性格や、失錯行為の前に本人が受け取った何らかの印象について私たちが知るところなどからも得られます。本人はその印象に対してこの失錯行為でもって反応したのかもしれません。通常、私たちは、失錯行為の解釈を一般的な原則に従って行いますから、そこで試みる解釈はさしあたってのところ単にひとつの推測、解釈への提案にすぎず、私たちはそのあと心的な状況を調べてこれを裏付けることになります。時には自分たちの推測を確かめるのに、失錯行為がいわば予告した将来の出来事が起こるのをじっと待つ必要もあります。

言い違いの分野に限定すると、これを示す例はたやすくは見つかりません。とはいえ、この分野でも良い例がいくつかあります。ひとりの女性に「お供する《ベグライテン》」つもりで「ベグライトディゲン」したいと申し出た青年〔第二講、本書上巻、四九頁〕が内気であるのは間違いないでしょうし、私が望むものなら夫は何を食べてもいいし飲んでもいいと言う婦人〔第二講、本書上巻、五三頁〕が、家の中で主導権を握る精力的な女性であるのを私は知っています。このような例もあります。「コンコルディア(10)」の総会で、ひとりの若い会員が激しい反対意見を述べているうちに会の執行部のことを「貸付金《フォアシュス》の構成員の皆さん」と呼びかけますが、これは役員《フォアシュタント》と委員《アウスシュス》とが合成されているように見えます。私たちは、彼の中に、自分が反対意見を述べることに逆らうひとつの妨害的な意向が蠢《うごめ》いたのだと推測します。それは、何か貸付金に関係することに根ざしているのかもしれません。実際、確かな筋によれば、この若い弁士が日頃から金に窮し、ちょうどその頃も貸付の申請書を提出したところだったとのことです。ということは実際に、妨害的な意向として「反対については控えめにしておけ。おまえが貸付金を了承してもらわなくてはいけないのもこの人たちなんだ」という想念を推定できるわけです。

他の様々な失錯行為の領域にまで話を広げるなら、こういった状況証拠はそれこそ選り取り見取りです。

誰かが、普段は馴染みの固有名詞を度忘れするか、あるいはどれだけ努力してもなかなか覚えていることができないとすれば、私たちとしては、その人がこの名前の持ち主に対して何か含むところがあり、その人のことを考えたくないのだと想定してよいでしょう。この失錯行為が生じる心的な状況が明らかになっている例を紹介します。

「Y氏はある女性に恋していたが、その思いは実を結ぶことなく、彼女は間もなくX氏と結婚した。Y氏はX氏とは前からの知り合いで、仕事上の付き合いまであるのに、しょっちゅうX氏の名前を忘れるようになり、X氏に文書で連絡を取ろうとする時には、ほかの人にその名前を尋ねなくてはならないということが何度かあった」（C・G・ユングによる）(11)。

Y氏としては、どうやら幸福な恋敵のことなど聞きたくもないのです。「あの男、想い出すまじ」なのです(12)。

あるいは、ひとりの婦人が医者に、共通の知人であるひとりの女性の近況を尋ねたのですが、その際、婦人はこの知人の名前を旧姓で言います。友人の結婚後の姓を忘れてしまったのです。彼女はこの結婚にはなはだ不満で、その友人の夫君のことが我慢できないことを打ち明けます（A・A・ブリルによる）(13)。

名前の度忘れについては他の観点からもいろいろ言うべきことは多いでしょうが（第四講、本書上巻、一二二頁参照）、今、私たちが主に関心を持つのは度忘れが生じる心的状況です。

何かをするつもりでいたのにそれを度忘れするのは、ごく一般的に言って、この企図を実行したがらない逆向きの流れのせいです。こう考えるのは何も私たち精神分析に関わる者だけでなく、大概の人も普段の生活ではそういった考えを支持しているのですが、ひとたび理論となった途端、それを否定してかかるのです。別の誰かの後ろ盾となって援助してやっている人が、相手の依頼を忘れていたと言い訳しても、援助してもらっているほうの人はそれで納得しません。彼はすぐにこう考えます。こちらの依頼したことなど、この人はちっとも気にかけていないんだ。約束はしたけれど、実際のところそれをやる気など全くないんだ(14)……。そのため、人間関係によっては、生活の中でも度忘れや物忘れは禁物で、この失錯行為に関しては世間の見地と精神分析の見地とのあいだに違いはないようです。主婦が、あら、きょういらっしゃったなんて、ご招待したのがきょうだったことをすっかり忘れていました、などと言いながら、客を迎えるのをご想像ください。あるいは、ひとりの青年が恋人に向かって、つい先日に交わしたばかりのデートの約束を守るのを忘れてしまったと白状せざるをえないというのでもいいでしょう。この青年は、きっと本当のことを打ち明けず、出まかせに、いかにも見え透いた嘘の事情をでっちあげ、そのせいで当日は引き止められた上にきょうまで連絡もできなかったなどと言い訳をするはずです。こと軍隊に関しては、何かを忘れたなどという言い訳は何の足しにもならず、それで罰を受けずに済むなどということがないのを私たちは皆よく知っていますし、それをまた正しいと見なすほかありません(15)。こういった例では、一定の失錯行為にはちゃんとした意味がある、それがどんな意味であるか、という点で、途端に万人の意見が一致するのです。それならどうして、一貫してこの見地を他の失錯行為にまで敷衍し、全面的にこの見地の支持を打ち出さないのでしょうか。当然、これにも答えがあるのです。

この企図の度忘れの趣旨が素人から見ても疑いようがない以上、詩人や作家たちがこの失錯行為をやはり同じ趣旨で活用しているのを知っても何ら意外に思われることはないでしょう。皆さんのうち、B・ショウの『シーザーとクレオパトラ』を劇で見るなり本で読むなりしたことのある人は、最後の場面で去っていこうとするシーザーが、自分はまだ何かをするつもりだったはずなのに、今、それが何であるかを忘れてしまったという思いにかられるのを覚えておいでてでしょう。ようやく判明するのですが、それはクレオパトラに別れを告げることでした。この小さな情景を挟み込むことによって、作者はシーザーを何か豪胆で超然とした大人物として描こうとしていますが、実際のカエサルにはそういった面はなく、また本人も持とうともしませんでした。史料からは、カエサルがクレオパトラに自分に続いてローマにやって来させたこと、カエサルが暗殺されたとき彼女は幼いカエサリオンと共にローマに滞在中で、事件後、逃げるようにして都を去ったことが知られています(16)。

企図を忘れるという事例は一般に極めて明快なので、私たちが試みるように、失錯行為の意味を解明するための状況証拠を心的状況から引き出そうとする意図にとってほとんど使い物にはなりません。そこで目先を変えて、とりわけ多義的で不透明な失錯行為を取り上げてみましょう。紛失と置き忘れです。紛失は誰もが往々経験しますが、時にはそのせいでひどく気落ちすることもありますから、そこに私たち自身が何らかの意図をもって一枚噛んでいるなどと言っても、到底、信じてもらえないと思います。しかし、これにはずいぶん多くの観察例があります。たとえば、ある若い男性は、重宝していたシャープペンシルを紛失してしまいます。前日、彼は義兄から手紙を受け取ったのですが、その結びには、当面、私には、君の軽率や怠慢を支援する気持ちも時間もありません、と記されていました。なんと、シャープペンシルはほかならぬこの義兄からの贈り物だったのです（B・ダットナーによる）[17]。このような符節の一致がなければ、もちろん私たちも、この紛失にはその品物を厄介払いしようという意図が一枚噛んでいるなどと主張することはできないでしょう。同様の事例はしばしばあります。ある品物をくれた人と仲たがいしてその人のことをもはや想い出したくないとき、あるいはまたその品物がもはや意にそわず、もっと良い物と取り替える口実がほしいとき、人はその品物を紛失するのです。何かを落とす、壊す、割る、というのも、やはり品物を疎んじる同様の意図に沿うものです。学校に通う子供が、自分の誕生日の直前になって、通学鞄や懐中時計などの持ち物を紛失したり、だめにしたりする、あるいは壊したりするのを偶然と見なすことができるでしょうか。

自分自身がどこかに置いたはずのものが見つからなくて困る、これをいやというほど体験したことのある人ですら、置き忘れには意図があると言われても信じられないでしょう。ところが、置き忘れの際の事情から、当事者にはその品物を一時的に、あるいは永久に除去したいという意向のあったことが窺われる例はけっして珍しくありません。

この種のものとしては取って置きの一例を紹介します。

比較的若いある男性が話してくれたことです。「二、三年前のことになりますが、私たち夫婦のあいだに行き違いがありました。私は、妻があまりに冷淡だという気がしたのです。妻のすぐれたいろいろな資質を認めるのには吝《やぶさ》かではなかったのですが、互いに情愛を感じることなく、そっぽを向いて暮らしていました。ある日、妻は、散歩に出かけた際に、私の関心を惹きそうだからと言って一冊の本を買ってきてくれました。私はこの「気遣い」のしるしに礼を言い、読むと約束して、しまっておいたところ、それが見つからなくなりました。その後、時々、なくしたこの本のことを想い出して探したりしたものの、見つからないまま何カ月かが過ぎました。半年ばかり後、私たちと離れて暮らしている私の大切な母が病気になりました。妻が行って義母の世話をすることになりました。病人の容態は悪くなり、それが妻の最もよい面が現れる機会となりました。ある晩、私は妻の働きに感激し、妻への感謝の気持ちで一杯になって家に帰ってきました。机のところへ行って、何というつもりもないまま、夢遊病者が何のためらいもなくやるように、その抽斗《ひきだし》のひとつを開けました。見ると、そのいちばん上に、長くどこにあるか分からなくなっていた置き忘れた本があったのです(18)」。

動機が消滅するのとともに、対象となる物が置き忘れられているという状態も終わったわけです。

皆さん、このような例を集めれば、数えきれないほどに増やすことができるでしょう。しかし、ここではそれはやめておきます。そうしなくても、私の著書『日常生活の精神病理』(初版は一九〇一年)には、失錯行為の研究のための症例報告がふんだんに紹介されています(ほかにA・メーダー(仏)、A・A・ブリル(英)、E・ジョーンズ(英)、J・シュテルケ(蘭)など)[19]。これらの例からは繰り返し同じ結論が出てきます。これらの例を見れば、皆さんも、なるほど失錯行為には意味があるというのはそれなりに信憑性があると考えられるでしょうし、それが生じた際の事情からこの意味をどのようにして探り出し、また確認できるのかを納得してもらえると思います。きょうのところは手短かに済ませます。というのも、私たちがこれらの現象を考察するのは、あくまで、精神分析を受け容れる心構えを準備するのに益するところがあるのを期待しているからです。関連する観察のうち、ここでは二つの点についてだけ立ち入っておかなくてはいけません。ひとつは失錯行為が多重に複合しているもの、今ひとつは私たちの解釈が後から起こる出来事によって裏付けられる事例です。

複合した多重の失錯行為というのは、失錯行為というジャンルの中でも断然その精華であります。単に失錯行為には意味があるかもしれないというのを証明するためだけなら、私たちも最初からこれに話を限ってもよかったでしょう。というのも、こういった複合的な失錯行為に意味のあることは観察力の鈍い人には見まがいようがなく、厳密を極める批判的な判断から見ても承認せざるをえないからです。何かが重複して現れるとき、そこに垣間見える執拗さは偶然ではありえず、何らかの企図が伴っていると推察されます。最後に、各種の失錯行為が入れ替わり立ち替わり続くことがありますが、こうなると失錯行為において最も重要で本質的な点がどこにあるのかが私たちにとって明らかになります。肝腎なのは、失錯行為の形式やそれが用いる手段ではなく、失錯行為もその実現に加担する意図であり、この意図がそれこそ手を替え品を替え実現されようとするのです。繰り返し現れた物忘れの例をひとつ紹介しましょう。E・ジョーンズが報告する例ですが、あるとき、彼は、自分でも分からない動機から、一通の手紙を何日も机の上に置いたまま投函しないでいました。ようやく意を決して投函したのですが、間もなく手紙が「《配達不能郵便課》」から返送されてきました。宛名を書くのを忘れていたのです。宛名を書いてまた出したところ、今度は、切手を貼るのを忘れていました。こうなると、そもそも自分にはこの手紙を出すのを忌避する気持ちがあることを彼も認めざるをえませんでした。(20)

次に紹介する別の例では、取り違いと置き忘れとが複合して生じます。ひとりの婦人が、有名な芸術家である義兄と一緒にローマに旅行します。義兄はローマに住むドイツ人たちから大いに歓待され、様々な贈り物をもらいますが、その中に古代から伝わる金のメダルがあります。婦人は、義兄がこの素晴らしい品をもらいながら、さしてありがたがるふうでもないのに苛立ちます。姉と交代して、家に帰ってきて荷物を解くと、どうしてそうなったのか本人にも分からないのですが、あのメダルを持ち帰っていたのです。ただちにそれを手紙で義兄に知らせ、かっさらってきてしまったものを翌日にもローマに送り返すと告げます。ところが翌日にはそのメダルが巧みに置き忘れられて見つからず、送ることもできません。ここに及んで婦人も、自分の「注意散漫」が何を意味するのか、要するに自分はメダルを手元に置きたいのだ、ということがおぼろげながら分かってきます（R・ライトラーによる）。

私は皆さんに以前すでに物忘れと勘違いとが複合している例をひとつ紹介しています。ある人が一度めはデートを忘れ、けっして忘れまいと心に決めた二度めには、決めたのとは違った時間に出向いたという例です〔第二講、本書上巻、四五頁〕。私の友人に、学問的な関心だけでなく文学的な関心をも追求する男がいるのですが、彼がこれとたいへんよく似た事例を自分自身の体験として話してくれました。彼の話です。「数年前、私はある文芸団体の委員に選出され、これを引き受けました。それは、私の劇を上演させるのにこの団体が何か足しになるかもしれないという下心があってのことで、さほど興味もないのに、金曜日ごとに開かれる会合には毎回出席していました。ところが数カ月前、私はF市の劇場から今度、あなたの劇を上演するとの確約を得ました。以来、私は毎回、その団体の会議を忘れるようになりました。こういった事柄に関するあなたの著作を読んで、自分の物忘れを恥ずかしく思い、今ではもうあの人たちが必要なくなったからといって会に出ないのは下劣ではないかと自分を責め、次の金曜日にはけっして忘れまいと決心しました。私はこの決意を繰り返し想い出し、当日にはそれを実行して、会議室のドアの前に立ちました。驚いたことにドアは閉まっていました。会議はすでに済んでいました。実は、私は日を間違えており、その日は土曜日だったのです[21]」。

似た観察例を集めるのは魅力的かと思われますが、話を進めます。事例の中には、それについて私たちが試みる解釈が正しいかどうかを確かめるのを将来に委ねるしかないものがあります。このような例をいくつか紹介しましょう。

そういった事例が成立するための主たる条件は、当然のことながら、現在の心的状況が私たちには分からない、たとえ調べてみても埒が明かないという点にあります。そのような場合には、私たちの解釈は所詮、推測の域を出ず、私たち自身もそれにさほど重きを置こうとしないものです。ところが後から起こったことから、かつての自分の解釈がいかに正当なものであったかが明らかになるのです。私が以前、結婚して間もない一組の夫婦を訪ねた際のことですが、新妻が笑いながら、最近あったこととして、次のような話を聞かせてくれました。新婚旅行から帰った翌日、彼女は独身の妹を訪ね、夫が自分の用事を済ませているあいだに、以前のように妹と一緒に買い物をしていました。ふと、通りの反対側にいるひとりの男性に気がつき、傍らの妹をつついて言ったというのです。「ほら、あそこにLさんがいる」。彼女は、その男性が二、三週間前から自分の夫であることを忘れていたのです。この話を聞いたとき、私は背筋に何か冷たいものが走るのを感じましたが、あえてそこから何か推論を行うことを控えました。この些細な一件を私がふたたび想い出したのは、何年か経ってこの結婚が最も不幸な結末を迎えてからのことでした(22)。

A・メーダーは、ひとりの婦人が結婚式の前日、ウェディングドレスを試着するのを忘れ、夜遅くになってそれを想い出して洋裁店の女主人を困らせたという話を紹介しています。メーダーは、この一件と婦人がその後まもなく夫と離婚したこととのあいだには関連があるとしています。また、私の知っている婦人で今では夫と別れた人の話ですが、彼女は、離婚して旧姓に戻るよりも何年も前から、自分の資産管理に関しては書類にしばしば旧姓で署名していました(23)。私はまた、新婚旅行の途中で結婚指輪をなくしたほかの女性たちのことを知っていますが、結婚生活のその後の推移がこの偶然に意味を与えたことも知っています。(24) さらにもうひとつ、極端な話ながら結末はもう少しだったという例です。ドイツのさる有名な化学者は、結婚式の時間を忘れ、教会へ行かずに実験室へ行ったために、結婚には至らなかったというのです。彼は賢明な人で、結婚話はこれ一回きりにし、独身のまま高齢で亡くなりました。

ことによると皆さんは、これらの例に見られる失錯行為は、昔の人たちが予兆や前触れと呼んだものに相当する、そんなふうにもお考えになるかもしれません。実際、前兆のいくつかは、誰かがつまずいたり倒れたりするなど失錯行為にほかなりませんでした。なるほど、前兆の中にはそういったもの以外にも、当事者が主体的に何か行うのではなく、客観的に何かが起こるという性格が備わっているものがあったのは事実です。しかし、何かがあった場合、それは当事者が主体的に行ったのか、客観的に起こったのか、そのいずれのグループに属するかを決めるのは、時に信じがたいほど難しいものです。たとえ何かを行ったのであっても、その行為は往々、あたかも受動的に身に降りかかったものであるかのように装う手管をわきまえているのです。

人間同士の付き合いの中で生じる些細な失錯行為をひとつの予兆として読み解き、まだ内に秘められている意図のしるしとして活用する勇気と決意さえ持ち合わせていれば、多くの幻滅や思いがけない落胆を味わわずに済んだはずだ……。これは、私たちのうちすでに相当長い人生経験を振り返ることのできる者なら誰しも抱く感慨ではないでしょうか。ただ、大概のところ誰もあえてそうしようとはしません。科学の寄り道をした挙句、結局また迷信を信じることになるという気がするからです。ちなみにすべての予兆が的中するわけでもありません。そして、予兆が必ずしもすべて的中する必要もないのは、私たちの理論から分かっていただけるはずです。

第四講　失錯行為(結び)

さて皆さん、ここに至るまでの私たちの苦労の成果として、失錯行為には意味があるのだということをひとまず確認し、これを私たちのこの先の考察の基盤としてもよいでしょう。あらためて強調しておきますが、私自身は、個々に生じる失錯行為には意味があると見なしてよいだろうと考えているものの、目下のところ私たちはそれを主張するわけではなく、また私たちの目的からしてそう主張する必要もありません。様々な形式の失錯行為にこのような意味が比較的頻繁に確認されるなら、それで十分です。ちなみに形式が様々に異なる分、失錯行為に意味があるといっても、これまた各種各様です。言い違いや書き違いなどでは、事例によっては純粋に生理的な理由から生じるのかもしれないものもある一方、忘れることに起因する類い(名前の度忘れや企図の物忘れ、置き忘れなど)では、そうしたことは考えられません。紛失の場合、意図して行われたとは見なしえないような例もあるはずです。生活の中で生じる様々の間違いのうち、そもそも私たちの見立てに沿うのは一定程度のものにすぎません。失錯行為とは心的活動であり二つの意図の相互干渉によって発生するということを前提としてこれからの考察を進めますが、その際この限定を常に念頭に置いてください。

これは精神分析によって初めて得られた成果です。このような相互干渉というものがあり、その結果としてこの種の現象が起きるという可能性について、従来、心理学は何ひとつ知りませんでした。私たちは、心的現象世界の領域をひとつ極めて重要な分だけ拡大させたのであり、かつては心理学に属すると見なされてこなかった現象群を征服して、それらを心理学に服属させたわけです。

失錯行為は「心的活動」であるという主張について、今しばらく見ておきましょう。この主張には、これまで何度か述べてきた失錯行為には意味があるということ以上のものが含まれているのでしょうか。私はそのようなことはないと考えます。むしろこの主張のほうが漠然としていて誤解を生じやすいと言えます。心的活動において観察されうるものはそのすべてが、時に心的現象と呼ばれたりもするでしょう。しかしそのうち間もなく、心的に現れてくるもの一つひとつについて、それが直接に身体的、器質的、物質的な影響から生じ、このため心理学的な考察の対象とならないものなのか、それともさしあたり他の心的な過程に由来し、一連の器質上の影響はどこかそれよりももっと奥のほうで始まるのか、という点が問われることになります。私たちがひとつの現象を心的過程と呼ぶときはこれら二つのうち後者のほうを念頭に置いており、それゆえ、言い方としては、その現象には意味が含まれている、ひとつの意味があるという体裁を取るほうが目的に適っているのです。意味ということで、私たちは、一連の心的な連関の中での趣旨や意図、意向、姿勢のことを考えています〔第三講、本書上巻、六一頁参照〕。

ほかにも失錯行為に極めて近いにもかかわらず、もはやこの名称がそぐわないような現象が少なからずあります。私たちはこれを偶発行為、症状行為と呼びます。これらにはいずれも動機がない、目立たない、重要でない、といった性格が備わっているのに加えて、もっと顕著な点として余計なものという性格を示します。また、失錯行為の場合、別の意向と衝突してそれに妨害されますが、そういったことはないというのも偶発行為が失錯行為と違う点です。一方、これらの行為では、私たちが気持ちの動揺の表現と見なす振舞いや動作との境界が明確ではありません。衣服や体のどこかの部分、手近なところにある物に触れながら戯れに行う一見したところ何の目的もない仕草、あるいはその中断、これらがすべてこういった偶発行為に数えられます。さらにメロディーを口ずさんだりするのもやはりこの部類に属します。皆さんを前にして、私は、これらの現象はいずれも失錯行為と同様に意味を備え解釈可能である、他のもっと重要な心的過程の存在を示すささやかな兆候にして歴とした心的行為である、と主張するものです。しかし、私としては、心的現象を拡大するこの新たな領分に長居をするつもりはありません。失錯行為について考えるほうが、精神分析にとって重要な問題提起を遥かに明快なかたちで呈示することに繋がりますので、これに立ち返りたいと思います(1)。

失錯行為のところで私たちが提起して、まだ答えの出ていない実に興味深い問いには次のようなものがあります。一方は妨害を受ける、他方は妨害的に作用すると呼ぶことのできる二つの互いに異なった意向があり、それらが干渉しあう結果が失錯行為だ、このように私たちは言いました。妨害されるほうの意向については、しいてそれ以上問うまでもないでしょう。しかし、もう一方の意向については、まず第一点として、他方の意向に対して妨害として立ち現れる意向とはどのようなものなのか、第二点として、妨害的に作用する意向は妨害される意向とはどのような関係にあるのか、という点を知りたいものです。

またしても言い違いを、失錯行為というジャンル全体の代理として取り上げ、二番めの問いのほうから先に答えるのをお許しください。

言い違いにおいて妨害的に作用する意向は、妨害される意向に対して内容面で関係していることがあり、そういう場合、妨害する側は、される側に対する異議や訂正、補足を含んでいるものです。一方で、それよりも理解しがたく興味深い事例として、妨害する意向には、される側の意向と内容上なんの関わりもないこともあります。

これら二通りの関係のうち前者の例として、私たちは、すでに見た事例やそれらと似た例を容易に挙げることができます。間違って逆のことを言ってしまう場合、そういった言い違いのほとんどすべての例において、妨害するほうの意向は妨害される側の意向に対して反対を表明するもので、この失錯行為は二つの互いに相容れない企図の追求のあいだの葛藤の表現です。私はこれをもって議会の開会を宣言します、でもできればもう閉会にしたいのです、というのが、議長の言い違いの意味なのです〔第二講、本書上巻、五〇―五一頁〕。さる政界紙が、買収されたとの非難を受け、弁明の記事を載せることになります。記事は「小紙が常々およそ自らの利益を考えることなく〔アイゲンウンニュッツィッヒ〕公共の福祉のために尽力してきたことは、読者諸賢が請け合ってくださるであろう」という一文をもって最高潮に達するはずでした。ところが弁明文の起草を託された記者は「およそ自らの利益だけを考え〔アイゲンニュッツィッヒ〕」と書いてしまいます。要するに記者は、自分はこのように書かなくてはいけないが実態がそうではないのを知っている、と考えているのです。(2) 皇帝に真実を遠慮なく申し述べることを要請する議員は、自分の勇敢さに怖気づく内なる声に耳を傾けざるを得ず、この声が言い違いによって「遠慮なく《リュックハルトロース》」を「気骨なく《リュックグラートロース》」に変えてしまうのです（一九〇八年十一月のドイツ帝国議会での一件(3)）。

何かが併合されているとか省略されているとの印象を受ける例はよく知られていますが、これらの場合、一つめの意向の傍らで二つめの意向が自分の存在を主張し、そのことが修正や追加、付加というかたちで現れるのです。これこれのことが明らか《フォアシャイン》になった、でも今「それは破廉恥《シュヴァイネライエン》だ」と言ったほうがよい、というわけで「これこれのことがあきれんち《フォアシュヴァイン》になったのです」となる次第です〔第三講、本書上巻、六五頁〕。――これが分かる人と言えば一つの手の指で数えられるくらいです、いやそうじゃない、これが分かるのはひとりしかいないんだ、だから一つの指で数えられるくらいです〔第三講、本書上巻、六四頁〕。――夫は、自分が望むものなら何を食べてもいいし飲んでもいいんです、でも、ご存じでしょう。夫が何かを望むなんて、私には到底、我慢ができないの、だから、夫は、私が望むものなら何を食べてもいいし飲んでもいいんです、となるわけです〔第二講、本書上巻、五三頁〕。これらいずれの事例でも、言い違いは妨害を受ける意向そのものの内容から来ているか、それに結びつくものです。

相互に干渉しあう二つの意向のあいだの関係には、これまでに見てきたのとは違うもうひとつの種類があるのですが、こちらのほうは奇妙な感じがします。妨害的に作用する意向が妨害される意向と何の関わりもないというなら、それはそもそもどこからやって来るのでしょう。どうしてわざわざこの位置に妨害として立ち現れるのでしょうか。この点について答えを得るには観察によるしかありませんが、観察からすると、妨害は、その直前に本人が辿っていた思考の動きに由来するのであり、この思考の動きが言葉となったか否かを問わず、その影響が後にまで及んでこのような言い違いというかたちで現れるのだ、ということが分かります。妨害はそれゆえ実は残響と呼ぶべきなのです。ただ、必ずしも口に出して語られた言葉の残響というわけではありません。ここでも妨害するものと妨害されるものとのあいだに何らかの連想的な連関がないわけではないのですが、内容の中に与えられているわけではなく、人為的に、時にはこじつけがましい経路を経て作られています。

この類いに属する単純な例で私自身が観察したものをひとつお聞きください。あるとき私は我が国の景勝の地ドロミーテン(4)で、ウィーンから来た、いかにも旅行客らしい身なりのふたりの婦人と一緒になりました。私はしばらく彼女たちと連れ立って歩きました。私たちは、旅行生活の楽しみについて、しかしまたその悩みについても話しました。うちひとりの女性が、このように一日を過ごすのはいろいろ不都合があると相槌を打って、「このような日差しの中を一日中歩き回ったあとは、ブラウスもシャツも汗びっしょりで、本当にとても不快ですよね」と言います。この文の途中で彼女はいちど口ごもり、そのあと「でも、パンツ《ナッハ・ホーゼ》に帰って着替えができると……」と続けました。私たちはこの言い違いを分析しませんでしたが、皆さんにはこれが容易に理解できると思います。婦人としては列挙するのをきちんと続けて、ブラウス、シャツ、パンツと言う積もりでしたが、慎みという動機からパンツ《ホーゼ》を口にするのが憚られました。ところが、口に出されなかったこの語は、内容的には全く独立した次の文の中で、発音がよく似た「家へ《ナッハ・ハウゼ》」を変形させるというかたちで表面に出てきたのです(5)。

さて、私たちはこれまで、他の意向に対して突飛なかたちで妨害として現れてくるのはどのような意向なのか、という肝腎の問いに答えるのを長らく先延ばししてきましたが、今、この問題について考えてみることができます。当然、これには実に様々な意向があるのですが、それらの中に何らかの共通点を見出したいと思います。この観点から一連の実例を検討してみると、それらはやがて三つに分類されることになります。第一のグループには、妨害的に作用する意向が話し手に分かっている上に、言い違う前にその意向が感知された事例が属します。たとえば「あきれんち《フォアシュヴァイン》」と言い違う例では、話し手は、自分が当該の一件について「破廉恥だ」との判断を下していたことだけでなく、話しその言葉を口に出して言おうという意図を持っていたが後になってそれを控えたということも認めています。第二のグループは、これと違って、語り手は妨害的に作用する意向を第一のグループと同じく、なるほど自分の意向であると認めはするものの、その意向が言い違いの直前に自分の中で活動していたことについて全く気づいていない、そういった事例から構成されます。そのため、私たちが彼の言い違いを解釈してやると、本人はそれを受け容れはするものの、それについていくらか不審の念を抱き続けます。こういった態度の例は、言い違いそのものよりも別の失錯行為についてのほうが容易に挙げられるかもしれません。第三のグループは、言い違いは妨害的な意向によるのだという解釈を話し手が激しく突っぱねる場合です。本人は、そういった意向が言い違いの前に自分の中で蠢《うごめ》いたというのを否定するばかりか、そのような意向はおよそ自分の全くあずかり知らぬところだと言い張るのです。「乾杯《アンシュトーセン》」と言おうとして「げっぷ《アウフシュトーセン》」と言ってしまった例〔第二講、本書上巻、四八―四九頁、第三講、本書上巻、七七頁〕を想い起こしてください。ここに潜む妨害する意向を暴いてみせたところ、私がこの話し手からおよそ無作法としか言いようのない口調で拒絶されたあの例です。さて、こういった事例をどう捉えるかについて、私たちは今までのところ見解の一致を見ていません。私からすればこの乾杯の音頭を取った人の抗弁など物の数ではなく、あくまで自分の解釈を堅持する所存ですが、皆さんは、彼の激しい口調に気圧されて、その手の失錯行為をこういった具合に解釈するのは断念し、精神分析以前の発想に沿ってこれを純粋に生理学的な活動であるということにしておくべきではないか、などと思案なさっているのではないでしょうか。皆さんをひるませるものが何であるかは、私なりに見当がつきます。本人自身は気づいていないのだが、状況証拠からしてその存在が推認される意向が話し手の中に現れてくることがある……、私の解釈にはこういう想定が含まれています。これだけ斬新でかつ由々しい結果を招くであろう想定を前にして、皆さんも足がすくむことでしょう。それは私にも理解できますし、そのくらいは仕方がないと考えます。しかし、ひとつ確認しておきましょう。仮に皆さんがこれほど多くの事例から裏付けられた失錯行為に関するこの見地を徹底的に突き詰めようと望まれるなら、先に述べた奇妙な想定を自ら採ることを決断していただかなくてはいけません。もしそれができないというなら、ようやく得られたはずの失錯行為についての理解もふたたび断念していただかなくてはなりません。

これら三つのグループを一つに束ねるもの、言い違いの三つの機制に共通するものについて、今しばらく検討しておきましょう。これは幸いにも明快で見まがうべくもありません。第一と第二のグループでは、妨害的に作用する意向を話し手が認めています。

第一のグループではさらに言い違いの直前にその意向が現れてきています。しかしいずれの場合とも、この意向は背後に抑え込まれます。話し手は、それを言葉にしないでおこうと決心しましたが、そこで言い違いが起こった、すなわち背後に抑え込まれた意向が本人の意思に反してひとつの発話となって出てくる、本人が認可した意向の表現を変更しその表現と混じりあうか、あるいはまさにそれと入れ替わります。これがすなわち言い違いの機制です。

私の立場からは、第三のグループの言い違いの過程も、ここで述べました機制とものの見事に符合させることができます。私はただ、これら三つのグループの違いとは、ひとつの意向が抑え込まれる程度の差であると想定しさえすれば、それでよいのです。第一のグループでは意向は手近にあって、話し手本人には言葉を口にする前にその存在が感知され、そこで初めてその意向は追い返されることになります。意向はこれに対して言い違いというかたちで埋め合わせをするのです。第二のグループでは、意向が追い返されるのはそれが表面に近づくよりも前のもっと奥の段階であり、言葉が口に出される前にすでにもう姿をくらませています。注目すべきことに、その意向は、だからといってただ遠ざけられたまま、言い違いの一因となってその発生に関与できないというのではけっしてないことです。このような働きを想定することによって第三のグループにおける過程が説明しやすくなります。はなはだ大胆ではありますが、この失錯行為でも、やはりひとつの意向が顔を覗かせているのではないか、この意向はかなり前から、ひょっとすると随分と以前から抑え込まれていて、気づかれることもない、それゆえ話し手もその存在を端から否認しさえするのだ……、このように想定してみたいと思うのです。ただし、皆さん自身は第三のグループをひとまず度外視していいでしょう。ほかの事例について観察されるところからだけで、皆さんも、何かを言おうとする意図が実際にあるのにそれを抑え込むということが、言い違いが成立するための不可欠の条件だ、という結論を引き出すほかないのです。

ここで私たちは、失錯行為を理解するという点でさらにまた進歩を収めたと主張してよいでしょう。今では私たちは、失錯行為というのがそこに意味や意図が認められる心的活動であること、失錯行為が二つの異なった意向の相互干渉によって成立することを知っているだけではありません。それらに加えてさらに、これら二つの意向のうち一方は他方の意向を妨害するというかたちでしか現れてくることができないのは、それが言わば抑え込まれて実行を阻止されたからに違いない、ということも知っています。この意向が妨害するものとなる前に、それ自身がまず妨害されたに違いないわけです。もちろん、私たちが失錯行為と呼ぶ現象の完璧な説明がこれで得られたわけではありません。

ただちに別の問いが次々に湧いてきて、これはどうやら理解が深まるほどにそのことがまた一層多くの新たな問いの呼び水となるのではないか、という気がしてきます。たとえば、どうして遥かにもっと簡単な具合に行かないのか、と問うこともできます。ある一定の意向を実行するのではなくそれを抑え込もうとする意図があるなら、この抑え込みはうまく行ってその意向も何ら表現されるに至らないはずだし、あるいは抑え込みがうまく行かず、抑え込まれようとした意向がもろに表面に現れてきたりすることはないのか、こう問うこともできるでしょう。しかし、失錯行為とは妥協の産物であり、二つの意図のいずれにとっても半ば成功、半ば失敗を意味しており、迫害されるほうの意向も完全に抑え込まれることはありませんが、かといって、個々の例外的な事例を除けば、言い分を完璧に通すこともありません。私たちは、このような干渉と妥協の産物が成立するための特別な条件があるに違いないとは考えてみるものの、それがどういった類いのものであるかとなると、おぼろげに思い描くことすらままなりません。失錯行為の研究をさらに深めていけば、私たちには窺い知れないこの辺りの事情が一気に明らかになるとも思えません。むしろ、心の生活のほかのやはり未知の領域を先に徹底して調べておく必要があるでしょう。まず、そこで似たものに出くわせば、失錯行為についてもっと深く解明するのに必要な想定を打ち立てる勇気も湧いてこようというものです。それともうひとつ言っておかねばなりません。この分野では私たちは常々僅かな兆候と取り組むことを習いとしていますが、これにはそれなりの危険も伴います。こういった僅かな兆候を際限なく利用する心的な疾患として結合性パラノイアがありますが、私には、この基盤の上に打ち立てられた結論が一律に正しいなどと言いつのるつもりはもとよりありません。心の生活のおよそ別々の領域に属するものでも似た印象が繰り返されることがあるというのは、私たちが往々観察するところであり、このような幅広い基盤がないと、そういった危険に足をすくわれかねません。

　というわけで、失錯行為の分析はここまでとしておきましょう。ただし、もうひとつ皆さんにお願いしますが、私たちがこれらの現象を扱った際の流儀を手本として記憶にとどめておいてほしいのです。これを範例として、私たちの心理学の意図がどのようなものであるかを見て取ることができます。私たちは諸々の現象をただ単に記述し分類したいのではありません。それらを心の中における様々な力のせめぎ合いの兆候として捉えたいのです。いくつもの意向が自分の目標の実現のために互いに協力したり競合したりしている、その表出として捉えようというのです。私たちは心的現象の力動論的な見地を目指しています。心的現象の元にある何らかの企図を追求しようとする働きはまだ想定されているだけにすぎませんが、私たちの見地では、知覚される現象はそういった追求の働きに比べ重要性という点で一歩さがらざるをえないのです。

だからこれ以上、失錯行為に深入りすることはやめておきますが、今いちどこの分野の全域をざっと振り返っておくのも悪くないでしょう。そうすると、すでに知っているものをあらためて発見しなおし、新しいものもいくつか見つかるでしょう。私たちは、すでに最初に、失錯行為に三つのグループの区分を設けました。(6) まずは言い違いと、それに準じる形式としての書き違い、読み違い、聞き違いです。ついで度忘れで、これには忘れられる対象(固有名詞、外国語の単語、企図、あったことの印象)に応じて下位区分があり、最後に取り違い、置き忘れ、紛失が来ます。誤謬のうち、私たちが勘案すべき範囲に入るものでは、一部が度忘れに、一部が取り違いに分類されます。

言い違いについてはすでに相当立ち入って論じてきましたが、それでもなお二、三付け加えておくべき点があります。言い違いには若干の情動的な現象が伴うのですが、これが少々私たちの関心を惹くのです。言い違いをしてよかったと思う人はいません。また、自分の言い違いには往々気づきませんが、他人の言い違いはけっして聞き逃さないものです。言い違いはまたある意味で伝染します。言い違いについて話そうとすると、うっかりすると自分も言い違いにはまりこんでしまいます。秘かな心的過程について何か特段の解明を与えてくれるわけでもない、ごく瑣末なかたちの言い違いであっても、そこに何らかの動機が働いているのは難なく見極めることができます。たとえば誰かが、あるひとつの単語のところで何らかの動機によって生じた妨害の結果として、その単語の中の長母音を短く発音した場合、その代わりにすぐ後に続く短母音を長く発音し、先の言い違いの代償としてまた新たな言い違いを犯すことになります。複母音の発音が不正確でぞんざいになった場合、たとえば eu とか oi を ei のように発音した場合、次に来る ei を eu か oi に変えることで、同様のことをしようとすることになります。ここでは、自分が母語をいかにも粗略に扱っているという印象を聞き手に与えまいという、話し手の側の配慮がどうやら決定的な役割を担っているようです。代償となる二つめの変形は、まさに聞き手の側に一つめの変形に注意を促し、話し手もこの変形を聞き逃したわけではないと明言する意図を持つのです。言い違いのうち最も頻繁にして最も単純かつ最も瑣末な例と言えば、目立たない文成分に現れる縮約や予響です〔第二講、本書上巻、四八―四九頁参照〕。比較的長い文では、たとえば意図していた語りの趣意からすれば最後に来るべき言葉が先に出てきてしまうというかたちで言い違いをしでかします。そうすると傍目にも、話し手はどうやら早くその文を話し終えたがってある種の焦りを感じているとの印象が生じ、総じて、本人にはこの文を伝えることに、あるいはそもそも話すことそのものに一種の抵抗があるのだということが分かってしまいます。これらは、言い違いに関する精神分析的な見地と通俗的な生理学的見地とが混じりあう境界事例と言ってよいでしょう。私たちの想定するところでは、このような事例の場合、どうやら話の趣旨を妨害しようとする意向が存在するのです。しかし、そういった意向は自らの存在を窺わせるだけで、自分が何を意図しているかまで示すわけではありません。この意向が引き起こす妨害は、こうしたとき何か音に関して影響を受けたり連想の働きに従っており、そのため話の趣旨から注意が逸れたものと解されたりします。しかし、そのように注意が妨げられたとか連想の傾向が活発化したというのは、いずれもこの過程の本質を衝くものではありません。それらは所詮、話の意図を妨害する意向の存在を示唆するにすぎず、何につけその成り立ちがもっと明確な言い違いの場合のように結果からその意向の本性を窺い知ることは、この場合に限ってはできないのです。

さて、ここで話を書き違いに進めますが、これは言い違いとおおむね一致しており、ここから何か新たな視点が得られることはないでしょう。ただ、これまで漏れ落ちた点をいくつか補足できるかもしれません。よくある些細な書き違い、綴りを縮約したり、後のほうの言葉、特に最後の言葉を先取りしたりするのは、ここでもやはり総じて書く気がしなかったり早く終えたいと焦っていることを示唆するものです。書き違いの結果がかなり明確な形を取ったものだと、そこから妨害的な意向の本性や意図が分かります。

一般に手紙の中に書き違いを見つけた場合、手紙を寄越した人が何かしら万全ではなかったことが分かります。ただその人の中に何が蠢いていたのかとなると、必ずしも確定できません。書き違いも言い違いと同じく、間違った本人は往々それに気づきません。それだけに、次のようなことが観察されるのは注目に値します。手紙を一通書き終えるたびに投函する前にもう一度それをざっと読んでおく習慣のある人がいる一方で、そういった習慣のない人もいます。普段それをやりつけていない人が、たまたま例外的にそれをした場合、決まって顕著な書き違いを見つけ、修正に及ぶものです。これはどう説明するべきでしょうか。こういう人たちは、自分が手紙をしたためた際に書き違いをしたことをまるで知っていたかのようです。このようなことが本当に信じられるでしょうか。

書き違いが実際面で持つ意義に関するひとつの興味深い問題があります。殺人犯Hの件については、皆さんも覚えておいでかもしれません。彼は、自分は細菌学者だと称して複数の研究所から極めて危険な病原菌を培養したものを入手しておきながら、身近な人々をこの実に近代的な方法で地上から抹殺するためにその培養菌を用いたのです。この男は、一度こういった研究所の所長宛てに、送ってもらった培養菌が効かないという苦情の手紙を送りつけたことがあるのですが、その際、「ハツカネズミ《モイゼン》かモルモット《メールシュヴァインヒエン》に対して私が行った実験では」とでも記されていて然るべきところが、書き違えたためにずばり「人間《メンシェン》に対して私が行った実験では」となっていたのです。この書き違いには研究所の医師たちも気がつきましたが、私の知る限り、彼らはそこから何の結論も引き出しませんでした。皆さんはどうお考えでしょうか。医師たちはむしろこの書き違いを告白と見なして捜査をするように働きかけるべきではなかったでしょうか。そうすれば、この殺人犯が凶行に及ぶのを未然に防げたかもしれません。この事例では、失錯行為に関する私たちの見解を知らなかったことが、実際面で重大な失態の原因となったのではないでしょうか。このような書き違いはなるほど極めて怪しいとは私も思いますが、これを自白として用いるのには厄介な障害が立ちはだかります。事はそれほど単純ではないのです。この書き違いは、なるほどひとつの状況証拠ではあるでしょうが、捜査を開始させるのにそれだけで十分というわけにはいかなかったでしょう。この書き違いは、男が人間を感染させるという想念に囚われていることを示してはいるものの、この想念が明確な加害的企図としての価値を有しているのか、それとも単に実際のところ他愛もない空想の域を出ないのか、決定することはできません。この種の書き違いをした人間が、上出来の主観的な弁解を持ち出してそういった空想を否認し、それはおよそ自分のあずかり知らぬところと断じることさえありえます。いずれ後に心的現実と実質的現実との区別を取り上げますが、その際にはこの可能性のことを皆さんにもっとよく理解してもらえるはずです〔第二三講、本書下巻、二〇九―二一一頁参照〕。しかし、これもやはり、ある失錯行為が思いがけない意義を事後になって得た事例のひとつです〔第三講、本書上巻、九二―九三頁参照〕。

読み違いでは、私たちは、言い違いや書き違いとは明らかに異なった心的状況に遭遇することになります。ここでは、互いに競合する二つの意向のうちの一方が、感覚的な刺激によって取って代わられるので、その分、抵抗力が弱いかもしれません。何か書こうとするものと違って、読もうとするものは自分自身の心生活の所産ではありません。それゆえ、大概のところ読み違いというのは全面的な置換から成るものです。読むはずの単語を別の単語に置き換えてしまうのですが、そこでテクストと読み違いの結果とのあいだに必ずしも内容上の関係があるわけではありません。通常は、何らかの音の類似に依託してそれが成立します。リヒテンベルクが挙げる、「アンゲノメン〔仮に……と想定すれば〕」の代わりにアガメムノンと読んでしまう例は、このグループに属するものとしては最善の例です〔第二講、本書上巻、六〇頁参照〕。妨害的に作用して読み違いを引き起こす意向がどんなものであるかを知りたいなら、読み違ったテクストはひとまず脇に置いて、読み違いという結果が生じた直後にどんなことを思いついたのか、どのような状況でその読み違いが起こったのか、という二つの問いから分析的な考察を始めるとよいでしょう。時にはこの後のほうの点を知るだけで、読み違いの解明には十分であったりもします。たとえばある人が生理的な要求を感じながら慣れない町をうろうろしていて、建物の二階に掛けられた大きな看板に「手洗い館《クロゼット》」という文字が書いてあるのを読みます。一瞬、このような看板をこれほど高く掲げるものだろうかと訝しく思って、よく見ると、そこにはコルセット館と書いてあった、というのなどはその一例です。(7) このような類いとは違う事例の場合、テクストの内容からは独立している読み違いに関しては綿密な分析が必要で、精神分析の技法に訓練を積みこの技法に長けている人でないと、そういった分析は手に負えません。しかし概して、読み違いを解き明かすほうが容易です。アガメムノンの例に見られるように、置き換えに用いられる単語から、妨害がどのような想念圏から湧き起こってくるのか、簡単に露見します。たとえば今般の戦時にあっては、都市や司令官の名前、あるいは軍隊用語などが、絶えず耳に入ってきて頭から離れないものですから、似た綴りが目に入ると所かまわずそれらの名前や用語をそこに読み込んでしまうものです。(8) このように、自分の関心を惹いたり頭から離れなかったりするものが、自分には縁遠いものや興味のないものに取って代わります。想念の「残像」が新たな知覚を鈍らせるわけです。

以上とは違って、読まれたものそれ自身の文意が妨害的な意向を喚起し、その結果、文意が概して逆のものに変化する、そういった事例がやはり読み違いにもないわけではありません。何か煩わしいものを読まされる場合などは、分析してみると、読んだものを拒絶したいという強烈な願望が働き、そのせいで読んだものに変容が生じたということが納得されます。

二つの意向のあいだに葛藤があること、さらに一方の意向が抑え込まれ、これを失錯行為という結果で埋め合わせようとすること、私たちはこの二つの契機が失錯行為の機制で重要な役割を果たしているとしました。読み違いの二つの類いのうち、初めに挙げた比較的頻繁に起こるほうの事例では、この二つの契機の影は薄くなっています。何かこれに反することが読み違いで見られるというのではないのですが、とにかく読み違いに繋がる想念圏の差し出がましさがやたら目につき、この想念圏もその前に押し戻されて抑え込まれたであろうということがどうしても霞んでしまうのです。一方、度忘れによる失錯行為の様々な状況では、まさにこれら二つの契機がもろに私たちの前に立ち現れてきます。

企図の度忘れをどう解するかについては誰が見ても明らかで、先に述べたように門外漢の人もその解釈に異議を挟むことはありません〔第三講、本書上巻、八四—八六頁〕。企図を妨害する意向とは常にその企図に対抗する意図、それをしたくないという気持ちですが、それがどうしてあえてこのようなかたちで現れるのか、なぜもっと明け透けに現れてこないのか、という点だけはまだ未決着です。ただ対抗意志(9)があるというのは疑うべくもありません。どのような動機がこの対抗意志に韜晦《とうかい》を強いるのかについては時としてある程度まで探り当てることはできますが、仮に公然たる異論として登場すれば間違いなく拒絶されるところを、失錯行為によって自らは潜伏したままとにかくその意図を実現したことになるわけです。企図からその実行に至るまでのあいだに心的な状況に関して重要な変化が生じ、そのために企図の実行など論外ということにでもなれば、この企図を忘れてもそれは失錯行為の枠から外れます。忘れたからといって、誰もそれをもはや奇異と感じることもなく、企図を想起するまでもなかったということに納得します。こういった場合、企図は長期的、ないし一時的に消失したのです。ひとつの企図を忘れるのが失錯行為だと言えるのは、企図のこういった中断を私たちが信じられないときに限ります。

企図を忘れる事例は総じて一様で、その事情も透けて見えますが、それだけに私たちの考察にとって興味のあるものではありません。とはいえ、この失錯行為の研究から二つの点について新たなことが分かります。先に私たちは、ひとつの企図を忘れる、すなわちそれを実行しないのは、この企図に敵対する対抗意志の存在を示唆するものだと述べました。このこと自体は、おそらくやはりそのとおりだと思うのですが、調べてみたところこの対抗にも二通りあって、ひとつは直接的、もうひとつは間接的なのです。この間接的な対抗意志というのがどういうものを指すかについては、一、二の例から説明するに限ります。日頃から何かと頼られている人が、自分が力を貸してやっている人物について、第三者に口添えしておいてやるのを忘れるのは、本人がその人物に対してさほど関心を抱いておらず、それゆえ推薦することにもあまり乗り気ではないからです。いずれにしても、恩顧を受けるほうの人は、力になってくれるはずの人の度忘れをこのような意味方向で理解するでしょう〔第三講、本書上巻、八四頁参照〕。しかし、実際のところはもっと複雑かもしれません。企図の実行を阻もうとする対抗意志は、恩顧を与える側の人の中では別の方面から来るのかもしれないし、全く別のところに矛先を向けているのかもしれない。それは、恩顧を受ける側の人と関係があるとは限らず、たとえば推薦の口添えをする先方の第三者に向けられたものかもしれません。私たちの解釈を実際に用いようとすると、ここでもどのような懸念が浮上してくるか、ご覧いただけます。恩顧を受ける側の人は、相手の失念を正しく解釈しても、過度に疑い深くなり、恩人に対してははなはだ不当な振舞いをする危険があるわけです。あるいはまた、必ず行くと相手に約束し、自分でもそのつもりだったデートを忘れるとしたら、いちばんよくある理由は、相手の人物と会うのがいやだという直接の嫌悪感でしょう。しかし分析してみれば、妨害的な意向はその人物に向けられているのではなく、会うはずだった場所に対するものであることが判明するかもしれません。その場所がいやな想い出と結びつき、そのせいで避けたいという気持ちが働いていたりするのです。手紙を投函するのを忘れたとしたら、この対抗的な意向は手紙の内容に基づいているのかもしれません。しかし、手紙そのものはどうということのないものであるのに、その手紙に含まれる何かがかつて書いた別の手紙を想起させ、直接にはこれが対抗意志の逆鱗に触れ、このせいで目下の手紙が対抗的な意向の標的となったということも考えられます。その場合、この対抗意志は、元々それが向けられて当然であった以前の手紙から、本来、何の関係もない現在の手紙に転移されている、と言うことができます。ご覧のとおりこのように、解釈そのものが正当であっても、それを実際に用いる段には、謙虚かつ慎重に事を運ぶ必要があるのです。心理学的には価値の等しいものであっても、実際面では実に多義的なこともあるわけです。

このような現象は、皆さんにとって実に突飛なものと映ることでしょう。ことによると皆さんは、「間接的」な対抗意志があること自体、この過程がすでに病的であることを示している、と想定されようとしておられるかもしれません。しかし、対抗意志は正常や健康とされる範囲の中でも生じます。これは私が請け合います。ちなみに皆さん、私を誤解しないでください。私は何も自分たちの行う分析的な解釈が当てにならないのを認めたがっているのではけっしてありません。企図の失念が曖昧で多義的だと申しましたが、これもあくまで当該の件について私たちが何の分析も試みず、ただ自分たちの一般的な前提に基づいて解釈しているかぎりそうだというにすぎません。分析を、当事者である人物を相手に行うと、いずれの事例についても、私たちはそれが直接の対抗意志であるのか、それともどこか別のところに由来するものであるのか、結構、確実に知ることができます。

第二の[10]点とは、次に述べるようなことです。企図の失念が対抗意志に起因することが夥しい数の事例によって裏付けられたなら、私たちは、この解き方を他の一連の事例にまで、いわば分析を受ける人が私たちの探り当てる対抗意志を認めず、これを否認するような事例にまで敷衍する勇気が湧いてくるのです。これに類するものとして、たとえば借りた本を返すのを忘れる、あるいは勘定や借金を支払うのを忘れるといった、実によくある事柄を考えてみるとよいでしょう。私たちは大胆な挙に出て、忘れた本人に面と向かって、あなたには本を手元に置いておこう、借金を支払わないでおこうという意図があるのだ、と言ってやるとします。本人はその意図を否認するでしょうが、だからといって自分の振舞いについて何かほかの説明をすることもできないはずです。私たちはさらに、あなたにはその意図があるのだが自分では気づいていないだけだ、あなたがそれを忘れるという結果からしてこの意図が透けて見える、私たちとしてはそれで十分だ、とたたみかけるのです。相手は、自分は単に忘れただけだと繰り返すかもしれません。ここで皆さんは、この状況は、先に私たちがすでに一度、直面したものであることに気づかれるでしょう〔本講、本書上巻、一〇四頁〕。失錯行為に関する私たちの解釈が正しいことはすでに実に多くの点で確認されていますが、これを徹底して突き詰めようとするなら、私たちは否応なしに、人間には自分でも気づかない何らかの意向が作用していると想定することを迫られます。しかしそうすると、私たちは、日々の生活だけでなく心理学の世界にも蔓延する支配的な見地とは齟齬をきたすことになります。

固有名詞や外国の名前、あるいは外国語の単語などの度忘れも、やはり同じく、直接にせよ間接にせよ当該の名称に対する何らかの対抗的な意図に起因すると考えられます。そういった直接の嫌悪感については、すでに先に一度、いくつかの例を皆さんに紹介しました〔第三講、本書上巻、八三―八四頁〕。しかし、この種のものについては間接的な原因によって引き起こされることがとりわけよくあり、それを確定するには大概、丹念な分析が必要です。たとえば、今般の戦時下にあって私たちは以前の自分たちの好みの多くを放棄することを余儀なくされましたが、固有名詞を想起する能力も実に奇妙な連想の結果、著しく損傷を受けてしまいました。つい先日、私が経験したことですが、モラヴィアにある何ということのない町の名前ビゼンツを想い出すことができませんでした。分析の結果、これは直接の敵意によるものではなく、名前の響きが、かつて自分がオルヴィエトに滞在する際には贔屓《ひいき》にして何度も宿泊したホテルのあるビゼンツィ宮殿に似ているせいであることが判明しました[11]。ここで、名前の想起を阻害する意向の動機として、ひとつの原理が私たちの前に初めて姿を現しますが、これは後に神経症の様々な症状が出てくる原因として非常に大きな意義を持つことが明らかになるはずです。それは、不快感と結びついていて想い出すと不快の念が新たにこみ上げるものについては、記憶は想い起こすのを嫌がる、というものです。想起やそれ以外の心的活動から来る不快を避けようというこの意図、あるいは不快からの心的な逃避は、名前の度忘れだけでなく、何かをし忘れたり勘違いしたりする他の多くの失錯行為を生じさせる実効性のある究極の動機と見なしてよいでしょう。

しかしながら、精神生理学的には名前の度忘れはとりわけ生じやすいようで、それゆえ不快の動機の混入が何ひとつ認められないような事例においても発生します。仮に誰かが名前を忘れがちであるとしたら、皆さんがその人を分析して調べてみると、名前を失念するのは、当該の名前そのものが好きでないから、あるいは好ましくないものを想い出させるから、というだけでなく、その人の中ではこれらの名前がもっと親密な関係を持つ別の連想圏に属しているからだ、ということが確認されることもあります。その名前はこの連想圏に言わば固定されており、目下、活性化している別の連想に対してはこれと関わることが拒絶されるのです。もし記憶術の妙技を想い起こしていただくなら、そこでは忘れないでいるために意図的に連関を作り出すというのに、こちらでは同じその連関のせいで名前を忘れてしまうというのですから、いかにも奇妙に思われるでしょう。その類いでとりわけ顕著な例は人名です。当然のことですが、人名は、聞く人ごとにそれぞれ全く違った心的価値を有しています。たとえばテーオドールという名前を例にとって考えてください。皆さんのうち何人かの人にとってこの名前は何ら特別な意味を持たないでしょう。別の人にとっては、これは父や兄、友人、あるいは自分自身の名前であったりします。精神分析を経験してみると分かりますが、前者の場合、誰か他人がこの名前だというのを忘れる心配はありません。ところが後者の人たちでは、自分に親しい関係のある人のために取ってあるように思える名前を赤の他人には名乗らせたくない、という気持ちが常に働くのです。今、この連想による制止の働きは不快原理(12)が及ぼす影響や、さらには何らかの間接的な機制と重なったりすることがあると想定していただければ、一時的な名前の度忘れを引き起こす複雑な事態についてようやく的確に思い描いていただくことができます。しかし、この複雑な事態をすべて余すところなく白日の下にさらすには、ひとつ適切な分析をまたねばなりません。

印象や体験を忘れる場合には、想起の働きから不愉快なことを遠ざけておきたいという意向の影響が、名前を忘れる場合よりも遥かに明瞭に、かつ専横的に現れてきます。この類いの物忘れも、もちろんすべてがすべて失錯行為に属するというわけではありません。私たちの普段の経験を基準にして考えると、特に目についたり首をかしげざるをえなかったりするような場合、たとえば最近あったばかりの出来事や重要な出来事の印象、あるいはそれを失念すれば他の点ではよく想い出せる脈絡に穴を開けることになるような印象、そういったものを忘れる場合に限って、これは失錯行為だということになるのです。なぜ、どうしてまた私たちはそもそも何かを忘れるなどということがあるのか。中でも、自分の生後何年間かの出来事のように私たちにとって最も深い印象を残したはずの印象を忘れることができるのか。これは、ひとつ全く別の問題であり、そこでも確かに不快の蠢きに対する防衛が一定の役割を果たすとはいえ、それだけですべての説明がつくわけでは到底ありません[13]。不愉快な印象はつい忘れがちであるというのは疑いようのない事実です。様々な心理学者がこれについて指摘しており、偉人ダーウィンも、この事実に強烈な印象を覚え、自分の理論にとって不都合と思えるような観察については、とりわけ入念に記録に残すというのを自らの「黄金律」として樹立しました。これは、とりわけこの種の観察は記憶の中にとどまろうとしないということを彼が確信していたからです(14)。

忘れることによって想起に伴う不快を斥けようとするこの防衛の原理を初めて耳にする人の多くが申し合わせたかのように口にする異論があります。自分の経験によれば、むしろまさにいやなことほど忘れるのが難しく、侮辱を受けたり面目が潰れたりしたことの想い出などは、当人の意志に反して繰り返しよみがえってきてはその人を苦しめる、というのです。これも事実としては正しいのですが、異論としては見当違いです。心の活動とは互いに対立する意向がぶつかりあう戦場にして競技場であり、これほど大仰でない言い方をしますと矛盾と敵対とから成るのだということ、この事実をそろそろ視野に入れて考え始めることが重要です。ある特定の意向の存在が立証されても、だからといって、それに対立する意向の存在が排除されることになるわけではけっしてありません。双方を容れる余地があるのです。肝腎なのは、それら対立しあうものが互いにどう組み合うのか、一方からはいかなる影響が生じ、他方からはまたいかなる影響が出てくるのか、もっぱらこの点にあります。

紛失や置き忘れが私たちにとってとりわけ興味深いのは、その多義性、すなわち失錯行為を引き起こす元となる意向が多様だという点です。何かを失いたいと思っていたというのはあらゆる事例に共通するのですが、どんな理由から何を目的としてそう思うのかについては千差万別です。ある品物を紛失するのは、それが傷物になったとき、もっとよい品物と取り換えたいと思うとき、それを大事にする気持ちがなくなったとき、それをくれた人との関係が悪化したとき、あるいはそれを入手した事情をもはや想い出したくないとき、など様々です〔第三講、本書上巻、八六—八七頁〕。器物を落とす、傷つける、壊すといったこともやはり紛失と同じ目的を追求することがあります。世間では、心ならず出来てしまった子供や婚外子の死亡率が、世の習いに従って授かった子供のそれに比べ遥かに高いことが知られています。もらい子を殺してしまう女性のことを天使作りの女と言いますが、必ずしもそのような女たちによる粗暴な扱いの結果そうなるというのではありません。育児の際の注意がいくらか疎かになるだけで、このような結果を生むのに十分なのです。物を大事にするのも子供を大事にするのも要は同じなのかもしれません。

もっとも、当該の物の価値が特段、損なわれたわけでもないのに、それが失われるに任せることもあります。たとえば、何かを失いはしまいかと恐れるあまり、その危険を撥《は》ねのけるために、別の何かを消失の運命に供する場合などがそうです。このような運命のお祓いは、分析が明らかにするところによれば、私たちのあいだでもいまだに極めてよくあることで、私たちが何かを紛失するというのも、それゆえ自らすすんで行う喜捨であることが少なくありません。紛失はまた反抗や自己懲罰のためであったりもします。ある物を失って自分から遠ざけようとする意向ひとつを取っても、背後に潜むその動機に分け入ろうとすると見極めがつかなくなります。

取り違いも、他の錯誤と同様、しばしば、自らに対して拒まざるをえず不首尾に終わりかねない願望を充足するために用いられます。そういった場合、意図は、幸運な偶然という仮面を被っています。たとえば、私の友人のひとりに実際にあったことですが、およそ意に反して汽車で近郊に人を訪ねて行かねばならないとき、乗り換えの駅で間違ってまた市内に戻る列車に乗ってしまう(15)、あるいは旅行に出かけた際に、実は途中の駅で降りてそこにもっと長く滞在したいものだと思っていながら、何らかの用件のせいでそれが叶わないというとき、一定の接続の便を見過ごしたりうっかり乗り遅れたりして望みどおり中途滞在を余儀なくされる、といった場合などがそうです(16)。あるいは、私の患者のひとりに起こったことですが、私は彼に、自分の恋人に電話することを禁じていました。ところがこの患者は私に電話しようと思って、「考えごとをしていて」、「間違って」交換手に誤った電話番号を告げ、その結果、思いがけず恋人と電話が繋がってしまったのです。[17] 直接の取り違いの見事な例で、しかも実際に影響のあったものとしては、ひとりの技師が器物の損壊に至る事情について述べた報告があります。

「しばらく前のことになるが、私は何人かの同僚と共に、大学の実験室で弾性に関する一連の複雑な実験に従事していた。私たちはこの仕事を自発的に引き受けたのだが、自分たちが予想していたよりも時間を取られ始めた。ある日、いつもどおり同僚のFと実験室に入っていったとき、Fが、きょうはもう、ここでこれほど時間を取られるのはうんざりだ、家でほかにやらなくてはいけないことが山ほどある、と言った。私も彼に同感するばかりで、前の週に起こった出来事のことを念頭に、さしあたっては冗談半分に、「また機械が不調だといいな。そうするとわれわれも仕事を切り上げて、早いところ帰れるだろう」と言った。

仕事の割り振りで、同僚Fがプレスの弁の操作をすることになる。つまり、弁を慎重に開けてゆくことで貯水槽から高圧液を徐々に高圧プレスのシリンダーの中に入れてゆく仕事である。実験の主任が、圧力計のところに立って圧が適正値に達すると大きな声で「ストップ」と叫ぶ。この号令でFが弁を摑んで全力で左に回した。左に、である

(すべての弁は例外なく右に回すと閉まる)。これで一瞬にして、貯水槽の全圧がプレスにかかったが、パイプはそれに耐える作りにはなっていないので、ただちに接合部がひとつ破裂する。機械の故障としては軽微なものであるが、それでもきょうのところは、仕事を終えて帰るよりほかない、ということになる。

ちなみに、後にこの一件が話題になった際に、私のほうは、自分がその前に言ったことを確実に想い出せるのに、友人のFはそれをどうしても想い出すことができなかったのは、実に特徴的である[18]」。

ここからして皆さんは、お宅の使用人の手がご自宅の品々に対し危険で敵対的な振舞いに及ぶのは、必ずしも無邪気な偶然とも言えない、と推測できるでしょう。しかしまた、誰かが当人のせいで負傷したり、身を危険にさらしたりした場合などは、はたしてそれが常に偶然かどうか、問うてみることもできるわけです。これらを示唆として、皆さんが今後、折に触れ様々な観察例を分析することでその価値を検証していただくのがよいでしょう。

皆さん、以上で失錯行為について語るべきことはすべて語ったなどというわけでは到底ありません。これについては、研究し議論すべき余地がなおまだ多く残されています。しかし、この主題についてここまで論じてきたことから、皆さんの中で従来あった見地がいくらかでも揺さぶられ、新たな見地を採るのに向けて多少なりとも心の準備ができたなら、私は満足です。ちなみに、まだ解明されていない点もあり、その辺りについてはこれ以上、皆さんに付き合わせるのは控えます。理論の命題すべてが失錯行為の研究から証明できるわけではない上に、またいかなる証明についてもこの素材だけを拠り所としているわけではありません。私たちの目的からして失錯行為が重要な価値を持つのは、それがはなはだ頻繁に起きる上に自分自身についても容易に観察でき、またおよそ病気を患っているという前提がなくても生じる現象だからです。最後に、皆さんが抱いていらっしゃる疑問で、まだ答えていないいくつかの点のうち、ひとつだけ取り上げておきたいと思います。私たちが多くの例について見てきましたように、もし人々が失錯行為の何たるかをおおむね理解し、概して、その意味するところもお見通しであるかのように振舞っているのなら、どうして人々は、その同じ現象をすべて一律にまるで偶然のもの、何の値打ちもない無意味なものであるかのように打ち棄て、精神分析によるそれらの解明に対してあれほど激しく反対したりするのか、という疑問です。

皆さんが疑問を抱かれるのは当然です。これはなるほど奇妙であり、説明を要します。しかし、今、それを私から皆さんに説明するのは控えます。むしろ、おもむろに皆さんを様々な脈絡に案内し、私が横から手を出さなくても、そういった脈絡の中からおのずと皆さんに説明が立ち現れてくるのを期することにします。

第二部　夢

第五講　種々の困難と最初の取りかかり

皆さん、ある種の神経質症の人々の病気の症状にも一つの意味があるのだということが発見されたのは、いつのことでしたでしょう。[*1] あの発見をもって、精神分析という治療的技法が、基礎づけを得ることになったのでした。この治療法では、患者がその症状を話すべきところで夢の話をするということが、よく起こってきたのです。このことをもって、こうした夢にもまた一つの意味があるということが、推定されるようになりました。

しかし私たちはこうした歴史の順序の通りに道を辿って行くのではなくて、その逆を行ってみたいと思います。そうして、夢が有している意味というものが、神経症の研究の準備段階になるのだということをお示ししてみたいと思います。この逆向きの行き方は、故なくしてというものではありません。というのも、夢を研究するということは単に神経症の研究の準備段階というだけではなくて、夢そのものが、それ自体で一つの神経症症状なのです。しかも、あらゆる健康人にも現れてくるという、私たちにとってかけがえのない利点をもった神経症症状であるわけです。そうです、仮に、あらゆる人間が健康で、ただ夢を見るというだけであるとしてみましょう。もしそうならば、神経症を研究したときに私たちが導かれて行くであろう洞察のほとんどすべてが、人間の夢を研究するだけで獲得されることになるかもしれないほどなのです。

このようなわけですから、夢は、精神分析的研究の対象になるのです。またもや、ありふれた、ほとんど評価されることもない現象です。失錯行為と同じように、みたところ実際的価値のないものです。健康人にも現れてくるという点で、夢は失錯行為と共通しています。とはいえその他の点では、私たちに与えられた条件は、さらに不利な面を増すのです。失錯行為は科学によって見放されていたというだけです。私たちだとて、それを気にもとめていませんでした。しかし結局のところ、それに携わってみるということは、恥ではなかったのです。もっと重要なことが山ほどあるが、それでもひょっとしたらそこから何かを引き出してくることができるかもしれないぞ、と言われもしたのです。ところが、これが夢となると、単に非実用的で無駄なものだというだけでは済みません。それだけでなく、直接的な誹謗に晒されることになります。非科学的であるという悪評を立てられ、神秘主義に傾いた人物であるという疑惑の目で見られることになるのです。精神生活のための器官を圧迫しつつ林檎のように大きくなる腫瘍、出血、慢性炎症、これらの場合には、顕微鏡のもとで、その部分の組織変化が明示される、こうしてまさに神経病理学や精神医学の中には、はるかに真剣に取り組むべきことが山ほどあるというのに、その医学者が、夢などにかまけているなんて！　とんでもない、夢こそは、およそつまらない、研究する価値のない対象である、というわけです。

それに加えてまだ一つ、厳密な研究へのあらゆる要請にさからうような、具合の悪いところがあるのです。夢研究において、人が研究の対象を、しっかりと把握できているかというと、そこが確かではないということです。たとえば、妄想観念でしたら、はっきり確定的に縁取られた対象が存在しています。私は中国の皇帝である、と患者は声に出して言います。ところが夢ときたら！　夢はそもそも、語るようには出来ていません。誰かが夢を語ったとしましょう。では彼が、その夢を正しく語ったという保証はあるのでしょうか、むしろ、語っている間に、変更を加えたり、何かを考え出して付け加えたり、想起の不確かさから無理なつじつま合わせをしたりしなかったでしょうか。夢は、そのほとんどの部分を、想い出すことすらできません。そして小さな断片たちを残して、忘れ去られてしまいます。そうすると、こんな素材の解釈に基づいて、科学的な心理学や、患者を治療する方法が打ち立てられるものだろうか、ということになります。

ものごとを一刀両断にしようとするある種の傾向に、私たちは自戒の念を怠らないようにしておくのがよいでしょう。夢を研究の対象としてはならないというのは、明らかに行き過ぎなのです。重要でないものの扱いについては、失錯行為を論じる際にお話ししておいた通りです〔第二講、本書上巻、三八―四〇頁〕。私たちが心しておきたいのは、大きな物事は小さな指標の中にも表されることがあるということでした。夢が曖昧模糊としているという点に関して言いますと、それは、夢の数ある特徴の中の一つです。ものごとの特徴を決めるにあたり、独断的になってはいけません。ついでに申し上げますと、明瞭かつ確然とした夢だってあるではないですか。それにまた、精神医学研究の別の諸対象の中には、たとえば多くの強迫表象の例をとってみれば分かりますように、それ自体、曖昧模糊としたところをもった対象もあるのです(1)。それでも、それについては名望のある立派な精神科医たちが取り組んできているのです。いま挙げた強迫表象という例については、最近私のところにお越しになったある患者さんのことを想い出します。この女性は、次のような言葉で、お話を始められました。「私は、なにかの生き物――子ども？――いや、そうじゃなく、犬――を、傷つけてしまったかのようで、あるいは傷つけようとしたかのようで、それを橋の上から、投げ落としたかのようで――あるいはなにか別のことをしたかのような、そんな気持ちになってしまうんです」。夢の場合も、夢見た人が忘れたかもしれないこと、夢を想い出すときに変更を加えたかもしれないこと、そういうあらゆることをひとまず脇に置いて、夢を見た人が語ったことを、まずはその人が見た夢として受け取るということにしてみればいいのです。そうすれば、夢の想起が不確かであることからくる不利な態勢を、私たちは乗り越えることができるのです。畢竟、夢が重要性をもたないものだということは、そんなに一般的に主張できるようなことではないのです。夢から醒めたときの気分がそのまま一日中持ち越してしまうといったことがあることを、私たちは自分の経験から知っています。医師の観察例の中には、ある一つの夢を以て精神病が始まり、その夢で発生した妄想観念が病気のあいだずっと保持されるという症例があります。歴史上の人物の中には、重要な行動への引き金となるものを、夢の中から造り出したとされる人がいます。ですから私たちは、科学的な領域での夢に対する蔑視は、どこから来ているのかと問うてみたくなるのです。

私は、これは昔、夢を過大評価したことに対する反動であろうと思っています。過去を再構築することはむろん安易にはできません、しかしこれだけは確実に想定しても構わないと思うのですが――冗談を許していただければ――、三千年以上前の先祖たちも、私たちが夢を見るのと大体同じやり方で、夢を見たに違いないでしょうね。私たちの知る限り、古代のすべての民族は夢に大きな意義を与えていて、夢は実際上の目的に役立つものだと考えていました。彼らは、夢から未来への指標を引き出し、夢の中に予兆を求めました。ギリシア人にとっても、ほかの東方の人々にとっても、夢解釈者を帯同せずに出兵することは、ちょうど現代において偵察機なしで出兵するのと同様、考えられもしないことでした。アレクサンダー大王が征服の旅を企てたとき、その随行者の中には、当代きっての夢解釈者が含まれていました。この大王にたいへん頑強に抵抗したのが、当時まだ島にあったテュロスという町で、さしもの大王も、町を包囲攻撃することを断念すべきではないかと考えたほどでした。そんなある晩、大王は夢を見たのです。勝利に酔うかのように踊り狂っているサテュロスの夢でした。この夢を、彼の夢解釈者に述べて聴かせたところ、それは大王がテュロスの町に勝利することであるというお告げを得たのです[2]。そこで大王は攻撃の指令を出し、テュロスを陥落させたのでした。エトルリア人やローマ人においては、夢解釈とは別の、未来を占う方法も用いられてはいましたが、ヘレニズム時代とローマ時代の全体を通して、夢解釈は広く行われ、高く評価されていました。これを扱った文献として、少なくとも私たちの手には、ダルディスのアルテミドロス[3]の本が残されており、これはハドリアヌス帝[4]の時代にまでさかのぼります。夢解釈という術はその後衰え、そして夢は不信の目で見られるようになってしまっていますが、どうしてそうなってしまったのか、私には申し上げられません。啓蒙が進んだということは、大きな理由にはならないのではないでしょうか。というのも、暗黒の中世には、古代の夢解釈よりもはるかに不条理なことどもが、忠実に守られていたからです。実情は、夢への興味が徐々に迷信へと沈下して行ってしまい、教養のない人々の間でのみ主張されるようになったということです。私たちの時代になおも残る夢解釈の迷信的用法の末裔は、小さな宝くじの当選番号となるであろう数字を、夢から知ろうとすることです。(5) それに対して、現代の厳密科学も、夢に繰り返し取り組んではいるのですが、いかんせん、それはいつも、自らの生理学的な理論諸説を、夢に応用してやろうという目論見ばかりで行われています。医学者たちにおいては、夢は心的な行為ではなくて、身体的刺激が心の生活の中に表現されたものに過ぎないと考えるのが当然と見なされています。ビンツは一八七八年に、「夢は身体的な過程であるが、あらゆる場合に無益で、多くの場合にはほとんど病的である」と説いて、「草ぼうぼうの地面の低い砂地から、青く澄んだエーテルの層までがいかにも遠いように、世界霊魂や不滅性は、夢などというものからはるか懸け離れて崇高に聳え立っている」と言っています。(6) モーリは、夢を、正常人の協調運動と対比したときの、舞踏病の非協調的な攣縮《れんしゅく》運動になぞらえています。(7) 古い比喩では、夢の内容を、「音楽の心得のない人の十本の指が楽器の

鍵盤の上を動いていく」ときに出てくる音と、同列に論じています。(8)

解釈するというのは、隠れている意味を見出すということですが、夢の仕事をこの比喩のように評価してしまえば、むろんそんな意味は問題にさえもなりません。ヴント、(9)ヨードル、(10)あるいはその他の比較的最近の哲学者たちの夢についての記述を御覧になってみてください。その記述は、夢生活の覚醒時思考からの逸脱を、夢をさげすむ意図で数え上げることに終始しています。連想が断片化し、批判力が消え失せ、あらゆる知が閉め出される云々と、衰弱した作業能力の印が指摘されています。夢というものを知るために、厳密科学が私たちにもたらしてくれた唯一の寄与といえば、睡眠の間に夢内容を左右する、身体的な諸刺激の影響力に関するものです。最近亡くなったノルウェイの研究者J・ムルリ・ヴォルドによる、実験的夢研究の分厚い二巻本がありまして(一九一〇年と一九一二年にドイツ語に翻訳)(11)、これはほとんど四肢の姿勢の変化の結果、夢がどうなるかということにのみ関わっています。この二巻本は、夢の厳密科学の範として私たちに推薦すべきものとされています。それでは、夢の意味を見つける試みをやってみたいと私たちが言ったとしたら、厳密科学は、それに対して、どんな答えを返してくれると思われますか。おそらくこう言うでしょう。それはもう言ってあるではないか、と。しかし私たちは、それで引き下がろうとは思いません。失錯行為に意味があり得たのだとすれば、夢にだってあってもいいでしょう。しかも失錯行為は、多くの場合、厳密科学の研究からは見過ごされていたような意味をもっているものなのです。そこで私たちとしては、ちょっと昔の人々や民衆の先入観に肩入れしてみて、古代の夢解釈者の足跡に足を踏み入れてみようではありませんか。

まず私たちがしなければならないのは、私たちの課題がどういうものであるかについて自分の立場を固め、夢という領野に展望ができるようにしておくことです。では、夢とは、いったい何でしょうか。このことを一つの命題の形で言うのは困難です。だいたい、誰の目にも明らかなこの原資を、それがそうだと示すだけで十分なのに、わざわざ定義をしようという気にはなりにくいでしょう。そうはいっても、夢の本質が何かということを、言明しておかないわけには行かないでしょう。さて夢の本質は、どこに見出すべきでしょうか。私たちのこの夢という範囲をざっと見渡しただけでも、あちらこちらを向いている恐ろしいばかりの多様性がありますね。私たちが、すべての夢に共通していると指摘できることがらがあるとすれば、それが本質的なことだということになりましょう。

そうです、どんな夢にも共通していることと言えば、夢を見ているときに私たちが眠っているということです。夢を見るということは、明らかに、睡眠の間になされる心の生活であり、これは覚醒時の心の生活と一定の類似点を持ちながらも、大きな差異によってそこから隔てられているものなのです。これはすでに、アリストテレスによってなされた定義です[12]。夢と睡眠の間には、ひょっとしたらまだまだ近接した関係が存在しているかもしれません。人は夢によって目が醒めてしまうことがあります。また、目覚めたときには、自然に目覚めたのであれ無理やり眠りを妨げられたのであれ、しばしば夢を見ています。ということは、夢はどうやら睡眠と覚醒の中間状態であるらしいのです。そこで私たちは、睡眠の方へと導かれます。さて、睡眠とは何でしょうか。

これは、いまだにたくさんの論争点を残している、生理学的で生物学的な問題です。私たちはそこに何一つ断を下すことはできません。しかし、私たちも睡眠の心理学的な特徴づけを試みることは許されていいでしょう。睡眠とは、そこに入っていると、私が外界についてはもう何も知りたくないと思うようになり、私の関心が外界から撤収されてしまうような、そんな状態のことです。私は、外界から引きこもり、外界の刺激が我が身に届かないようにしながら、眠りに就くのです。私はまた、外界のために疲れ切った時にも、眠ることになります。眠りに就くにあたり、私は外界に向かってこう言うのです。「私を放っておいてくれ、私は眠りたいのだから」。子どもの場合はこれと反対です。「いやだ、まだ眠りたくなんかない、疲れてなんかいない、もっと何かやりたい」。

こうして、睡眠の生物学的傾向性とは休養であり、また、その心理学的な特徴は、世界への関心を引き揚げることと言えます。私たちは、世界との関係の中に、かくもしぶしぶ入って来ることになったものですから、世界との関係は、中断なしにずっと維持されるわけではないという条件でもって、やっと実現することになったというわけなのです。私たちはですから、時に応じて、世界以前の状態、母胎内存在にまで自分を引き戻すのです。私たちは少なくとも、まったく母胎内時代に似通った、暖かく、暗く、刺激の無い情勢を作り出します。私たちのうちのある人々は、さらに小包のように丸くなり、眠るために、母胎内でそうしていたのと似た体勢を取ります。これはあたかも、私たち成人というものは、全部ではなく、三分の二だけしか世界の中に入っていなくて、残る三分の一は、まだ生まれてさえもいないかのような具合ですね。となると、毎朝目覚めるということは、新しく生まれてきているようなものです。眠りから覚めたあとの状態について、私たちは、新しく生まれたかのようだ、と言ったりしますが、この際、私たちは新生児の全般的感情について、おそらくはたいへん誤った前提をしています。新生児はむしろ非常に不愉快な目に遭っているということが想定できます。私たちはまた、生まれてくることについて、世界の光を目にする、とも言います。

眠りというものがこのようなものであれば、夢はそもそも眠りのプログラムには入っておらず、むしろ歓迎されない付着物のように見えてきます。私たちはまた、夢のない睡眠こそ、最良かつ唯一正統な睡眠であると考えたりもします。睡眠の中には、心の活動なぞあってはならない、もし心の活動が働き始めたりしたら、私たちは胎児のような休息状態を作り出せなくなってしまうではないか。ただし、心の活動にも残渣《ざんさ》が残るということは完全には避け難かろう、この残渣が、夢を見るということになるわけだ、というのです。しかしこういう風に考えれば、夢に意味がある必要など実際どこにもない、ということになってしまいます。失錯行為の場合は、事情が違っていました。何はともあれ、それは覚醒の間の活動だったわけです。ところが、私は眠ってしまうと、心の活動を全面的に取り止めてしまいますし、単にちょっとしたその残渣を抑え込むことができなかったとしても、その残渣が意味を持ったりする必然性はないわけです。私の心の生活の残りの部分は眠っているのですから、そのような意味が必要になったりするはずはないのです。そんなものは、痙攣的な反応、あるいは身体的刺激に直接に引き続いた痙攣的な心の現象に過ぎないということになるでしょう。このようにして夢とは、覚醒時の心の働きの残渣が、眠りを妨げているものだということになるのです。となると私たちは、精神分析には馴染まないようなそういった問題は、やはり早々にうっちゃってしまったほうがいいと考えても無理からぬところでしょう。

そうは言っても、たとえ余計者であるとはいえ、夢は確かに存在しているのですから、私たちはこういう存在物があることについて何らかの説明を与えようと試みたっていいわけです。心の生活というものは、どうして、すっかり眠り込んでしまわないのでしょうか。どうやら何かが、心に対して、どうしても安息を与えようとしないからでしょう。心に影響する刺激がいろいろとあって、心は、それに対して反応しないでいることができないのでしょう。してみると夢というのは、睡眠状態において働きかけてくる刺激に対して、心が反応を返すその様態であることになります。私たちはここに、夢の理解へと通じる道が開けているのに気付きます。私たちはさまざまな夢をとりあげて、どんな刺激が睡眠を妨げようとしていたのか、そしてどんな刺激に対して夢という反応が返されることになったのかということを探っていけばよさそうです。

何かほかにも、すべての夢に共通していることがらというのはあるでしょうか。ありまず。それはきわめて明白なことですが、捕まえ、記述するとなると、はるかに困難になってきます。睡眠の間の心の諸過程は、覚醒の間の心の諸過程と、著しく違ったところをもっています。人は、睡眠中におそらくは何か一つの邪魔な刺激を経験しているに過ぎないのに、夢の中では、何かと多彩な経験をして、その経験を信じたりしてしまいます。人はこうしたことを、主として視覚的な心像のうちで経験します。確かにその際に、感情もあれば、入り込んでくる思考もあるでしょう。また視覚以外の感覚でも何かを経験しているでしょう。しかし、やはり何と言ってもそれらは図像なのです。自分の見た夢を物語ろうとするときに私たちが感じる困難の一部分は、こうした図像を言葉に翻訳しなければならないというところから来ています。夢見た人はしばしば私たちにこう言います、描いてみろ、と言われたら描けるかもしれませんが、言葉ではどう言ったらいいものか、分かりません、と。言っておかなければなりませんが、ここにあるのは、天才と比べて劣っている精神薄弱者の心の活動だというのは当たりません。それは何か質的に異なったものなのですが、その差異がどこにあるのかを言うのは困難なのです。G・Th・フェヒナーはかねて、夢が（心の中で）生起しているその舞台は、覚醒中の表象生活の舞台とは別のものである、という想定を述べています。(13) それがどういうことなのかは分かりません、つまり、そうだとしても私たちはどういうことを考えればいいのかは分かりませんが、ほとんどの夢が私たちの中に生じさせる、余所からやってきたかのようなあの印象は、なんといってもぬぐいがたいものがあります。また、夢の活動を、音楽的素養のない人の手による演奏になぞらえるという例の比喩は、ここで首尾よく行かなくなります。ピアノの鍵盤の上で偶然が働けば、旋律にはならないにしても、ピアノは同じくピアノの音で答えてくるからです。たとえ理解できないとしても、すべての夢にとってのこの第二の共通項に、私たちは注意深くまなざしを注いでいようと思います。

このほかに、さらに共通点があるでしょうか。私は無いと思います。いたるところで相違点が目につきます。そしてあらゆる観点から見て、違っているのです。夢の見かけ上の持続時間、明瞭性、感情の関与、安定性、こうしたもろもろのことに、違いが見られます。これらのすべては、そもそも、何らかの刺激に対する、要求に迫られた、貧しい、痙攣的な防衛の場合に私たちが期待できるようなものとは、様子が異なっています。夢の規模に関していいますと、とても短くて、一つないし二、三の像、一つの思考、あるいは一つの語しか含んでいないような夢があったかと思うと、はなはだ内容豊かで、一つの小説と言ってもいいようなものになっていて、長時間続いたように見える夢があります。まるで経験そのもののようにはっきりしていて、あまりにはっきりしているので、覚醒してからもしばしの間、夢だとは思えないほどの夢があったかと思うと、いわく言いがたいほどにかすかで、影のようで、うすぼんやりとした夢があります。いや、一つの同じ夢の中ですら、過度に強度の高い部分とほとんどつかみどころのないほどに不明瞭な部分とが互いに交代したりもします。夢は、すみずみまで意味に満ちた、あるいは少なくとも、一貫性を備えたものでありえますし、さらには、才気にあふれ、幻想的な美を醸し出したりもします。そうかと思えば、夢はやはり錯乱していて、あたかも精神的に薄弱のようで、不条理で、しばしば赤裸々に狂ってさえいます。私たちは夢を見ても冷静であったかと思うと、あらゆる感情が沸き立ち、痛みに泣き、不安で目覚め、驚き、熱狂する等々の夢を見たりもします。夢のほとんどは、覚醒のあと速やかに忘れ去られてしまうか、その日中は覚えていても、夕方にはもうどんどんと薄れてきて、想い出せないところだらけになってしまいます。ところがまた、たとえば子ども時代の夢のように、三十年を経てもなお、新鮮な経験であるかのように記憶に立ち現れてくるほどによく保たれている夢もあります。ちょうど個人個人がそうであるように、ただ一回だけ現れて、二度と再び現れることはない、という夢もありますが、同じ人の中で、変わらずに、あるいは小さな違いを見せるだけで反復される夢もあります。要するに、このちょっとした夜だけの心の活動は、巨大なレパートリーを駆使することができるのでして、心が昼の間に創り出すものごとを、何でも創り出すことができるのですが、昼の間に創り出されるものと同じものは決して創り出さないのです。

夢のこうした多様性は、睡眠と覚醒の間の様々な中間段階に、つまりは睡眠の不完全さの様々な段階に対応するものであるという風に仮定してみることで、そのよってきたるところを説明しようと試みることもできるかもしれません。確かにそうでしょう、しかし、そう仮定するなら、そのように夢見ている際には、心は目覚めへと近づいているわけですから、夢が成し遂げている価値、内容、そして明瞭度と共に、「これは夢だ」という確信の度合いも増してくるのでなくてはならないでしょう。そしてまた、明瞭で理性的な夢の一片の直ぐ隣に、無意味なあるいははっきりしない夢の部分がやってきて、そこにまた、ちゃんと仕上がったものが続くなどということは、あり得ないことになります。そのようにせわしなく、心がその睡眠深度を変化させることはできないでしょう。ですからこのような説明では、何も明らかにはならないのです。問題を短絡的に片付けようとしても、そうは問屋が卸しません。

私たちは、差し当たり夢の「意味」をあきらめ、そのかわりに、夢たちの共通点から出発して、夢というもののより良い理解へと通じる道を拓こうとしています。夢と睡眠状態の関係から、私たちは、夢とは、睡眠を妨げる刺激への反応である、と結論しました。私たちが見てきましたように、このことはまた、厳密実験心理学が助けになってくれる唯一の点なのです。厳密実験心理学は、睡眠の間にやって来た刺激が夢の中に現れるという証示をもたらしました。そのような研究は、すでに名を挙げたムルリ・ヴォルドのもの以外にも数多くなされてきましたし、私たちのほうでもまた、そうした結果を、何かの機会における個人的な観察を通じて、各人それぞれに確かめることもできます。

やや古いものにはなりますが、いくつかのこうした実験を選んでお話ししておきましょう。モーリは、そうした試みを、自分を材料として行いました。夢を見ている彼に、オーデコロンを嗅がせます。すると彼は、自分がカイロの、ヨハン・マリア・ファリーナの店にいて、そのあとさらに狂おしい冒険が続くという夢を見ます(14)。あるいは、頸のところを軽くつまんでもらったのですが、すると彼は、膏薬を貼ってもらったという夢、それから子どものときに世話をしてもらった医師の夢を見ます。あるいは、額に水を一滴したたらせてもらいます。すると彼は、夢でイタリアにいてひどく汗をかき、オルヴィエトの白ワインを飲んだのでした。

このような実験的に引き起こされた夢から着想できることを、おそらく私たちは、さらに明確に、他の一連の刺激夢から、把握することができるでしょう。才気溢れた観察者であったヒルデブラントの報告する三つの夢は、どれも目覚まし器の音に対する反応になっています(15)。

「それはある春の朝だった、私は草萌える野原を抜けて、隣の村までぶらぶらと散歩に出かけた。するとそこでは、住民たちが晴れ着を着て、賛美歌集を小脇に抱え、大勢で教会に向かって歩いていた。そうだった、今日は日曜日だ！　そして朝の礼拝がまもなく始まるところなのだ。私もその礼拝に参加しようと思ったが、でも何だか体が火照っているので、その前に教会の周りの墓地で涼んでおくことにした。私がそこでいろいろな墓碑銘を読んでいると、鐘つき男が鐘楼に昇ってゆく足音が聞こえ、鐘楼の上には小さな村の鐘が見えた。あれが礼拝の始まりを告げる鐘だなと思って見ていると、それはなおしばらくの間、まったく動かずにじっとしており、それから揺れ始めた――そして突然、鐘は冴えたよく透る音を響かせた。その音はあまりに冴えてよく透ってきたので、とうとう私の眠りは覚まされてしまった。鐘の音だと思っていたのは、実はあの目覚まし器の音だった」。

「第二の組み合わせ。よく晴れた冬の日。街路は雪に深く覆われている。橇《そり》すべりをやろうという手はずになっていたが、戸口に橇が到着したという知らせが来るまでに、ずいぶん時間がかかった。毛皮を敷いたり、保温用の足覆いを持って来たりと、乗り込むまでの準備を整えて、やっと私は座席に座った。しかし、待ちかねている馬たちの手綱が引かれて、これを合図にいざ出発となるまでに、またちょっとぐずぐずした。と思うと、いきなり橇は飛び出した。鈴は激しく揺すられ、あの有名なトルコ軍楽隊風の音楽を鳴らし始め、その音楽があまりに大音量だったので、私のもつれた夢路も、たちまちにして破られてしまった。これもまた、あの目覚まし器の甲高い音のなせる業だった」。

「ではもう一つ、三つ目の例を出してみよう。台所の女中が、何十枚もの皿を積み上げて、廊下に沿って食堂の方へ歩いてゆくのが見えた。腕に載せられた瀬戸物たちは、今にもぐらりといきそうで危なっかしかった。「気を付けなさい、ごっそり落としてしまうかもしれないよ」と私は注意した。ありがちな口答えがきっちり返ってきた。馴れておりますから云々というわけだ。その間も、私は心配で、歩いてゆく女中の姿を目で追っていた。心配は的中し、女中はドアの敷居に躓《つまず》いて、皿はみんな床に落ちて、がらがしゃんという音を立てて、粉々になって床に散らばった。ところが、この音がいつまで経っても終わらない。いや、割れる音でなく、まさしく何かが鳴っているのだ——目を覚ましつつある私がそう気づき始めた通り、あの目覚まし器は、自らの務めを果たしつつあるところだった」。

これらの夢はうまく整い、意味が通り、夢が普通そうであるような支離滅裂なところはまったくありません。そのことに文句をつけるつもりはありません。それらに共通のことがらは、夢の状況がその都度一つの音からやって来ていて、目が醒めたとき、その音は目覚まし器のものだったと認めることになるということです。ですからここでは、私たちは夢がどのように創り出されるかということを見ることができるのですが、しかしそれとはまた別のことがらも学び知るのです。すなわち、夢は、目覚まし器というものを認めていないのでして――それは夢の中には出てきません――、むしろ夢は、目覚まし器の音を、別の音で代替してしまっています。夢は、睡眠を中断させるような刺激を解釈しており、それもそのたびごとに別のやり方で解釈しているのです。どうしてそうなのでしょうか。これに対しては、答えはありません。勝手気ままであるように見えます。しかし、夢を理解するということは、夢が目覚まし器の刺激を解釈するにあたって、どうしてまさにこの音を選んだのかを述べることができる、ということのはずではないでしょうか。まったく同様に、モーリの実験にも異議をさしはさむことができます。入り込んで来た刺激が夢に登場するということはよく分かります。しかし、どうして当のその形で現れなくてはならないのでしょうか、それは知ることができません、それは睡眠を妨害する刺激の性質から導き出されるようには思えません。また、モーリの実験においても、直接刺激結果にはたいてい、たとえばオーデコロンの夢での狂おしい冒険の如き、他の一群の夢素材が結び付いていますが、これに対して何らかの説明を与えようとしても、その術がありません。

いま皆さんは、覚醒に至る夢は、外からの睡眠妨害刺激の影響を確認するのに、やはり最上の機会を提供しているのではないかと考えておられることでしょう。それ以外のほとんどの場合では、それはもっと困難になってくるでしょう。実際私たちは、夢を見れば必ず目覚めに至るとは限らないわけですから、もし朝になってから夜の間の夢を想い出すとしたら、どのようにして、夜の間に外から働きかけたかもしれない妨害刺激を発見すればいいのでしょうか。私は一度、このような音の刺激を、事後的に確認する機会に恵まれたことがあります。むろん特別な事情があってのことです。私はある朝、チロルの山岳地方で目覚めて、法王が死んだ、という夢を見ていたことに気付きました[16]。私は、その夢をうまく解き明かせませんでした。しかしそのとき、妻が私に訊いてきたのです。「朝方、ものすごい鐘の音がしていたでしょう、至るところの教会や礼拝堂から聞こえてきたわね」と。いえ、私には何も聞こえていなかったのです。私の睡眠はことほどさように抵抗力があるのです。しかし、妻の報告のおかげで、私は、自分の夢を理解することができました。眠る人がそれを事後的に知ることもないまま、このような刺激作用が、眠る人の中に夢を引き起こすということ、これはしばしば起こっていることなのでしょうか。非常によく起こっているのかもしれませんし、そうでないのかもしれません。問題の刺激の証拠がもはや摑めないのだとしたら、それをはっきりさせることはできません。いずれにしても、外から睡眠を妨げにやってくる刺激は、夢の一片を解明してはくれるが、夢という反応の全体を解明してくれるものではあり得ないということが分かってきて以来、私たちは、こうした刺激について控え目な評価をするようになってきています。

しかしだからと言って、この理論を打ち捨ててしまう必要などありません。それどころか、この理論は、発展させることもできるのです。睡眠がどちらの方面から破られ、心がどちらの方面から夢へと励起されてゆくかは、明らかにどちらもあることなのです。外界からやって来る感覚刺激がいつでもあるわけではないとしたら、その代わり、内部器官から発するいわゆる身体刺激が登場してもおかしくないはずです。この推定は当然のことですし、それはまた、夢の発生に関する一般大衆の見方にも対応しています。夢は胃からやって来る、しばしばそう言われています。しかし、残念なことにここでもまた、夜の間に働いた身体刺激は、覚醒のあとにはもはや見当たらず、それゆえ証明のしようがないということがしばしば起こると推定されます。しかし私たちは、夢が身体刺激から導かれるということを、どれほど多くのしっかりした経験が支えているのかを、見逃そうとは思いません。内的器官の状態が夢に影響を与えるということは、一般的に疑い得ないところです。幾つかの夢内容と膀胱の充満との関係、あるいは性器の興奮状態との関係は、あまりにも明らかで、見逃しようもありません。このような見通しの良い事例から、さらに別の事例へと進んでみましょう。夢の内容から、少なくとも次のような妥当な推定が導かれるような事例です。すなわち、夢内容において、身体刺激の変形、呈示、あるいは解釈として理解できるようなものが見つかり、そのことから、そういった身体刺激の影響があったのだと推定されるのです。夢研究家のシェルナー（一八六一年）[17]は、夢の器官刺激由来説をとりわけ強力に代表する人ですが、彼はこの説の見事な例を幾つかもたらしてくれています。たとえば、彼が見た夢の一つにこういうものがあります。「美しいブロンドの髪と優しい顔立ちの男の子たちが、二列になって、喧嘩を始めようと向かい合って立っている。彼らは互いに飛びかかり、摑み合う。また互いに離れ、元の位置に再び戻る、そしてまたこの過程全体が新たに始まる」[18]。二列になった少年たちを歯列とする解釈はそれ自体として面白いものですし、また、この夢場面の後に「自分の顎から長い歯を一本引き抜く」という夢が引き続いているということからも、この解釈はしっかりした裏付けを受け取っているように思われます。それから、「長くて、狭くて、曲がりくねった通路」を腸からの刺激で解釈することは、根拠があると思われますし、夢はなかんずく、刺激を送り届けてくる器官を、その器官によく似た物象で呈示しようとするのだというシェルナーの提議を、この解釈は裏付けています。

したがって私たちは、体内刺激が、夢にとって外的刺激と同じ役割を演じうるということを、進んで承認せざるを得ないのです。ただ残念なことに、体内刺激を強調すると、同じ批判に出会うことになります。かなり多数の例で、身体刺激による解釈は不確かで、証明不能に留まります。すべての夢ではなく、一定数の夢だけが、体内器官刺激が夢の発生に関与したのであろうと思わせます。結局、内的体内刺激が夢について解き明かすことができるのは、外的感覚刺激の場合と同じように、刺激への直接反応に対応することがら以上のことがらではないわけです。では夢のその残りの部分はどこからやって来たのかということになると、それは暗がりに残されたままなのです。

しかし、これらの刺激作用の研究に際して前景に出てきた、夢生活の一つの特性に着目してみましょう。夢は、刺激を単純に再現してみせるのではなくて、それに手を加えたり、それに言及したり、何らかの脈絡にはめ込んだり、何か別のものでそれを代替したりしています。これが夢工作の一面なのでして、この夢工作に私たちは関心を振り向けなければならないのです。なぜならこれこそが、ひょっとしたら夢の本質のより近くまで、私たちを導いてくれるものであろうからです。誰かが、何かに促されて、何かを作ったとします。その場合、その促しは、なにも、作品にまで及んでいなくても良いわけです。たとえば、シェイクスピアの『マクベス』は、王の戴冠の儀に合わせて書かれた、機会劇です。この王は、初めて三つの国の王冠をまとめて自分の頭に戴くことになったのです。しかし、こういう歴史的なきっかけは、この劇の内容にまで及んでいたり、それが劇の偉大さや謎を解き明かしてくれたりするでしょうか。ひょっとしたら、眠っている人の上に作用した外的な、そして内的な刺激たちは、これと同じように、夢のきっかけになるものであるに過ぎず、それでもって夢の本質について私たちが何かをうかがい知ることができるようなものではないということになるのではないでしょうか。

さまざまな夢に共通していることがら、それはもう一つありましたね。心的な特殊性です。これは、一つには、なかなか網にかかりにくいものですし、また、何処かを捉えてそこから攻め込んでいこうとしても、そういう取っかかりもありません。私たちは、夢において何かをたいていは視覚的な形式で経験します。このことに対して、刺激というものが、何かの説明になるでしょうか。私たちが経験しているのは、実際に、刺激なのでしょうか、そうだとしても、目からの刺激は、例外的な場合にしか夢を引き起こしてはこなかったのに、なぜ、夢での経験は視覚的なのでしょうか。あるいは、私たちが夢で談話をしているとき、眠っている間に、話し声とかそれに似た音とかが私たちの耳に届いていたということが、示されるでしょうか。こういう可能性は、きっぱりと遠ざけておくことができます。

夢に共通なものという点から先へ進めないとなれば、夢によって違っている点が何か助けにならないかどうかを見ておくのもよいでしょう。夢はむろん、しばしば無意味で、混乱して、不条理ですが、そうはいっても、意味の通る、現実的で、なるほどと思える夢もあります。この意味の通った方の夢が、無意味な方の夢に、光を投げかけるところがないかどうかを見てみましょう。私がごく最近聞かされることになった意味の通った夢を、皆さんにお話ししてみます。ある若い男性の夢です。「私はケルントナー通り[19]に散歩に出かけ、そこでX氏に会って、しばし一緒に歩きました。それから、私はレストランに入りました。二人の女性と一人の紳士がやってきて、私のテーブルに座りました。私ははじめそれに腹が立って、彼らと顔を合わせないようにしました。そのあと見てみると、彼らは感じの良い人たちだと分かりました」。この夢を見た人が言うには、夢を見る前の日の夕方、彼は実際にケルントナー通りに散歩に出かけていました。彼はよくそういう風にしていたのです。そしてそこで、X氏にも会っていたのです。夢にはもう一つの部分がありましたが、そちらの方は、直接の回想になっているわけではありませんでした。ただ、かなり以前の経験と、似たところがありました。事実をそのままなぞるかのような夢をもう一つ挙げておきましょう。今度はある女性の夢です。「夫が私に聞きます。もうそろそろピアノの調律をやってもらったらどうだろう、と。私は、無駄ですわ、なにしろ新しく革も張り替えなくちゃならないんですから、と答えました[20]」。この夢は、会話を反復しています。その会話は、夢の前の日に、彼女と夫との間で、大きな相違点もなく、実際に交わされていたものだったのです。これらの二つの平凡な夢から、私たちは何を学ぶことになるでしょうか。ほかでもありません。日中の生活の反復、ないしはそれに引っかかっていることがらが、これらの夢の中に見出せるということです。このことはすでにそれ自体、夢を見るということについて、一般的に言ってもよいことではないかと思われるかもしれません。しかし、そういうふうにも言えないのです。このこともまた、少数例にしか当てはまりません。ほとんどの夢では、前日への結び付きというものに関しては、何も見出されません[21]。そしてここからは、無意味で不条理な夢たちについては、なんらの光も投げかけられることはありません。私たちはただ、新たな課題にぶつかっているということが分かるだけです。私たちは、ある夢が何を言っているのかを知ろうとするだけでなく、私たちの例にありましたように、夢が何かを言っているのは言っているとしても、さらに次のことを知りたいのです。つまり、そのような、すでに知られていること、そしてごく最近に経験したことを、どうしてまた何のために、人は、夢の中で繰り返したりするのだろう、ということです。

そろそろ皆さんは、これまでのような試みを続けて行くことに、飽きてこられたのではないでしょうか。実は私自身もそうなのです。私たちは一つの問題に興味を持っても、その問題の解決に至る道をいささか知っているというのでなければ、その興味はすべて不十分なものに終わってしまいます。私たちはまだこのような道を見つけていません。

実験心理学は、夢を見るということを引き起こす素になる刺激の重要性について、幾つかの非常に価値のある情報をもたらしてくれましたが、それ以上のものではありません。哲学には何も期待できません。哲学は、私たちが研究しているこの対象が、知的には劣ったものだということを高らかにこと新しく宣言なさるだけでしょう。だからといってオカルト的科学からは何も借りて来たいと思いません。歴史と俗説は、夢には意味があり、言わんとするところもあるのだと言いますが、それは夢には未来を見通す力があるということです。これは受け入れがたいことですし、証明もできません。こうして、私たちは手始めの努力を試みてきましたが、完全な手探り状態の中に入り込んでしまうことになりました。

これまで見ておかなかった一つの方面に、思いがけないヒントがあります。言語の慣用というのは、何ら偶然ではなくて、古い認識の沈殿であるのですが、そこから見通しが開けることがないわけではありません。私たちの言語は、奇妙にも「白昼夢」と呼ばれるものがあることを知っています。白昼夢は、空想《ファンタジー》（あるいは、空想の産物）です。これは非常に一般的な現象で、健康な人にも、病気の人と同様に観察されますし、自分自身に関しても容易に研究してみることができます。この空想的形成物について目立つ点は、それが「白昼夢」という名前を持っているということです。それは夢に共通する二つの点を、それ自体では持っていません。睡眠状態との関係という点では、それは名前からしてすでに矛盾します。そして二つ目の共通点に関して言えば、人は白昼夢の中で何かを経験したり幻覚したりしているわけではありません。そうではなくて、人は何かを思い描いており、自分が空想していることを知っており、目で見るのではなく考えているのです。こうした白昼夢は、前−思春期に、しばしばすでに子ども時代の後期に出現し、成熟の年齢まで保持され、その頃に捨てられてしまうか、もしくはずっと晩年になるまで保持されます。これらの空想の内容は、何らかの見透し易い動機によって支配されています。それは、その人物のエゴイスト的な名誉欲や権力欲、もしくはエロース的な欲望が満足を見出すような場面であったり事件であったりするわけです。若い男性たちでは、ほとんどの場合、名誉欲からの空想が表に立ち、また、愛の勲章に己の名誉を賭けている女性たちの間では、それはエロース的な空想になります。しかしかなり頻繁に、男性たちにあっても、エロース的な希求が背景にあることが窺われます。あらゆる英雄的行為と成功は、そもそもまさに女性の賛嘆と好感を勝ち得んがためのものだとも言えるからです。それ以外の点では、これらの白昼夢は非常に多様性に富み、その辿る運命も一定しません。白昼夢は、そのどれかが、短期間で無くなり、新しいものに取り替えられたりもしますし、あるいはずっと保持されて、長い物語に編み上げられたり、生活状況の変化に適合したものになっていったりもします。それらは言わば時と共に進んで行き、「時の刻印」のようなものを孕むにいたり、それは新しい状況の影響を証言しています。白昼夢は詩的生産の原素材です。詩人たちは自分の白昼夢を素にしてそこにある種の変形や変装や省略を加えて、いろいろな状況を作り上げ、それらを自分の短篇や長篇や脚本へと入れ込んで行くのです。白昼夢の主人公は、それでもいつも自分自身です。直接にそうなっている場合も、他者への見透しやすい同一化を通じてそうなっている場合もありますけれども(22)。

おそらく白昼夢がこの名を有しているのは、現実との関係が、夢と同じだからということによるのでしょう。つまりその内容は、夢の内容と同じく、現実であるとは受け取られないということが、それによって暗示されているのです。しかし、ひょっとするとこの名前の共通性は、私たちにはまだ知られていない、夢というものの心的な性質の一つに基づいているのかもしれません。そしてそれが私たちの探している性質かもしれません。私たちは夢という名称が同じだということを、何か意味深いこととして評価しようとしていますが、そもそもこれは正しくないという可能性もあります。そうかもしれません。しかしこの点については、もっとあとになってから、よく説明させていただこうと思います。

＊1　一八八〇年から一八八二年にかけて、ヨーゼフ・ブロイアーによる。これについては、一九〇九年にアメリカで行った私の講演『精神分析について』〔全集第九巻〕と、「精神分析運動の歴史のために」〔全集第十三巻〕も参照していただきたい。

79

第六講　解釈の前提と技法

皆さん、私たちは、夢の研究を続けるに当たり、足固めをするために、新しい道、あるいは方法論を必要としています。私は皆さんに、一つの分かりやすい提案をしてみたいと思います。これからのすべてのことがらにとっての前提として、私たちは、夢は身体的な現象ではなく、心的な現象である、と仮定してみましょう。私がこのように申しますことの意味は、むろんお分かりいただけるでしょう。しかし、それにしてもこういう仮定の妥当性といったものはどこから来ているのでしょうか。そういった妥当性などは何も無いのです。しかしそれでも、こういう仮定をしてみてはいけないということはないのです。実情はこうです。たとえ夢が身体的な現象であるとしても、そのことは私たちにとって痛くも痒くもないのです。夢は、それが心の現象であるということを前提としてこそ、私たちの関心を引きつけるものとなるのです。こうして私たちは、夢が実際に心的なものである、という前提のもとに考えて行くことにして、そこからどういうことがらが出てくるかを見てみることにいたしましょう。私たちがこの仮定を保持していいものかどうか、そして、ひいては、この仮定を一つの帰結とし、私たちの意見として表明してもいいものかどうか、それは、これからの私たちの歩みが決めてくれることでしょう。では、そもそも私たちは何を手に入れようとしているのでしょうか、そしてどこに到達しようとしているのでしょうか。私たちが望んでいるのは、一般に、科学において追求されていることがら、すなわち、現象を理解すること、そして、諸現象の間に何らかの繋がりを創り出すこと、さらに、究極的には、もし可能であれば私たちの力をそれらの諸現象の上に及ぼすことです。

そういうわけで、夢は心的な現象であるというこの仮定のもとに私たちは歩みを進めて行きましょう。すると、夢というものは、夢を見る人の一つの仕事であり表現であるが、私たちに何も言ってくれず、私たちに理解できないような仕事であり表現である、ということになります。もし私が皆さんに、私自身について、何か皆さんには理解できないようなことを言ったとしたら、どうなさいますか。私に対して、質問なさるでしょう。そうですよね。では、どうして同じことをしてみてはいけないでしょうか。つまり、夢を見た人に、あなたの夢が意味するところは何なのですか、と問いかけてみることです。

私たちはすでに同じ状況に身を置いていたことがあります。想い出していただけることでしょう。それは、ある種の失錯行為、ある言い違いの事例を研究したときでした〔第三講、本書上巻、六五頁〕。誰かが「あきれんち《フォアシュヴァイン》になったのです」と言いました。それを耳にした私たちは彼に尋ね返しました。いや、私たちといっても、さいわい、精神分析家たちではありません。精神分析とは縁のない人たちが、彼に向かってこう尋ね返したのです。「何だか訳の分からないことを言ったようだけど、何が言いたいんだい」と。彼は即座に、こんな風に答えてくれました。「初め、破廉恥《シュヴァイネライエン》な話になったもんだ、と言うつもりだったんだけれど、それを押し戻して、和らげて、明らかに《フォアシャイン》なってきた、と言おうとしてみた、そしたらこうなった」と。そのときに皆さんにご説明しておいた通り、このようにして尋ねてみることが、精神分析的な診察の雛型なのです〔第三講、本書上巻、七五頁〕。そして、いまお分かりいただけることと思いますが、精神分析は、診察を受けている人の謎の解決を、できるだけ、診察を受けている人自身に言ってもらうという技法に従っているのです〔第三講、本書上巻、七七頁以下〕。同様に、夢を見た人にも、その夢の意味するところを、自分で言ってもらうことになるわけです。

しかし、ご想像いただけるでしょうが、夢の場合は、そう簡単には行きません。失錯行為の場合は、多くの事例でうまく行き、別の事例では、尋ねられた人が何も言ってくれなくて、むしろ、私たちが彼にこうだろうと答えを差し出しても、憤慨してそれを撥ねつけたりしました。夢の場合では、最初のようなうまく行くという例は、まず無いと思わなくてはいけません。夢を見た人はほとんどいつも、自分はなにも知らない、と言います。私たちのほうにも差し出すべき解釈の持ち合わせがない以上、彼が私たちの解釈を撥ねつけることさえないわけです。となると、やはり私たちの試みは、ここで諦めなければならないということになるのでしょうか。彼がなにも知らず、私たちもなにも知らず、ましてや第三者はなにも知ることができないとなれば、そこにはもう、なにかが分かってくる見通しは立ちようがありませんね。そうですね、お望みならば、このあたりでこういう試みをお止めになってもいいのです。しかし、ここで止めるのはいかがなものかとお考えなら、これからの私の話にお付き合いください。というのも、私は皆さんにこう申し上げたいからなのです。夢見た人が、実は、自分の夢が意味するところを知っているということは、十分可能性があることなのです、いや、きっとそうであるらしいのです。彼は、自分が知っているということを知らないだけなのです。そしてそれがために、自分は知らないのだと信じ切っているのです。

私はここでまたもや一つの仮定を導入したことになりますから、皆さんからそのことについて御注意を受けるかもしれません。この短い話の文脈の中ですでに仮定は二つ目になる、これでは、私は自分自身のやり方の信頼性を大きく引き下げてしまったことになるのではないかと。夢は心的現象であるという仮定のもとで話しましょう、さらにまた、人間の内には、人間自身がそれを知りつつ、かつそれを知っていることを知らないでいるような心的なものごとがあるのだというさらなる仮定のもとで話しましょう、云々ということにしたわけですからね。それならば、これら二つの仮定のそれぞれに、これは内在的にありそうにもないという点が見えてきてしまうと、あとはもう、人は安んじて、そこから導かれるかもしれないいろいろな結論から、興味を引き揚げてしまうことになりかねません。

そうです、皆さん、せっかくここにいらしていただいて、私が皆さんにきれいごとしかお話ししなかったり、隠し立てをしたりしてもつまらないではありませんか。私は、確かに「精神分析入門初歩講義」(1)と銘打っておりますが(2)、私はそれでもって、王子様のために編集して差し上げたラテン文集といったような体裁で皆さんにお話ししますと言ったつもりではないのです。つまり、困難な全ての点を注意深く隠蔽し、穴のあいた所を埋め合わせ、疑問が出る所を塗りつぶすことによって、皆さんになめらかな繋がりをお示しし、何か新しいことを学んだという安らかな気持ちを持ってもらえるような体裁を整えたわけではないのです。いや、むしろ私は、皆さんが初心者だからこそ、私たちの科学がどのようなものであるかを、そのでこぼこしたところも難しいところも、先走ったところも疑わしいところもひっくるめて、お示ししようとしたのです。それというのも私は、どのような科学もそうしたもの以外ではなく、またとりわけその揺籃期にあたっては、そうしたもの以外ではあり得ないと心得ているからです。私はまた、教授するということが、それらの困難や不完全さを、学習者の目から覆い隠そうとこれ努めるものだということも、知っています。しかしこのことは、精神分析にはあてはまりません。実際私は、片方が他方の内部に存するような、二つの仮定を敢えてしました。ですから、こんなことのすべてが、あまりにも手間が掛かりすぎ、不確かすぎると思われる人、そして、もっと高度な確実性と円滑な推論に馴染んでおられる人は、もうこれ以上私たちと歩みを共になさる必要はなくなってくるわけです。ただ私が思うには、そういう方は、はじめから心理学的な問題にはかかずらわってもらいたくなかったですね、というのも、そうした方が通って行こうと待ち構えておられる厳密かつ確実な道路は、ここには通じていないのではないかとご心配いただかなくてはなりませんから。それに、何か人に提出すべきものを持っているほどの科学であるならば、聞いてもらおうとか支持者を集めようとかするのは、まったくもって余計なことになります。その科学の諸成果が、やがて合意を形成せしめるに違いありませんし、科学はいやでも注目が集まるのを待っていればいいだけなのですから。

しかし、それでもこのことがらに食らいついて行ってやろうと思ってくださる皆さんには、これら二つの仮定は同じ意味で申し上げたのではないということをお知らせしておきます。夢は一つの心的現象である、という最初の仮定、これは、私たちの仕事内容を通じてこれから検証していこうと思っている仮定であります。もう一つのほうは、すでに別の領域で検証済みの仮定なのでして、私はこれを、そちらから私たちの問題のほうへと、あえて持ち込んで来ようと[3]思っているのです。

夢を見た人がそうなのだとここで私たちが仮定しようと思っているように、当人がそれについて何も知らないのにそれでも知っているような知があるという証拠は、どこで、どういう領域で、提出されているというのでしょうか。それはいかにも奇妙で、人を驚かせるような、心の生活についての私たちの理解を変えてしまうような事実でありましょうが、それは、隠れたままで終わるような事実ではないのです。さらに言うとこの事実は、まさにそれを名指すことによって取り消されてしまうのですが、それでも何か現実的なものであろうとする事実であり、一つの形容矛盾[4]であるような事実なのです。さて、それは隠れているままではいない事実です。人がこの事実について何も知らなかったり、その事実を十分に顧みなかったりしても、それは、その事実自身の責任ではありません。それと同じように、これらの心理的問題にとっての決定的な観察や経験的事実のすべてから引き下がった所に身を置いている人たちが、これらすべての心理的問題を酷評しているとしても、それは私たちの責任ではありません。

そういう証拠が提出されている領域というのは、催眠現象の領域です。一八八九年に私はナンシーの地で、リエボーとベルネームによる、非凡な印象深さを備えた臨床呈示に接したのですが[5]、そのとき、私は次のような実験をこの目で見届けることとなりました。誰かを夢遊病的状態にしておき、その状態のまま彼に、あらゆる可能なことがらを幻覚的に経験せしめ、しかるのちに彼をその状態から覚ましてあげます。すると彼は、初めのうち、催眠による睡眠の間の出来事について何も分からない様子です。その後ベルネームは彼に、直接的に、催眠状態の間どんなことが起こったかを語るように促します。彼は何も想い出せないと主張します。しかしベルネームは、その人に迫ることを諦めません、そして彼に対して、彼がそれを知っていて、そのことを想い出せるに違いないと保証します。すると、お見事です、彼は動揺しながらも考え込み始め、初めのうちは、彼に暗示された経験の一つをうっすらと、次には別の体験を想起し、想起はますますはっきりと、完全になり、とうとう最後にはすべてが繋がって明るみに出されてきたのです。彼がそれを分かるようになったのは後からで、それまでの間に彼がほかのところから何かを知ることはなかったのですから、彼がこの想起について、すでに前から知っていたのだと推論することには妥当性があります。その想起は、彼にはただ、近づけないものであっただけなのです。彼は、自分がそれを知っているということを知らなかったのであり、自分は知らないのだと信じていたのです。まさにこういうことが、夢を見た人の場合にも起こっていると、私たちは仮定してみるのです。

こういう事実があることを確認すると、皆さんもやはり、驚きを禁じ得ないのではないかと思います。そして、こう尋ねてくださるかもしれません。「どうして、このような証拠を、もっと早くに、失錯行為の話の際に出しておいてくれなかったのか？　失錯行為の際には、言い違いをした人は、自分ではそのことについて何も知らないまま否認している話の意図を、言おうとしているのだということになっていた。催眠のように、経験していたにもかかわらず自分は何も知らないと信じることがあるのなら、しかもその経験の想起を、自己の中に保っているのであるなら、人はまた、自分自身の内面におけるその他の心の出来事についても何も知らないということがあっても、それほどおかしくないはずだ。この論拠は確かに印象深いものになっただろうし、これで失錯行為の理解を推し進めることもできたではないか」と。そうです、確かに私は、あのときすでにこのお話を出しておくことができないわけではなかったのです。しかし私は、もっと必要になる別の個所が来るまで、それを取り置いておいたのです。失錯行為は、一部分はそれ自体で説明されました。別の一部分については、現象の文脈に重きを置いて考えれば、人がそれについて何も知らないような、そういう心の過程の存在を仮定すべきであるという通告を、私たちに残してくれたのでした。こと夢に関しては、私たちは説明をどこか別のところから引っ張ってくることを迫られます。そして私は、皆さんがここなら催眠の話を持ち込んでくることをより寛大に許してくださるだろうと当てにしていたのです。(6) 私たちが失錯行為を遂行してしまうときの状態は、皆さんには正常な状態に見えているに違いなく、それは催眠状態とは何の似たところもありません。それに対して、催眠状態と、夢見の条件である睡眠状態の間には、明白な類縁性があります。催眠は、なるほど人工的睡眠とも呼ばれます。私たちは、催眠をかける相手に向かって、お眠りなさい、と言いますし、私たちが彼に与える暗示は、自然的睡眠での夢に比べても良いようなものです。これらの二つの場合の心的状況は、実際、相同的なものです。自然睡眠では、私たちは関心を外界の全体から引き揚げてしまいます。催眠による睡眠においては、私たちは私たちに催眠をかけた当の人物を除いて、やはり世界の全体から関心を引き揚げ、その当の人物とだけ接触を保つのです。ついでながら、乳母の眠りと言われるものにおいては、乳母は子どもとだけ関係を保ち、子どもによってだけ目を覚まされますから、これは催眠状態と双子になっている正常の状態と言えましょう。こうして、催眠における諸事情を、自然睡眠の中に持ち込んでみることは(7)、それほど大胆な冒険というわけではないように見えます。夢見た人には夢についての知が存在するけれども、そういう知は存在しないと信じてしまっているので、それが夢見た人自身には接近できないものになっているという仮定は、まったくの空中楼閣だというわけではありません。ちょうどここのところで、夢の研究への第三の接近が開けていることも念頭に置いておきましょう。これまでに、睡眠を妨害するような刺激からという接近法があり、また白昼夢からというものもありましたが、このたび、催眠状態での暗示された夢から、という接近法が加わったのです。

そろそろ、私たちの課題に立ち戻る頃合いになりましたが、願わくは今度は前よりも大きな自信をもって課題に取り組めることになりますように。すなわち、夢見た人が自分の夢にまつわる知を有していることは大いにありうることでして、問題はただ、夢見た人がその知を見出して、それを私たちに語り伝えてもらえるようにするということであるわけです。といっても夢見た人に、即座にその夢の意味を言うように、と懇請するわけではありません。それでも、夢見た人は、その夢の由って来たるところ、あるいは、夢が発生してきた思考や関心の圏域が那辺にあるかを、発見できるようになって行くのです。失錯行為の場合には、想い出していただきたいのですが、当の本人は、どうやってあの「あきれんち《フォアシュヴァイン》」などという失錯語に至り着いたのかと尋ねられるとすぐに、説明になる答えを思い付いてくれたのでした。さて、夢の場合での私たちの技法も、たいへん単純で、この例に倣ったものです。私たちはやはり彼に、どのようにしてこの夢にまで至り着いたのかと尋ねるのです。そしてここでも、それに対してすぐに彼が述べてくれたことが、説明を与えてくれていると見なすのです。ですから私たちは、彼が何かを知っていると思っているか、知っていないと思っているかという違いには関わり合いにならないでおき、二つの場合を一つの場合として扱うのです。

この技法は、確かに非常に単純なものであります。しかし、それは皆さんの鋭い反対意見を喚起するのではないかと私は懼《おそ》れています。皆さんはおっしゃるでしょう。「そらまた新しい仮定だ、三つ目じゃないか！　それにこれが一番ありそうにない仮定だ。夢見た人に、夢から思い付くことを尋ねたら、初めに出てくる思い付きがまさにお望みの説明をもたらしてくれるんだって？　しかし、夢見た人は、別に何かを思い付かねばならないと決まったわけじゃないし、何を思い付くかなんて、どこの誰が決めたものなんだ？　こんな期待がいったいどこに根拠をもっているというのか、さっぱり見えて来ないじゃないか。ここはむしろ、もう一段の批判力こそがふさわしいところなのに、これではまるで苦しいときの神頼みじゃないか。おまけに、夢となると、ただ一つの失錯語とは違って、たくさんの要素から成り立っているではないか。どの思い付きを、足場にするべきだと言うのか？」

細かい点をとってみれば、なるほどごもっともな御意見です。とくに、その要素が多数であるという点で、夢は、言い違いとは異なっています。私たちの技法は、その点を勘定に入れたものでなくてはなりません。そこで私は皆さんにこういう提案をいたします。すなわち、私たちは夢をその諸要素へとばらばらにしてみるのです。そして、それぞれの要素に対して探究を試みるのです。そうすれば、言い違いとの間にあった類似性を再び回復させることになるわけです。もちろん、夢見た人が、個々の夢要素について尋ねられても、何も思い浮かびませんと答えることがありうるという点では、皆さんのおっしゃる通りです。私たちがこういう答えを、それもよしとするような場合もあるにはあります。どのような場合かは、後ほどお話ししたいと思います〔第一〇講、本書上巻、二六〇―二六一頁参照〕。奇妙なことに、こういう場合には、私たちのほうが特定の思い付きを持つことができるのです。とはいえ一般的には、夢見た人が何の思い付きも浮かばないと主張した場合、私たちはそれに異を唱え、その人を促し、何かの思い付きを持っているに違いないと保証するのです。そうすると、私たちに理があったということが分かって来ます。夢見た人は、夢への思い付きをもたらしてくれます。私たちにとってどうでもよいような、何らかの思い付きです。夢見た人が特にすんなりと与えてくれるのは、歴史的な、と呼んでもよいようなある種の情報です。夢見た人は、それは昨日のことだったのですが（ちょうど、私たちにとって「平凡な夢」として知られるようになったあの二つの夢〔第五講、本書上巻、一六一頁〕のようにです）とか、それは最近起こったことを想い起こさせます、とか言ってくれるでしょう。このようにして私たちは、夢を見た直前の日の印象と夢との結び付きは、私たちが初めに考えていたよりもずっと頻繁であると知ることになります。そしてやがて彼は、その夢から、さらに前の時期の、場合によってはまさにはるかな昔の出来事を想起するようになってくるのです。

しかしながら、主要な点においては、皆さんは間違っておられます。夢見た人がまず思い付くことが、まさに探し求められているものをもたらしてくれたり、そこへと導いてくれるものであるに違いないなどという想定は恣意的ではないか、また、思い付きなどというものはむしろ勝手なものであって、探し求められているものの文脈から逸れているではないか、そして、私がそんなことはないと期待しても、それは神頼みをしているに過ぎないのではないか、そんなふうに皆さんがお考えだとしたら、それは大きな的外れなのです。私はすでに一度、皆さんの中には心的な自由と恣意性への深く根を張った信心が潜んでいるけれども、それは非科学的であり、心の生活を支配している決定論の要請の前には降参せざるを得ないということを敢えて申し上げておきました〔第三講、本書上巻、七六―七七頁〕。私は皆さんに、尋ねられた当人にその思い付きが降ってきたのであって、それ以外の人にではないということを一つの事実として尊重してくださるようにお願いします。とはいえ私は、一つの信念に対して別の信念を対置させているのではありません。尋ねられた人が思い浮かべる思い付きは恣意的なものでなく、決定しようのないものではなく、私たちの探し求めている文脈から外れているのでもないということは、証明されるのです。そうです、私は最近知ったのですが――かといってそこにあまりに大きな価値を置くことは差し控えていますが――、実験心理学も、このような証明を出してきているのです[8]。

ことがらの重要性に鑑みて、私は皆さんに格別の注意をお願いしたいのです。私が誰かに、夢の何か一定の要素から思い付くことを言うようにと促すときには、私はその人に、出発点となる表象を確保しつつ自由連想に身を委ねてくれるようにと懇請しているのです。このことは、特別の注意力の態勢を要請するものになりますし、その姿勢は、何かをじっくり考えるという場合とはまったく違っていて、むしろ熟考を閉め出すようなものです。何人かの人は、こういう態勢にすんなりと馴染んでくれるのですが、中には、これを試みるにあたり、信じられないほどの不器用さを示す人もあります。ところで、連想にはもっと自由度の高いものがあり、それはたとえば、私がこういう出発点となる表象を確保してもらうのをやめて、単に思い付きの種類や範囲を指定する、つまり固有名詞や数を自由に思い浮かべてください、と定めてみるような場合がそうです。このような思い付きは、私たちの技法で応用されている思い付きよりも、さらに恣意性が高く、さらに予測不能になってもおかしくないはずです。ところが、こういう思い付きでさえ、いつでも厳密に、重要な内的な態勢によって規定されています。そしてその態勢は、ちょうどそれが働いたときには私たちには知られません。その知られなさは、ちょうど、失錯行為を導く妨害的な性向や偶発行為〔第四講、本書上巻、九八―九九頁〕を発現させる挑発的な性向が、私たちには知られないのと同じです。

私と私に続く多くの人々は、何のゆかりもなく思い付かれたこういった名前や数についての研究を繰り返し行い、そのうちいくつかは公表もしました(9)。このような研究では次のようにことを運びます。心に浮かんできた名前に繋がる連想を、次々と思い浮かぶままにしてもらいます。ですからこの連想は、ちょうど夢要素への連想と同じで、まったく自由というわけではなく、いったんは拘束されたものです。そしてこの連想を、そうしたいと思う気持ちがなくなってしまうまで、続けるのです。しかしそれまでにはもう、自由に浮かんできた名前の思い付きの動機も意味も、明らかになっています。これらの実験は、いつも同じ結果になります。実験の報告はしばしば豊富な素材を含み、長大な詳論が必要となってきたりするほどです。自由に浮かんできた数に対する連想は、おそらく最も証明力の高い連想で、素早く進み、考えられないほどの確実さで隠れた目標めがけて飛んでいきますから、実際、驚くほどに有効なのです。私はここで、このような名前の分析の一例だけをご報告します。それは、都合の良いことに、少々の素材のみで済ませられるようなものだからです。

ある若い男性を治療している間に、私はこの主題について話してみる機会がありました。その話の中で私は、こういう命題に言及してみました。つまり、名前の思い付きというものは、見かけは勝手気ままにやったようでも、手近な事情、当人の特性、そして当人のその時々の状況によってきっちりと条件付けられていることが示されないことはあり得ない、という命題です。彼は疑いを表明しましたから、私は即刻その場で自らそういう実験をやってみませんかと提案してみました。私は、彼が御婦人方や娘さんたちとあらゆる種類の関係をとりわけたくさん持っていることを知っていましたから、彼に女性の名前を思い付いてもらうとなったら、それこそ手当たり次第幾つでも出てくることだろう、と想像したのです。彼はこの提案に乗ってきてくれました。ところが私が驚いたことに、いや彼の方もきっと驚いたに違いありませんが、いざ実験を始めてみると、女性の名前が雪崩のように出されてくるなどということはありませんでした。そうではなく彼はしばしば沈黙に陥り、「たった一つの名前が思い浮かび、それ以外には全然思い浮かばない、思い浮かんだのはアルビーネという名前だけです」と告白しました。――「それはまた奇妙ですね、それにしても、あなたにとって、このアルビーネという名前に、何が結び付きますか？　何人のアルビーネさんを、あなたは知っているのですか？」私がそう問うと、これもまた奇妙なことに、彼はアルビーネさんという人は一人も知らないし、この名前から思い付くことも何も無い、とのことでした。そうすると、分析は失敗だったという仮定を立てて良いわけでしょうか。しかし違うのです、分析はすでに終わっていたのであって、それ以上の思い付きは必要ではなかったのです。この男性は、ちょっと見たことがないくらい、色白でした。治療の会話の中で、私は一再ならず、彼をたわむれにアルビーノさんと呼ぶことがありました。その頃、私たちは、彼の体質の女性的な部分を確認するということに取り組んでいました。ですから、彼自身こそが、このアルビーネさん、つまり彼にとってその時点で最も興味のある女性であったわけなのです(10)。

同様に、何の関連もなくいきなり思い浮かぶメロディも、その人の心を占めるもっともな理由のある思考路によって決定され、その思考路に所属しており、しかも当人はその思考路の活動に気付いていないということが判明するものです。そして後に、そのメロディへの繋がりが、その歌詞や由来を機縁にして生まれていたということが示されてきます。私はしかし、この主張を実際の音楽家にまで広げることには慎重にならざるを得ません。自分にはたまたまそういう事例の経験がないのです。そういう事例では、メロディが浮かび上がるにあたっては歌詞や由来より音楽的内容そのものが、決定的な要因であるのかもしれません。頻繁なのはむろん前者の場合です。私はある若い男性を知っています。彼は、『美しきヘレナ』におけるパリスの歌のいかにも魅惑的なメロディに、しばらくの間、文字通り付きまとわれていました。分析においては、ある「イーダ」さんと、ある「ヘレーネ」さんとが、彼の関心の中で当時競合していたということに彼の注意が向くようになりました(11)。すると、このようなことは無くなっていったのです。

まったく自由に浮かび上がってくる思い付きでさえ、このような具合に決定されており、また何らかの関連によって整序されているのだとすれば、私たちは当然、出発点となる表象という一つの拘束条件に誘われて出てくる思い付きたちが、それよりも少なく決定されているはずはないと推論せざるを得ません。実際、探究して行きますと、それらの思い付きたちは、出発点となる表象を通してそれらに与えられている拘束条件のほかにも、第二のもの、つまり強力な情動をそなえた思考と関心の圏域、すなわちコンプレクスに依存しているということが、明らかになってくるのです。そしてこのコンプレクスの協同的な働きは、その時点では知られていません。つまり無意識であるわけです。

このような拘束性を有する思い付きは、たいへん教えられるところの多い実験的諸研究においても取り上げられてきました。それらの研究は、精神分析の歴史においても注目に値する役割を果たしてきました。ヴントの学派は、いわゆる連想実験を行いました。この実験では被験者は、自分に与えられた刺激語に対し、可能な限り迅速に、任意の反応をもって答えるようにという課題を課せられます。すると、刺激から反応までに経過した時間を測ること、反応として与えられた答えの質を調べること、また同じ実験やそれに似た実験を後に繰り返したときに何らかの間違いがあれば、それを検討することができます。ブロイラーとユングに率いられたチューリヒ学派は、連想実験において結果として出てくる諸反応について説明を与えています。そこで彼らは、被験者から得た反応に何か目立ったところがある場合、その反応を、事後的な連想を通して説明するように被験者自身に求めたのです。すると、こうした目立った反応は、きわめて鮮烈な仕方で、被験者のコンプレクスによって決定されていることがはっきりしたのです。ブロイラーとユングは、それによって、実験心理学と精神分析の間に初めて橋をかけたのでした。

このようにお話ししてきますと、ここで皆さんは次のようにおっしゃるかもしれません。「自由な思い付きも決定されており、私たちが信じてきたように任意とは言えないことはもう認めよう、また夢の諸要素への思い付きについてもこのことは認めてよかろう、しかし、私たちが問題にしていることはそれとは違うのではないか。あなたは、夢要素への思い付きは、私たちには知られていない心的背景によって決定されており、しかもその心的背景はその夢要素の背景であると主張しているわけだ。しかしそれは、私たちには証明されていないように見える。確かに、夢要素への思い付きは、夢見た人のコンプレクスのどれか一つによって決定されていることは予想できる。しかし、だからといってそれがどういう役に立つのか？　それでもって夢が理解できるようになるわけではない。そうではなくて、謂うところのこれらのコンプレクスたちが存在しているということが、ちょうどあの連想実験の場合のように分かってくるだけだ。それらのコンプレクスが、夢と何の関係があるというのか？」

そうおっしゃるのはごもっともです。しかし皆さんは一つの点を見逃しておられます。

ちなみに、その点というのは、私が連想実験を話の出発点に選ばなかった理由でもあります。連想実験では、反応への決定因子、すなわち刺激語は、実験をする側の私たちによって恣意的に選ばれるのです。ですから、反応は、この刺激語と、それによって被験者の中に目覚めさせられたコンプレクスとの間の媒介項であるということになります。夢の場合ですと、刺激語に相当する要素は、それ自体が夢見た人の心の生活から、そして夢見た人自身にも知られていない源泉から、湧き出てきたような何かです。そういう何かであってみれば、もうそれ自体がすでに「コンプレクスの蘖《ひこばえ》」であってもおかしくないわけです。それゆえ、次のように期待しても決して空想的だとは言えないでしょう。つまり、夢要素からさらに次々と出てくる思い付きたちは、ほかならぬその要素自身のコンプレクスによって規定されており、そしてそのコンプレクスの発見へと導くものとなるのです。

実際このような予測の通りであることを物語るような、もう一つ別の事例をお示ししましょう。固有名詞の物忘れというのは、もともと夢分析を考える場合にも得がたい雛型となってきました。夢解釈では二人の人物に分け持たれていることが、物忘れの場合には一緒になっているというだけのことなのです。ある名前をしばらくの間忘れていたとしても、それでも私は、自分はその名前を知っているという確信を持っています。その確信は、初め私たちがベルネームの実験〔本講、本書上巻、一七四―一七五頁〕という迂路を通って、夢見た人に対しても当てはめてみることのできた、あの確信です。忘れられているがそれでも知られている名前は、にもかかわらず私には手が届かないのです。熟考というようなものは、どんなに懸命に試みられたものであっても、何も助けになりません。ほどなく経験によって、私はそう教えられます。しかしそういう場合はいつでも、忘れた名前の代わりに、一つあるいはいくつかの、代替の名前の思い付きが湧いてきます。このような代替の名前が自発的に思い付かれてくる場合、初めてこの物忘れの状況と夢分析との一致がはっきりしたものとなります。私が知ってはおらず、夢分析によって発見しなければならない何か別の、本来のものにとって、当該の夢要素というのは、正しいものではなくこれと同様の代替物なのです。ただやはり、違うところもあります。それは、名前の度忘れの場合、代替物は、ためらうことなく、本来のものではないと認識できますが、夢要素に関しては、私たちはこのような理解を、懸命の作業でやっと手に入れなければならなかったのです。さて、名前の度忘れに際しても、代替物から、無意識になっている本来のもの、つまり忘れられた名前に、辿り着く道はあります。私は、注意力をこの代替の名前に振り向けます、そしてさらにそこへと思い付きが湧いてくるのを待ちます、そうすると、迂回路が長いか短いかは分かりませんが、ともかく忘れられた名前へと辿り着くのです。そしてその際に分かってくるのは、自然に出てきた代替の名前も、私が呼び起こした名前も、忘れられた名前と関係があって、その名前によって規定されていたということです。

このような種類の分析を一つご披露しましょう。ある日、私は、リヴィエラ海岸にあってモンテ・カルロを首都とするあの小国の名前が、出てこなくなりました。これは癪に障ることでしたが、出てこないものは出てこないのです。私は、この国について、自分の知っているあらゆることに思いを巡らせてみました。リュジニャン家から出たアルベール侯[12]、彼の結婚、彼の深海研究への傾倒、そのほか一緒に思い浮かべられることの諸々です。しかし、何の役にも立ちません。そこで私は熟考するのをやめて、見失われた名前の代わりに、代替の名前たちが思い浮かぶに任せました。すると、代替の名前は次々に湧いてきました。モンテ・カルロそのもの、それから、ピエモンテ、アルバニア、モンテヴィデオ、コリコ、という具合です。この系列の中で、まず目についたのはアルバニアでしたが、これはすぐにモンテネグロに取って代わられました[13]。白と黒の対比のせいだったのでしょう[14]。こうして私は気が付きます。これらの代替の名前のうちの四つは、同じ「モン」という音綴を含んでいると。そして、私は突然忘れられた言葉を手に入れ、声に出して、「モナコ」と叫んだのです。代替の名前たちは、こうして実際に忘れられた名前から発生してきていたのです。初めの四つは、〔モナコの〕最初の音綴〔モン〕から出て来ています。最後の一つ〔コリコ〕は音綴の続き具合を再現していますし、その最後の音綴〔コ〕はまったく同じです。ついでながら私は、この名前を、しばらくの間私から遠ざけていたものが何であったかも発見しました。モナコは、ミュンヒェンのイタリア名です。このミュンヒェンという町が、抑制的な影響を行使していたというわけなのです。[15]

この実例は確かにすっきり行っているのですが、その分、単純すぎます。ほかの例では、最初の代替の名前から、もっと長々とした思い付きの系列を採取しなければならないことになりましょうから。そういう場合に、夢分析との類同性がより明瞭になってくるのです。私はそういった場合も経験しています。ある時、ある外国の方が、一緒にイタリアワインを飲もうと誘ってくれました。レストランへ行ったのですが、覚えている中で最も美味しかったはずのワインを注文しようとして、彼がその名前を忘れてしまっていることが判明したのです。代替となる思い付きはあれやこれやと山ほどありまして、どれも忘れている名前の代わりに別の名前に辿り着いただけだったのですが、私はその中から、こういう推論を彼のために導き出してあげたのです。つまり、何らかの形でのヘートヴィヒという名前への顧慮のせいで、彼はそのワインの名前が想い出せなくなっているのではないか、と。すると実際、彼は、このワインを最初に味わったのはヘートヴィヒさんという女性と一緒の時であったことを確認してくれただけではなく、そのワインの名前を再発見することもできたのでした。その当時、彼は幸せに結婚していましたが、このヘートヴィヒさんは、もっと前の、あまり想い出したくない時代に属していたのでした。

名前の度忘れに際して可能であったことですから、代替物から出発して、繋がってくる連想を経由して、抑えられている本来のものに手が届くようにするということは、夢解釈にあたっても、うまく行くはずなのです。名前の度忘れを例にとって、私たちはここから、夢要素への連想は、その夢要素によって規定されたものであり、またその背後の、無意識になっている本来のものによっても規定されていると仮定してよいのではないでしょうか。私たちはこういう仕方で、私たちの技法の正当化に向けて、何らかのことをお伝えすることができたのではないかと思います。

第七講　顕在的夢内容と潜在的夢思考

皆さん、前回失錯行為について調べたことは無駄ではありませんでした。この勉強のおかげで、私たちは、皆さんもすでにご存じの前提のもとで、夢要素の位置づけを理解し、夢解釈の技法についても学ぶという二重の得をしたことになります。夢要素を理解したと申しますのは、夢要素というものは、失錯行為の性向が何かの代替物となっているのとちょうど同じように、やはり本来的ではないもの、別のもの、つまり夢見た人の知らない何かの代替物であるということ、そしてその何かについては、夢見た人が知っていることではあるものの、手が届かないままになっているということです（第六講、本書上巻、一八七頁）。私たちは、この理解を、こうした夢要素たちから成り立っている夢全体へと転移させて行くことができるであろうと期待します。私たちの技法と申しますのは、これらの要素への自由連想を通じて、ほかの代替物形成たちをも浮かび上がらせ、それらの形成物から、隠されているものを推測して行こうとすることです。

そこで皆さんにご提案します。私たちの動きをもっと楽にするために、私たちの術語体系を変更いたしましょう。隠されている、手が届かない、本来のものではない、などという言い方の代わりに、私たちは、正確な記述を与えるという意味で、夢見た人の意識からは手が届かない、あるいは、無意識である、と言いましょう。この術語で、皆さんは、出てこなくなった言葉とか、失錯行為の備える妨害的な性向とかに関わり合いになった時のことを思い浮かべてくださるでしょうから、ちょうどそういう場合のように、その時に無意識である、という意味でこの術語を考えてください。もちろん、これに対して、ちょうどその反対に、夢要素それ自体や、連想作業によって新たに得られてきた代替表象は、意識的であると言っておいていいわけです。何らかの理論構築をこの命名に結び付けることは、今のところ措いておきます。「無意識の」という言葉は、適切な、容易に理解できる記述用語として使うなら、何ら問題になるところはないと思います。[1]

個々の夢要素たちから、夢の全体へと、私たちの理解の仕方を転移させてみますと、夢というものは全体として、何か別のもの、つまり無意識の、歪曲された代替物であり、夢解釈の課題は、この無意識を発見することであるということになります。しかし、そこからすぐさま、三つの重要な規則が導かれます。私たちは夢解釈の作業をする間、これらの規則に従わなくてはなりません。

（一）夢が整ったものであるときも不条理なものであるときも、明断なものであるときも混乱したものであるときも、夢からすぐ分かるように見えることがらに、かかずらわないこと。そうしたものは、私たちの探し求める無意識ではないからです（この規則については、おのずからなる制限があって、それについては後ほど考えなくてはなりませんが）[2]。（二）夢のそれぞれの要素に対して、代替となる表象を呼び起こすということにのみ、作業を絞ること。それらの代替表象について、熟慮を巡らせたり、うまく話が合うようなことがそこに含まれていないかを調べたり、それらが夢要素からどのくらい遠くまで離れてしまったかについて気にしたりしないこと。（三）隠され、探し求められている無意識が、それ自身から立ち現れてくるまで待つこと。前回お話ししてみせた例で、出てこなくなっていたモナコという語が出てきたのと同じようにするのです〔第六講、本書上巻、一九〇―一九一頁〕。

また、ここまでくると分かってまいりますが、夢をどれだけたくさん想起するか、どれほどわずかな夢しか想起しないか、そしてとりわけ、夢をどれだけ忠実に想起しているか、それとも不確かにしか想起していないか、といったようなことは、いかにもどうでもよいことになってくるのです。想起されている夢は、本来のものではないのです。

本来のものの、歪曲を受けた代替物なのです。そしてこの代替物は、他の代替物形成を呼び起こすことによって、私たちを助けて、本来のものに近づかせてくれ、夢の無意識を意識的にしてくれるでしょう。ですからたとえ、私たちの夢の想起が忠実なものでなかったとしても、それは単に、私たちが夢を想い出すときに、この代替物にさらなる歪曲をほどこしてしまい、そしてそれにもまた動機がないわけではなかった、というだけのことなのです。

自分自身の夢に対する解釈作業は、他人の夢に対する解釈作業のようにして実行することができます。自分自身の夢では、確かにたくさんのことを識《し》ることになります。その解釈過程も、より確かなものになります。そこでこれを試みてみますと、何かが作業に立ちはだかっていることに気が付きます。確かに思い付きは得られるのですが、それらを全面的には受け入れられないのです。検証したり選択したりする影響力が、どうしても顔を出してくるのです。なにか思い付きが起こると、人はこう自分に言います。いや、これはうまく当てはまらないな、ここにこれはしっくり来ないな。次の思い付きが浮かぶとこう言います。これはあまりにも無意味だ。三つ目の思い付きが浮かぶとこう言います。こいつはまったく本筋から外れている。こうした異議申し立てでもって、どんな思い付きだかはっきりしないうちに、そこに蓋が被せられ、とうとう追い払われてしまうことは目に見えています。つまり、人は一方では、出発点となった表象、つまり夢要素そのものにあまりにもしっかりとしがみついており、他方では、自由な連想の成果を、選択行為によって妨害しているのです。夢解釈にあたって、自分一人だけではなく、誰かほかの人に解釈してもらうという段になりますと、今度はさらにはっきりと、こうした規則に反した選択行為を導くような別の動機が入り込んでくるのに気が付きます。時に応じて人は自分にこんな風に言うものです。だめだめ、この思い付きはあまりに不愉快だ、こんなものを報告する気にはならない、もしくは報告することはできない、と。

このような異議申し立ては、私たちの作業の成果を、はっきりと覚束ないものにしてしまいます。それに対抗して身を持しておかねばなりません。自分一人の場合は、それに引き摺られずにおこうという堅い意志でもってそれを行います。ほかの人の夢を解釈しているのなら、その人に次のようなことを、不可侵の規則として申し渡しておくことによって行います。「どんな思い付きも、報告しないでよいということはあり得ません。たとえ、重要じゃない、意味がない、ここに関係ない、報告するにはしんどすぎる、こういう四つの異議申し立てのうちどれかが起こってこようともです(3)」。しかし相手は、これらの規則に従うと約束しますが、ことあるごとにこの約束を破ってしまうので、腹の立つこともあるかもしれません。そして、これほど約束が守られにくいことの説明として、権威ある者の如く自由連想法の妥当性を確言して差し上げても、それでは十分に相手を啓蒙するには至らなかったのであろう、と考えられるかもしれません、さらにひょっとしたら、彼に読むべきものを読ませたり、彼を講演会に送り込んで回心させ、自由連想についての私たちの見方を奉ずる人になってもらい、まずは理論的に彼をねじ伏せるのがよかろう、などと考えられるかもしれません。しかし、それは勘違いです。どうしてかは、次のような観察によって分かります。すなわち、人は自分を説得することができると心得ているつもりでいるかもしれませんが、その自分自身の場合においてさえ、ある種の思い付きに対抗して、このような批判的な異議申し立てが同じようにやって来るわけでして、そうした異議申し立ては、事後的に、やっとのことで、ある意味でいうと第二の審級に至ってから、取り除かれるに過ぎないのです。

夢見た人のこのような不服従に腹を立てる代わりに、この経験を活用して、そこから新しいことを学ぶようにすればいいのではないでしょうか。その新しいことというのは、あまりこれまで予見されていなかったことだけに、それだけ重要なことです。夢解釈の作業は、ある種の抵抗に抗して遂行されます。抵抗は夢解釈の作業に対して立ちはだかるもので、またそれは、先ほどの批判的な異議申し立てとして、姿を現しているのです(4)。

この抵抗は、夢見た人の理論的な確信とは何の関係もありません。そうです、私たちはそこからさらに学ぶことがあるのです。こうした批判的な異議申し立ては決して正しいものとして維持されません。その反対に、抑え込みたいと思ったその思い付きこそが、例外なく、最も重要であり、無意識の発見にとって決定的なものであることが判明してくるのです。ある思い付きが、このような異議申し立ての一つに伴われている場合は、それはまさに傑出したものに対する一つの表彰のようなものなのです。

この抵抗なるものは、完全に新しいものです。それは、私たちの前提に基づいて見つかった一現象です。ただし、この現象が私たちの前提の中に含まれていたわけではありません。私たちの勘定に入れるべきものごとの中に、この新しい因子が入って来たことは、必ずしも嬉しい驚きというわけではありません。私たちはすでに、抵抗は私たちの作業を楽にすることはないであろうと予感しています。夢をめぐる努力の全部を、打ち捨ててしまわなければならないところへと、この因子が私たちを連れて行くかもしれないのです。夢のように些細なもの、そこに、楽な手技の代わりにこんな困難が待ち構えていようとは！　しかし他方では、この困難が刺激となり、この作業が苦労の甲斐のあるものであろうと思わされることにもなります。夢要素という代替物から、その隠された無意識へと突き進もうとすると、決まって抵抗にぶつかります。そこで、この代替物の背後には、何か意味深いものが隠されていると考えてみてもよいでしょう。そうでなければ、隠されている状態を維持しようとしているこの困難は、何のためにあることになるのでしょうか。子どもが握った手を開いて持っているものを見せようとしないなら、そのものはきっと、子どもが持ってはいけない、何か良くないものです。

いま、抵抗という力動論的な見方を、私たちの問題領域の中に導入しましたので、ここで私たちは、この抵抗という契機を、何か、量的に変動するものであると考えてみなければなりません。大きな抵抗があれば小さな抵抗もあり、こうした差は、私たちが作業をしている間にも現れてくるだろうと予想されます。おそらく私たちは、このことを、夢解釈の作業にあたって持たれるようになる別の経験と結び付けてみることになるでしょう。つまり、夢要素からその無意識へと移動して行くのに、時にはただ一つないしはいくつかのわずかな思い付きで足りることがあります。かと思えば、別の時には、長い連想の鎖や多くの批判的異議申し立ての克服が必要とされます。こうした違いは、抵抗の大きさが変動することに関係しているのであろうと考えられますが、おそらくはそう考えて正しいものと思われます。(5) 抵抗が小さい場合には、代替物は無意識の素材からそんなに離れているはずがなく、しかし抵抗がより大きくなっていれば、無意識の素材は大々的に歪曲されており、代替物から無意識の素材へと戻る道筋も長いものになっていることでしょう。

このあたりでそろそろ、夢を一つ取り上げて、私たちの技法に結び付いて期待されることがらが確認されるかどうかを、その夢でもって試してみるという頃合いになってきたかと思います。ですが、しかしどのような夢をそのために選んでくるべきでしょうか。この決定が、私にとってどんなに難しいか、皆さんには想像していただけないことでしょう。また、この困難がどこにあるのかを、皆さんに分かっていただけるようにお示しすることもできません。全体としてほとんど歪曲を受けていないような夢が存在していることは明らかです。そして、そういう夢から始めることが最善なのかもしれません。ではしかし、どの夢が、一番歪曲の少ない夢だということになるのでしょうか。整っていて錯乱していない夢でしょうか。そうした夢については、すでに二つばかり例をお示ししておきました〔第五講、本書上巻、一六一頁〕。それによって私たちは、大いに道に迷うことになるでしょう。探究してみると、これらの夢は甚だ高度に歪曲を受けていることが分かってくるのです。だからといって、しっかりと条件を踏まえることをあきらめ、任意の夢を取り出してきたりしますと、たぶん皆さんに大いに幻滅を味わわせることになってしまうでしょう。その夢の個々の諸要素に対して、山ほどの思い付きを覚えたり、記録したりしなければならなくなり、私たちの作業は完全に見通しを失ってしまうでしよう。自分の夢を書き付けて、夢から産出されてくる思い付きをすべて記録していきますと、思い付きの記録は、夢の本文の何倍にもたやすく達してしまうものなのです。となりますと、幾つかの短い夢で、そのそれぞれが少なくとも何らかのことを語ってくれたり、確かめさせたりしてくれている、という夢たちを探し出してきて分析をしてみることが、どうやら最も目的に適っているように思われます。ほとんど歪曲されていない夢というものを実際にどこで見出せるのか、経験が私たちに示してくれるわけでもないとなれば[6]、私たちはこういうやり方を採ることを心に決めることになるでしょう。

そうは申しましても、私たちの道の途上には、別の安心材料もないわけではないのです。夢全体の解釈を手に入れてしまおうと思う代わりに、私たちは個々の夢要素たちに話を限り、いくつかの夢の例を一つの系列にして、私たちの技法の応用によって、どのように解明がもたらされるかを追いかけて行こうと思います。

（a）ある女性が語るところによりますと、彼女は子どもの時に非常にしばしば、**神さまが紙のとんがり帽子を頭の上に載せている**、という夢を見ました。夢見た人の助けなしなら、皆さんはこの夢をどのように理解なさいますか。確かにまったく無意味に聞こえる夢ですね。しかし、この女性から次のような報告を聞くと、これはもう無意味でなくなります。彼女は子どもの頃、テーブルについたとき、このような帽子を被せられていた、それは、きょうだいの誰かが彼女よりもたくさんもらっているのではないかとお皿を盗み見することを、どうしてもやめられなかったからなのです。帽子はつまり、競走馬の目隠しフードのような働きをすることが期待されていたわけです。そして夢見た人から、引き続いてこんな思い付きの助けがあって、この夢要素の解釈は、この短い夢全体の解釈ともども、じきに得られることになったのです。彼女はこう話してくれました。「私は、神さまは何でも知っている、そしてすべてを見ている、と聞かされていました。ですから、夢の意味するところは、私が見るのを邪魔しようとしたって無駄よ、私は神さまみたいに、すべてを知っていてすべてを見ているのよ、ということなのです」。この例は、ひょっとすると簡単すぎるかもしれません。

（b）ある懐疑的な女性患者が、かなり長い夢を見ます。その中で、ある人々が彼女に、私の『機知』の本〔全集第八巻〕の話をして、その本をたいへん誉めます。それから、何か**「運河」みたいなこと、ひょっとすると、運河の出てくる何か別の本のことが話題になります。でもなにか運河に関係した別のことだったかもしれず……彼女には、どうにも分からなくなります……全然はっきりしなくなります。**

ここで皆さんはきっと、「運河」という要素は、それだけではあまりにも茫漠としていて、解釈の施しようがない、とお考えになることでしょう。確かに、難しさを感じ取っていただいているという点では、皆さんのお考えの通りです。とはいえ、難しいのは、不明瞭ということがその理由ではありません。解釈を難しくしている別の理由があって、それゆえに不明瞭ということが起こっているのです。夢を見た女性は、運河ということからは何も思い付きません。私にもむろん何も言えることがありません。しかし、しばらくして、実はその翌日ですが、彼女は、ひょっとしたらそれに関係しているかもしれないことを思い付いた、と語りました。それは、彼女が耳にしたある機知のことでした。ドーバーとカレーを結ぶ船の上で、ある有名な作家が、あるイギリス人と会話をしていました。イギリス人のほうが、何かの文脈で、こんな文を引用しました。「《崇高から滑稽まではほんの一歩《パ》である》(7)」と。作家はこう応えました。「《いかにも、それこそカレーからの一歩《パ・ドゥ・カレー》ですな》(8)」と――それによって彼は、フランスは偉大でイギリスは滑稽だと思う、と言おうとしたのです。ところで、「カレーからの一歩《パ・ドゥ・カレー》」というと、〔まさしく英仏海峡のことであり、またドイツ語では〕一つの運河であるわけです。なぜならそれはエルメル運河《カナール》と言われるからです。海峡《カナル》＝運河、袖《マンシュ》、ですね(9)。この思い付きが、夢と何か関係があると考えられるのでしょうか。もちろんです。この思い付きが、謎めいたこの夢要素を解いてくれます。あるいはむしろ、皆さんは、この機知が夢よりも以前から、「運河」という要素における無意識的なものとして存在していたことを疑ってみようとなさるでしょうか、また、この機知は事後的に付け加えられたものであると仮定できるでしょうか。この思い付きはまさに、彼女の場合に、熱心な賞賛の背後で隠れている懐疑を、洩らしているのです。そして抵抗があったことは、この思い付きがこんなにもためらいがちにやってきたことと、問題の夢要素がこんなにも茫漠としたものになってしまったことの、両方の共通理由になっています。ここで、夢要素と、夢要素の無意識との関係に、目を凝らしてみてください。夢要素は、この無意識の一つの破片のようであり、無意識への仄めかしのようであります。それを孤立させてしまうと、それはまったく訳の分からないものになります(10)。

（c）ある男性患者は、かなり長々とした脈絡の中で、次のような夢を見ました。**特別な形をしたテーブルを囲んで、自分の家族の何人かの成員が、座っている**、云々。彼には、このテーブルから思い付くことがありました。このような家具を、ある家庭を訪問したときに見たことがあったのです。それから彼の思考は次のように続きました。この訪問先の家庭では、父と息子の間に特別な関係がありました。そしてまもなく、彼自身と彼の父親との関係にも、同じことが当てはまるということに、彼は思い至りました。すなわち、テーブルは、この並行関係の印として夢の中に取り込まれていたというわけなのです。

夢を見たこの人は、夢解釈に必要な手続きについてはもう長い間馴染んでいました。もしこの人でなければ、テーブルの形のように些細な細部が探究の対象として取り上げられることに、反発を覚えていたことでしょう。実際私たちは、夢の中のどんなものをも、偶然であるとかどうでもよいものであるというふうには説いていません。むしろまさにそのように些細で、理由のないような細部を説明してみることで、解明がもたらされるであろうと期待しているのです。さらに、皆さんはひょっとすると、夢工作が「自分の家でも、その家と同じように事が運んでいる」という思考を、テーブルという選択肢を通して表現していることにも、怪訝の念をお持ちかもしれません。しかし、この方の御家族が「ティッシュラー」[11]という名前をお持ちだということを聞けば、皆さんにも事の次第が明らかになるでしょう。夢見た人は、自分の親族を、テーブルを囲んで席に着かせることによって、これらの人々もみんなティッシュラーさんですよ、と言っていたわけなのです。ところで皆さんは、このような夢解釈を報告することで、私が無遠慮にならざるを得なかったということにも気づいておられるでしょう。このことを通して、夢の事例を選び出すときに直面することになる諸々の困難の一つを、皆さんにそれとなく推測していただいたことになります。この事例の代わりに、別の事例を持ってくることもたやすくできたかもしれません。しかし、私がこの無遠慮を避けようと思ってそうしていれば、きっと別の無遠慮を背負い込むという代価を払うことになっていたでしょう。

私は、もうだいぶ前から使っていてもよさそうな二つの術語を、そろそろこのあたりでお話の中に入れてこようと思います。それはこうです。私たちは、夢が語っていることとそのものを顕在的夢内容と名づけ、諸々の思い付きを辿ってやっと至り着くことになる隠されたもののことを、潜在的夢思考と名づけようと思います。そうした上で、さきほどの夢の事例で、顕在的夢内容と潜在的夢思考の間の関係がどのように現れているかを、よく観てみることにいたしましょう。その関係はなかなか変化に富んでいます。事例(a)および(b)では、顕在的な要素は、そのまま潜在思考の構成要素、ただし潜在思考のほんの小さな断片という形になっています。無意識の潜在思考の中の何らかの大きなまとまった心的構成物から、小さな一部分のみが、断片的なものとして、顕在夢の中にも姿を現しているのです。別の例では、こういったものは、もとのまとまった心的構成物を暗示するようなもの、あるいは見出しのようなものであったり、電報式の短縮語のようなものであったりします。解釈の作業は、このような一部分とか暗示とかを、全体にむけて完成させなければなりません。この作業は、事例(b)では、とりわけ見事にできています。夢工作は一種の歪曲から成り立っていますが、この歪曲というのは、つまりはこのような断片や暗示による代替であるわけです。事例(c)では、別種の関係が認められます。それは、これからお示しする事例の中で、より純粋かつ明白に表出されているのを見ることができます。

(d) 夢見る男の人は、**一人の**〔誰だか分かっていて、彼の知っている〕**女の人を、ベッドの後ろからひきだす**《ヘアフォアツィーエン》。彼は自ら、最初の思い付きで、この夢要素の意味を発見しました。これは、彼はこの女性をひいきにする〔フォアツーク〕(12)、ということなのです。

(e) 別の男性の夢です。**彼の兄が箱の中に入っている**。最初の思い付きで、箱は戸棚〔シュランク〕に置き換わります。そして第二の思い付きは、その戸棚に解釈を与えることでした。すなわち、兄は自分を制限する〔アインシュレンケン、つましくする〕ということだったのです(13)。

(f) ある男性は、夢で、**ある山に登っています**。**そこから彼は、傑出した、広大な展望**《アウスジヒト》**を得ます**。これはまったく筋の通った夢に聞こえます。おそらく解釈することなど何もなさそうで、この夢がどのような回想に基づいていて、どのような動機からその回想が喚起されたかが探り当てられればそれでよいように見えるでしょう。ところがどうして、それは誤りなのです。この夢は、他のどんな錯乱した夢に勝るとも劣らぬほどに、解釈を必要としている夢だったのです。夢を見た男性は、自分自身の登山体験からは、この夢に関して何も思い付くことがありませんでした。その代わり、彼は、ある知人が「展望〔ルントシャウ〕」という名の雑誌を発行しているという事情に思い至ります。その雑誌は、地球上の最も遠く離れた地帯と私たちとの関係を取り扱っていました。それですから、潜在的夢思考は、夢を見た男性の「展望する人《ルントシャウアー》」への同一化であったということになります[14]。

ここでは、顕在的な夢要素と潜在的な夢要素の間の、新しい関係が見られます。顕在的夢要素は、潜在的夢要素の歪曲になっているというよりも、むしろ、潜在的夢要素のある種の呈示の形、つまり言葉の文言を出発点にした、造形的で具体的な映像化のようなものになっています。そうは言っても、まさにそのようなものであることによって、これは再びある種の歪曲でもあるのです。と申しますのは、こういうことです。言葉というものについては、私たちはその言葉がどのような具体的な像からやって来ているのかをもう永きに亘って忘れているものですから、言葉が像で置き換えられても、言葉のほうを認識するということは、もうなくなってしまっています。顕在夢は主として視覚的な像から成っていて、思考や言葉から成っていることはより少ないという点をお考えになってみれば、ここに見るような関係のあり方は、夢が形成されるにあたって特別に重要なものになっていると想像していただけるでしょう。そしてまた、お気づきでしょうが、一連の多くの抽象的思考にとっても、顕在夢の中に代替となる像を創り出して、その代替像をもって隠蔽に奉仕させるということが、このような道を通ってならば可能になってくるというわけです。それはよくある、絵によるなぞなぞと同じです。こうした呈示のされ方には、それ自体に機知のような見かけがありますが、それがどこからやって来るかということは、また別個の問題になってきますので、ここで触れるには及びません。⒂

夢の顕在要素と潜在要素の間には、まだ第四の類いの関係がありますが、それについては、この類いを示す用語を、技法の中に入れて論じることができるようになるまでは、まだお話しすることができません〔第一〇講、本書上巻、二六三頁参照〕。その時になれば完全に列挙して差し上げられるというわけでもないのですが、ひとまず私たちの目的にとっては役に立ってくれるでしょう。

ではいよいよ、蛮勇をふるい、一つの夢全体の解釈に乗り出してみることにいたしませんか。この課題にむけて、私たちに十分に備えができたかどうか、試してみましょう。もちろん私は、極端に分かりにくいものではなくて、どれか、夢の特性を十分鮮明に示しているような夢を選び出そうと思います。⒃ではいきます。ある若い女性、ただし、結婚してからもう何年もたった女性の夢です。

彼女は劇場で夫と共にいます。一階席の半分は完全に空席です。彼女の夫が彼女に言います。エリーゼ・Lも自分のいいなずけと共に来るはずのところだったが、悪い席——三席分で一フローリン五〇クロイツァー——しか取れなかった、そして当然この席を、彼らは取らなかった、と。彼女は、もしその席を取っておいても、それほど都合が悪いわけでもなかったろうに、と思います。

夢を見た女性がまず初めに語ってくれたことは、夢のきっかけが、夢の顕在内容において触れられているということでした。彼女の夫は、実際に彼女に話をしていたのです。およそ彼女と同年齢の知人であるエリーゼ・Lさんが、こんど婚約したのだと。夢は、この知らせに対する反応なのです。すでに分かっているように、多くの夢で、夢の前日のこのようなきっかけがたやすく示されるものですし、またこういう由来についてはしばしば夢見た人自身がさしたる困難なく話してくれるものです。夢見た女性は、この種の情報を、顕在夢の他の諸要素についても、もたらしてくれました。一階席の半分が空っぽであったという細部は、どこから来ているのでしょうか。それは、夢に先立つ週の現実の出来事への暗示であったのです。彼女は、ある劇場公演に出かける計画を立てていました。そして、早いうちに券を手に入れました。ところが、あまりに早く手に入れたので、先行販売の手数料を払わされてしまいました。彼女が劇場に入ってみると、彼女の心配は余計だったことが分かりました。といいますのも、一階席の半分は、ほとんど空席だったからです。公演の当日に券を買っても、間に合ったことでしょう。彼女の夫は、彼女のこのせっかちぶりをからかう機会を逃しませんでした。——一フローリン五〇クロイツァーというのはどこから来ているのでしょうか。これは、まったく別の連関からなのです。先ほどのものとは何も関係がないのですが、やはり同様に前日にもたらされた情報を、暗示するものなのです。彼女の義理の妹が、彼女の夫から、一五〇フローリンという額を贈り物としてもらったのですが、このおばかさんは、何を思ったか、さっそく宝石屋に走って、そのお金を装身具と取り替えてしまったのです。──一五〇フローリン──では、三という数はどこから来たのでしょう。彼女が言うには、たとえば、花嫁となるエリーゼ・Lさんが、結婚してほとんど十年になろうという彼女自身よりも、たった三カ月年下だということを、思い付くと言えば思い付くけれども、それ以外には何も分からない、ということでした。それから、二人の人数に、三枚の券というのは、おかしなものですが、これはどうでしょうか。このことについては、彼女は何も言いませんでした。そしてそれ以上の思い付きも、情報提供も、いっさい拒んでしまったのです。

それでも、こうしたわずかな思い付きで、彼女はたいへん多くの素材をもたらしてくれましたので、潜在的夢思考の推測が、ここから可能になります。夢に関係する彼女の報告においては、幾つかの場所で、時間的な条件が現れているということに私たちは気が付かずにおれませんが、それらの時間的条件は、素材の異なる部分に現れてはいても、共通性を見せています。こんな具合です。彼女は、劇場への入場券を、あまりに早いうちに手配し、せっかちに手に入れ、余分なお金を払うはめになりました。彼女の義理の妹は、同じような具合に、さっそく件のお金を宝石屋に持って行って、遅れをとってはならじとばかりに、装身具をそれで買ってしまったのでした。このように強調されている「あまりに早くに」とか「せっかちに」とかいったことに、夢のきっかけになったことがらを合算してみましょう。たとえば、三カ月だけ彼女より若い友人が、それでもこんど有能な夫を手に入れることになったという情報や、義理の妹への悪口に込められた、そんなに慌てるのは馬鹿げているという批判などを、ここに合わせてみます。そうしてみますと、おのずからのように、潜在的夢思考が、こんな風に構築されて私たちの前に現れ出てきます。これに対照させてみると、顕在的な夢は、ひどく歪められた代替物であるということになります。その潜在的夢思考とは、こうです。

「こんなに結婚を急いだ私は、馬鹿だった！　たとえばエリーゼみたいに、私ももっとゆっくり夫を手に入れたってよかったじゃないか」。(急ぎすぎたということは、彼女の券を購入するときの行動と、義理の妹の装身具購入の行動によって呈示されています。

そして、結婚ということの代替物として、劇場に入って行くということが現れています。）これが主たる思考です。夢を見た人が表明してくれたことを分析するのを、ここで諦めてしまってはならないとすれば、ひょっとしたら、確かに確実性は減ずるとはいえ、さらに先に歩を進めてもよいかもしれません。するとこうなるでしょう。「そのお金で百倍も良い夫を手に入れていたかもしれないのに！」（一五〇フローリンは、一フローリン五〇クロイツァーの百倍に当たるからですが。）このお金について、それを持参金と考えてよければ、それは、持参金で夫を買うという話になるでしょう。装身具も悪い席の券も、夫の代わりになっていたのでしょう。ここであの「三枚の券」(17)が何か夫というものと関係があるのだとしたら、話がもっとうまく行くことになります〔第一四講、本書上巻、三八九頁参照〕。しかし、私たちの理解はまだそこまでは達していません。分かってきましたのはただ、彼女自身の夫への評価の低さと、結婚を急ぎすぎたことへの後悔を、夢が表現しているということです。

この最初の夢解釈によって、私たちは、満足するというよりもむしろ、驚き惑乱しているという結果になっているのではないかと、私は危惧しています。一度にあまりにたくさんのものが襲いかかってきた、それは、この時までにこなせる以上の量であった、というわけです。それでもこの夢解釈の理論は、まだ話し尽くされてはいないことにお気づきでしょう。そこで、急いで、新しい確かな洞察だと認められることがらを、ここに摑み出しておきましょう。

第一のことがら。奇妙で独特なことですが、潜在思考においては、主たる強調点は、急ぎすぎることという要素に置かれていますのに、顕在夢においては、このことについては何一つ見出せません。分析をしてみなければ、この契機が何らかの役割を演じているということに、思いをいたすことさえなかったでしょう。無意識の思考たちのまさに主要部分、中心になっているところ、それが顕在夢では省かれているのです。そのために、夢全体の印象が、根本的に変容を蒙っているに違いないのです。次に第二の点。夢の中では、一フローリン五〇クロイツァーで三枚、という訳の分からない合成が見られます。夢思考においては、(こんなに早く結婚することは)馬鹿げている、という命題が推測できます。こういう「それは馬鹿げている」という思考が、顕在夢の中に不条理な要素が取り入れられることによって表現されるものなのだということは、あり得ないことでしょうか。では第三点です。顕在的要素と潜在的要素の間の関係は、単純なものではまったくないということが、比較によって分かります。いつでも一つの顕在的要素が一つの潜在的要素の代替となっているというような種類のものでは決してありません。そのむしろ、二つの層の間は、集団関係のようなものになっているに違いありません。その関係の中では、一つの顕在的要素が幾つかの潜在的要素を代表したり、一つの潜在的要素が幾つかの顕在的要素によって代替されたりすることができるのです〔第一一講、本書上巻、三〇四頁参照〕。

夢の意味と、夢に対する夢見た女性の態度とに関して言えば、同様に、人を驚かせるようなことをたくさん言わなくてはなりません。彼女は、確かに解釈を承認しました、しかし、彼女は解釈に驚きました。彼女は、自分の夫にそのような低い評価を与えていることを知ってはいませんでした。また、彼女が夫をどうしてそのように低く評価するのかを分かってもいませんでした。したがって、ここには、まだまだ理解できていないことがあるのです。実際、私たちはまだまだ夢解釈というものに対して構えができているとは思われませんし、まずはさらなる学びと準備とを必要としている段階なのです。

第八講　子どもたちの夢

皆さん、前回は、どうも歩みを急ぎすぎたという印象がありますね。少しだけ後戻りをしてみましょう。前回は、夢歪曲という困難な問題を私たちの技法を通して乗り越えていこうという試みを始める前に、その困難を迂回して、歪曲が取り除かれているとか、ほんのわずかにしか為されていないような、そういう夢がもしあるなら、それを手掛かりにしよう、そうするのが最善の策だろう、そんな風に申しました〔第七講、本書上巻、二〇一頁〕。その際、実は、私たちの知見の発展の順序から、またもや〔第五講、本書上巻、一三五頁参照〕外れていたのです。というのは、解釈技法の首尾一貫した適用と歪曲された夢の徹底した分析との後で、やっとそのような歪曲のない夢の存在に気づいたというのが実情だったからです。

私たちが探し求めているような夢は、子どもたちの場合に見られます。(1) 短く、はっきりして、筋が通り、理解しやすく、あいまいでなく、なるほど疑念を差し挟むところのないような夢です。しかし、子どもたちの夢のすべてが、こういった種類のものだとは思わないでください。それに、夢歪曲が入り込んでくるのは、子どもの年齢のごく早い時期なのです。五歳から八歳までの子どもたちの夢に、すでに、後年のあらゆる特徴が現れています。それでも、心の活動が目立つように始まる頃から、四、五歳の年齢までに限ってみれば、幼児型とでも名づけられるような特徴をもった夢を次々と拾い集めることができるでしょうし、もっと後の年齢の子どもたちにも、この種の夢をちらほら見つけられるでしょう。それどころか成人の場合でも、一定の条件の下でなら、類型的な幼児型の夢によく似た夢が出てきたりするのです。

このような子どもたちの夢にあたってみれば、夢の本質についての解明を、やすやすとそして確実に得ることができます。そして、そのようにして分かったことが、やがて決定的で普遍妥当的なものとして示されることを、ひとつ期待してみたいのです。

一　これらの夢の理解のためには、分析も、私たちの技法の適用も不要です。夢を語る子どもに、質問をする必要もありません。しかし、その子の生活から、ちょっとした話を、そこに添えてもらわねばなりません。夢に先立つ日に、必ず何かの経験があって、それが夢の説明に役立ってくれるからです。夢は、そうした日中の経験に対する、睡眠中の心の生活の反応なのです。

いくつかの例を取り上げて、それに依りながら、さらに結論を引き出していきましょう。

(a) 二十二カ月のある男の子が、お祝いの席で、籠に入ったさくらんぼを人に渡す役目に当たりました。彼はその役目をやってのけましたが、明らかにたいへん不服そうで、そのさくらんぼは後でおまえももらえるんだよ、と約束してあげてもだめでした。翌朝、彼は夢としてこんなことを語りました。**へ(ル)マンさくらんぼぜんぶ食べちゃった**(2)。

(b) 三歳三カ月のある女の子が、初めて湖水を舟で渡りました。舟から降りるとき、彼女は舟から離れようとせず、ひどく泣きました。舟渡しの時間は、彼女にとってあまりにも早く過ぎ去ったからです。翌朝彼女が言うには、**ゆうべ湖で舟に乗ったよ**。これはつまり、その舟渡しが、もっと長く続いてくれるものだったということだと補ってあげてもいいでしょう(3)。

(c) 五歳三カ月のある男の子が、ハルシュタット近くのエヒェルンタールの谷(4)へのハイキングに一緒にやって来ました。彼は、ハルシュタットはダハシュタイン山の麓にあるのだと聞かされていました。この山に、彼はいたく興味を惹かれていた様子でした。

滞在していたアウスゼーから、ダハシュタインは綺麗に望むことができ、望遠鏡を使うと、その山にあるジモニーの山小屋も見ることができたのでした。この子も、望遠鏡を使って山小屋を見ようとあれこれとやっていました、うまく見えたかどうかは分からなかったのですが。ハイキングは、期待に胸を膨らませ、ほがらかに始まりました。目の前に次々と山が現れるたび、男の子は「あれがダハシュタイン？」と訊きます。まだだよ、という答えが返ってくるたび、彼はだんだんと不機嫌になっていき、やがて、黙りこくってしまい、滝へと続く小さな登り道で、一緒に来るのをやめてしまいました。あまりに疲れたのだろうなと思っていたのですが、翌朝、彼は非常に嬉しそうに、ゆうべ、**ジモニーの山小屋に行った**夢を見たよ、と語ってくれたのです。子どもは、これを期待して、ハイキングに参加していたわけです。夢の詳しいことを聞こうとしましたら、彼は、「段々を六時間もずっと登って行くんだよ」と言いましたが、これは彼が前もって聞かされていた通りのことでした。

この三つの夢は、私たちが望んでいた情報をすべて与えてくれています。

二　これらの子どもたちの夢は、意味がないものではないということが分かります。それらはよく理解のできる、十分妥当性のある、心の行為です。先だって皆さんに、夢に対する医学者の判断をお話ししたことがありました。それは、音楽の心得のない人の指がピアノの鍵盤の上を滑っていく、という比喩でしたが、覚えておいででしょうか〔第五講、本書上巻、一四一―一四二、一四八頁〕。このような見解が、いかにこれらの子どもたちの夢と鋭く対立しているかを、皆さんが見逃されることはあり得ないでしょう。しかしまた、子どもが睡眠中に完全な心の活動を示しており、同じ場合に大人が痙攣的な反応で済ましているとすれば、それもまた奇妙なことです。子どもが、より良くより深く眠っていると信じるに足る根拠は十分あります。

三　これらの夢は、夢歪曲を欠いています。したがって、解釈の作業を必要としません。顕在的な夢と潜在的な夢が、ここでは重なり合っています。ということは、夢歪曲というものは、夢の本質には属していないということです。このようにお伝えすることで、皆さんの心から重石を取り除いて差し上げることになったかもしれないと思います。しかし、詳しく検討してみますと、これらの夢にも、一片の夢歪曲、つまり顕在的夢内容と潜在的夢思考との間のある種の差異があることを認めることになってくるものです。

四　子どもたちの夢は、日中の経験への反応です。その体験は、残念さ、憧れ、片付いていない欲望などを後に残すようなものでありました。夢は、これらの欲望の、直接的で隠れなき成就になっています。ここで、外界や内界からやってくる身体的刺激が、睡眠の妨害者や夢の引き起こし手の役割を果たすという私たちの議論を考えておいてください〔第五講、本書上巻、一五一頁以下〕。そういったことについては、まったく確かな事実でもって、私たちはよく知るようになりましたが、それでも、こういうやり方で説明できた気になれたのは、実に数えるほどの夢しかありませんでした。これらの子どもの夢では、そういった身体的刺激の影響力から解釈できるものは何一つありません。その点は紛うべくもありません。夢はすみずみまでよく理解でき、たやすく見通せますから。しかし、だからといって、刺激による夢の原因論を、捨ててしまえばいいということではないのです。ただ、身体的な睡眠妨害刺激の他に、心から来る睡眠妨害刺激もあるということを、どうしてのっけから忘れてしまっていたのかということが問題なのです。主に成人の睡眠障害の原因となるような興奮がいろいろとあることを私たちはちゃんと知っています。その種の興奮があると、私たちは入眠に必要な心の態勢、つまり世界からの関心の引き揚げという状態を、作り出すことができなくなってしまいます。成人は、そこで生活を中断しようとは思わずに、むしろ自分がかまけているあれこれのことがらについての仕事を続けてしまうのです。そうやって、眠れなくなっていきます。ですから、この種類の心の刺激、睡眠を妨げる刺激が、子どもにとっては、片付いていない欲望に相当するのです。それに対して、子どもは夢によって反応するのです。

五　ここからは、真っ直ぐに最短の道を採って、夢の機能の解明を目指しましょう。

夢が心的刺激への反応であるという限りにおいて、夢はその刺激を片付けてくれるという価値を持っているに違いなく、そうして刺激は取り除《よ》けられ、眠りは続くことができるはずです。こうした夢による刺激の片付けということがどのようにして力動論的に可能になるのかはまだ分かっていませんが、しかし、私たちはもうすでに気が付いています。つまり、よく夢は、眠りを邪魔するものであるという汚名を着せられますが、そういうものではなくて、眠りの番人であり、眠りを邪魔するものを取り除いてくれるものなのです。もし夢を見なかったらもっとよく眠れただろうに、と私たちは思いがちですが、それは間違っていて、実際には、夢の助けがなかったら、そもそも眠っていることもできなかったでしょう。私たちがそこまではよく眠れたということは、夢のおかげなのです。そもそも、騒擾《そうじょう》で人をたたき起こしにくる安眠妨害者たちを追い払おうとすれば、夜警はしばしば、なにがしかの警報を出さざるを得ないのです。それと同様に、夢もまた、多少は私たちの邪魔をすることを避けることができません。

六　なんらかの欲望が夢の引き起こし手であり、この欲望の成就が夢の内容であるということ、これが夢の主たる特徴です。もう一つの特徴は、やはり恒常的に認められることですが、夢は、単純に一つの思考を表現にもたらすのではなく、幻覚的経験として、ある欲望を成就したものとして呈示するものだということです(5)。夢を引き起こす欲望の文言が、私は湖水を舟で渡りたい、だとしますと、夢自体の内容は、私は湖水を舟で渡っている、ということになるのです。潜在夢と顕在夢の間の差異、あるいは潜在的夢思考の歪曲は、このような単純な子どもの夢でも存在しているのでありまして、それは、思考が経験へと変転する、ということになります。夢の解釈にあたっては、何よりもまず、この一片の変化が元に戻されなくてはならないのです。このことが最も一般的な夢の性格であるとすれば、先に皆さんにお話ししておいた夢のあの断片「私の兄が箱の中に入っているのを見る」〔第七講、本書上巻、二〇八頁〕というのも、「兄は自分を制限する〔つましくする〕」ではなく、「私は兄がつましく暮らすことを望む、兄はつましくすべきである」と翻訳されるべきだということになります。ここに挙げた夢の二つの一般的性格のうち、明らかに二番目のものが、一番目のものに比べて、抵抗なしに承認される見通しが高いようです。夢の引き起こし手が常に何らかの欲望でなくてはならず、心配とか目論見とか非難とかではないということは、もっと探究の手を広げてから確証することになるでしょう。しかし、そうだとしても、夢がこれらの刺激をそのまま出さずに、ある種の経験のような形にして解消させ、取り除け、片付ける、というもう一つの特徴のほうは、そのままにしておいても差し支えないと思われます。

七　これらの夢の特徴と関連して、夢と失錯行為の比較を、もう一度取り上げてみるのもよいかと思います。失錯行為においては、私たちは邪魔をしている性向と邪魔をされている性向とを区別します。そして失錯行為はその両者の間の妥協であるとします〔第四講、本書上巻、九九頁〕。これと同じ図式に、夢もまた当てはまるのです。夢の場合には、邪魔されている性向は、眠ろうとする性向にほかなりません。邪魔する性向は、心的刺激に相当します。今のところ、眠りを妨げる心的刺激として欲望以外のものは知られていませんから、この邪魔する性向は、果たされることを求めている欲望に相当するということになります。こうして夢もまた妥協の産物であるというわけです。私たちは眠りますが、眠りながらも、何らかの欲望の解消を経験しています。私たちは欲望を満たしてやり、そのようにして睡眠を持続させます。両方の性向が、それぞれ一部は貫徹され、一部は廃棄されることになるわけです。

八　想い出していただけることと思いますが、夢という問題の理解へと進むために、非常に見通しやすい空想《ファンタジー》形成が、「白昼夢」と名づけられているということを手掛りにできないものかとお話ししたことがありました〔第五講、本書上巻、一六三頁〕。白昼夢といわれるものは、実際、欲望成就であり、私たちのよく識っている名誉への欲望とか、エロース的な欲望の成就です。ただ、どんなに生き生きと思い描かれても、それは考えられたものであって、決して幻覚的に体験されはしません。夢の二つの主要特徴のうち、先ほど確かさが今ひとつであると考えられたものはここではしっかりと確認されており、もう一つの特徴は睡眠という状態に依存しているため、覚醒生活では実現されないまま、すっかり抜け落ちているのです。ですから白昼夢という空想にやはり夢という言葉が使われていることの中には、欲望成就が夢の主要特徴であるという気付きが、含まれているわけです。ところで、夢の中の体験が、睡眠状態という条件でもって可能になった変容した表象作用であり、すなわち「夜の白昼夢」というようなものであるとしたなら、夢形成の過程が夜間の刺激を解消させて満足をもたらすものだということは、すでに理解されたも同然です。と申しますのも、白昼夢は満足と結び付いた活動であって、間違いなくそのためにこそ慣れ親しまれたものになっているわけですから。

ところが、白昼夢という言葉だけに限られず、同じような意味で使われる言葉の慣用がほかにもあります。よく知られた諺の言うところでは、「豚はどんぐりの夢を見て、ガチョウはトウモロコシの夢を見る」。あるいは諺はこう問いかけます。「ニワトリは何の夢を見る？　キビの夢を見る」(6)。この諺は、子どもを通り越して動物へと、私たちがやったよりもさらにずっと遡って、夢の内容は何らかの欲求の満足であると主張しています。非常に多くの言い回しが、同じことを仄めかしています。たとえば「夢のように美しい」とか、「夢にも思い付かなかった」とか、「夢でさえもそこまで思ってみたことはなかった」などです。言語慣用は、すでにある種の肩入れの方向性を示しています。むろん、不安夢とか、苦痛だったり無関心だったりする夢もありますが、これらは言語慣用を刺激するに至っていません。言語慣用の中では「悪い」夢ということも言われますが、しかし夢は、言語慣用にとっては、ただただ甘い欲望成就なのです。それに、諺の中には、豚やガチョウが自ら屠殺されるところを夢に見るなどということを言い立てているものはありません。

夢についての著述をものしている人々によって、夢の欲望成就的性格が気づかれてこなかったとは、むろん考えられません。むしろ非常にしばしば気づかれてきたことであったでしょう。しかし、この性格を一般的なものとして承認し、夢を解明するのにそれを要として取り上げるということを、それらの人々の誰も思い付かなかったのです。彼らにそれをためらわせたのは何かということについては、私たちには思うところがありますし、後にその点に触れることになるでしょう。

しかしもう今の時点で、私たちは子どもたちの夢を評価することで、なんと充実した説明を、しかもほとんど労せずして手に入れてきたかということに、皆さんはお気づきのはずです。いわく、夢の機能は眠りの番人をすることである。夢は、一つは眠り続けるという恒常的な性向と、もう一つは心的刺激を満足させるという性向の、二つの競合する性向から発生する。夢は意味に満ちた心的行為である。夢の二つの主特徴は欲望成就と幻覚的経験である。こうして見てくると、精神分析の話をしているのだということを、あやうく忘れるほどでした。失錯行為と結び付けてみたところ以外は、私たちが見てきたことには、精神分析に特異的な面がさほどあったわけではありません。精神分析の諸仮説など何も知らない心理学者でも、子どもたちの夢についてのこれらの解明はなし得たように思われるほどです。それなのに、なぜ、どの心理学者も、それをしてこなかったのでしょう。

もし夢に幼児型の夢というようなものしか存在しないのであれば、問題は解決され、私たちの課題は消えてしまうことでしょう。夢見た人に問いを投げかけることも、無意識を引き出すことも、自由連想を要請することもなくなりますから。しかし、実際には、どう見てもここから先が問題なのです。一般的に当てはまるものとして出しておきました特徴ですが、あれらの特徴は、夢のうちでも一定数かつ一定の種類のものでしか確認できないということを、私たちはすでに繰り返し経験してきているのです。そうしますと、子どもたちの夢から導き出されてきた一般的特徴というものは維持してよいのかどうか、また、あれらの特徴は、見通しにくくて、顕在内容が昼間から持ち越された欲望に関係づけられないような夢たちにも妥当するのかどうか、ということが、私たちにとっての問題になってきます。私たちの理解では、子どもたちの夢とは別のこうした夢たちは、非常に念入りな歪曲を蒙っており、それゆえさしあたっては判断を受け付けないものになっているのです。そして、このような歪曲を明らかにしようと思えば、子どもたちの夢を理解するときにはすんなりと無しで済ますことのできた精神分析的な技法を必要とすることになるだろうと見込んでいるのです。

いずれにせよ、さらに別の部類の夢がまだあります。それらは歪曲されておらず、子どもたちの夢のように簡単に欲望成就として認めることができる夢です。人間の一生を通じての、やむにやまれぬ身体的欲求、つまり飢えや渇き、性的欲求等々によって喚び出されて来たような夢たち、すなわち内的な身体刺激への反応としての欲望成就の夢というものがあります。私は十九カ月になる娘から一つの夢を聞いて書き付けておきました。それは「**アンナ・F、エル(ト)ベーア、ホーホベーア、アイアー(シュ)パイス、パップ**」というものでした(7)。これは、消化不良のための丸一日の絶食への反応として、娘自身の名前を冠したメニューからできている夢でありまして、ここに二回に亘り顔を出す果物の名前(エル(ト)ベーアとホーホベーア)は、その消化不良の原因であるとされた当のものであったのです。ちょうど同じ頃のことでした。彼女の年齢に彼女の祖母の年齢を足すとちょうど七十歳になるのですが、この祖母が、遊走腎で調子が悪くなりまして、やはり丸一日、絶食したのです。孫娘と同じ夜に、彼女が見た夢にいわく、彼女は拝み倒されて(客人として)招かれ、この上もない御馳走を振舞われたとのことでした。食事を与えられない囚人たちや、旅行や探検の途上で空腹を堪え忍んでいる人たちにおける観察によりますと、そういう条件の下で夢に出てくるのはやはり決まってこれらの欲求の満足であります。オットー・ノルデンシェルド[8]がその著書『南極海』(一九〇四年)の中で、共に越冬経験をもった乗組員について報告しているところによりますと(第一巻、三三六頁)、「われわれの内面の思考がどのような方向を向いていたかを示していたのは、この時ほど生き生きと豊富になったことはないわれわれの夢であった。われわれの仲間のうちで、普段は例外的にしか夢を見ないと言っていた人たちも、朝になって、われわれ皆が昨夜の夢という空想世界での経験を語り交わし始めると、やはり長い物語を語るようになるのだった。それらの夢はどれも、今はもうわれわれからかくも遠く隔たってしまったあの外の世界のことを扱っていたが、夢の中ではその世界は、われわれの今の行動にうまく合わせられていた……。頻繁に出てくるのはやはり食べることと飲むことで、われわれの夢はこれを中心にしてぐるぐる回っていた。夜中に昼食会に出かけるという芸当では右に出る者はいないと言われていた仲間は、ある朝上機嫌で、「三コースもある昼めしを全部平らげたぜ」と報告した。別の仲間は煙草が山のように積まれている夢を見た。また別の仲間は、帆に風を一杯にはらんで広い海をこちらにやってくる船の夢を見た。もう一つ別の夢も、述べておく価値がありそうだ。郵便配達夫が郵便を持ってやってきて、どうしてかくも長く待たせたかを長々と説明する。間違って配達してしまって、たいへんな苦労をしてやっと取り戻すことができたそうだ。もちろんさらにありそうもないことがらに眠りの中で関わった仲間もいた。しかし、自分が見たのと人が語るのを聞いたのを含め、ほとんどすべての夢において、どうも想像力の欠如が目立っていた、ということが言えそうだ。これらの夢を全部記録しておいたなら、心理学的に大いに興味あるものになったであろう。ただ、皆それぞれが渇望してやまないものを、どんなものでも提供してくれるのであるから、皆が眠りの来るのをどんなに待ち焦がれたかということは、たやすく理解していただけることと思う」(9)。また、デュ・プレルからも引用させていただきます。「マンゴ・パーク(10)は、アフリカ旅行中に渇きで死にそうになったとき、故郷の水の豊かな谷間や牧場の夢をしつこく見た。トレンク(11)はマグデブルク星形堡塁で空腹に苦しんだとき、豪勢な食物に取り囲まれている夢を見た。また、フランクリンの最初の探検に加わったジョージ・バック(12)は、恐ろしい食糧不足でもう少しで餓死しそうになると、いつも決まってたっぷりとした食事の夢を見るのであった(13)」。

夕食に薬味を利かせた料理をたっぷり食べて夜中に喉が渇いた人は、水を飲む夢を見がちになります。もちろん激しい空腹や喉の渇きを、夢で片づけるということは不可能ですから、そういう夢を見てもやはり喉が渇いたまま目覚めてこんどは現実の水を飲まざるを得なくなります。[14] こういう場合の夢の働きは、実際上はささやかなものに過ぎないわけですが、それでもその働きが、覚醒と行動を人に迫る刺激に対抗して、眠りを確保することへと捧げられているということは、やはりはっきりしていると言わざるを得ません。こういう欲求の強度がもっと僅かでありますと、こうした満足させる夢は、しばしばそこを切り抜けさせてくれたりもするのです。

同様に、性的刺激の影響下にあっても、夢は満足を創り出すのですが、それは言及しておくに足る特殊性を備えています。飢えや渇きに比べると、対象への依存度が一段低いという性欲動の特質に沿って言いますと、夢精を伴う夢における満足は、ある意味では現実のものと言えるわけですが、対象との間には後に触れることになるある特定の困難があるゆえに、非常にしばしば次のようなことが起こりがちです。つまり、その現実の満足であるはずのものは、何かうすぼんやりとした、歪曲された夢内容に結び付けられているのです。[15] 夢精を伴う夢のこのような特質のため、O・ランクが指摘したように、それらの夢は、夢歪曲の研究にとって好適な対象となっています。[16] ちなみに申し上げておきますと、成人の欲求満足の夢はすべて、満足そのもののほかに、さらに別のものを含んでいるのが常です。そのものは純粋に心的な刺激源泉から発生してきたものでありまして、それを理解するためには、解釈するということが必要になってまいります。

ところで、成人においてもこのように幼児型に形づくられた夢があるわけですが、こうした欲望成就の夢はすべて、今申しましたようなやむにやまれぬ欲求への反応として出てきたものばかりであるというわけではありません。ある種の支配的な状況の影響の下で、この型の短くて明白な夢が、はっきりした心的な刺激源泉に由来しつつ、現れることがあります。こらえ性のない夢とでも言えばいいのでしょうか、たとえばこんな場合のことです。旅行とか、自分にとって重要な出演とか、講演や訪問の準備をしているとしましょう、するとはやばやと、自分の期待が成就したことを夢に見るのです。つまり、実際の経験のあるべき日の前の夜の間に、自分の目標に到達してしまい、劇場にいるところや訪問先での会話をしているところを見てしまうのです。あるいは、正当にも無精の夢と名づけられている夢があります(17)。眠りを引き延ばすのが好きな人が、実際にはまだ眠り続けているのに、すでに起床して顔を洗ったり学校にいたりするところを夢に見るとすれば、その人は、現実世界で起床するより夢の中で起床するほうがいいなあ、と言っているのです。夢形成にあたっては、眠りたいという欲望が関与していることが、決まって認められるのです。この欲望は、これらの夢ではそのままに出てきていますし、

シュヴィント「囚人の夢」

本質的な夢の作り手として、夢の中にその姿を現しています。眠ろうとする欲求は、当然のことながら、他の大きな身体的欲求とその重要性において肩を並べるものであります。

ここで皆さんにお見せするのは、ミュンヒェンのシャック画廊にある、シュヴィント[18]の絵の複製です。ここには、夢が支配的な状況から発生していることを、画家が正しく捉えていることが示されています（図版参照）。「囚人の夢」という題です。囚人の夢の内容といえば、釈放されるということしかないでしょう。釈放が窓を通って行われるというのも気が利いています。というのも窓を通って入ってくるのは光の刺激で、この刺激は囚人の眠りを終わらせてしまうのですから。互いの体の上に乗っかっている妖精たち[19]は、彼自身が窓の高さにまでよじ登るとしたらそのとき順番に取っていくことになる体の態勢を表しているのでしょう。また、私が間違っていたり、あまりに過大な意図を芸術家に押しつけたりすることにならなければいいとは思いますが、妖精のうちで一番上に乗っていて、鋸で格子を切ろうとしている、つまりは囚人自身がしたいと思っていることをしている妖精は、囚人と同じ目鼻立ちをしています。

子どもたちの夢と幼児型の夢以外のすべての夢では、すでに申しましたように、夢歪曲が私たちの行く手に立ちはだかります。それらの夢もまた、私たちが思っているように欲望成就であるかどうかということを、すぐには言うことができません。それらの夢の顕在内容からは、それらの起源がどのような心的刺激に負うものであるかを、推測することができません。ですから、そうした夢もまた、その刺激の除去や片付けに努力しているということの論証もできません。これらの夢はどうにかして解釈しなければなりません。つまり翻訳し、その歪曲を元に戻し、顕在内容に代えて潜在内容を置いてみなければなりません。そのようにした後で初めて、幼児の夢で見出されたことがらが、すべての夢に対して妥当性を要求してよいものかどうかについての判断を下すことができるようになるでしょう。

第九講　夢検閲

皆さん、子どもたちの夢からは、夢の発生や本質や機能について、ずいぶんと教えてもらうことができました。夢というものは、幻覚された満足という道を通って、眠りを妨げる(心的な)刺激を片付けていく作業なのです。ところが成人の夢となりますと、その中で解明できたのはある一群の夢だけで、それは幼児型の夢と名づけられました。そのほかの夢ではまだ実情がよく識られておらず、理解もできていません。暫定的には、その意義を軽視できない一つの帰結が得られてはおります。すなわち、ある夢が私たちにとってすっかり理解できたと思えるような場合はいつでも、その夢は幻覚された欲望成就なのです。この一致点は偶然的なものでも、どうでもよいものでもあり得ません。

その他の種類の夢に関しては、様々な考察を基にして、また失錯行為の理解と類比的に考えて〔第七講〕、夢は、まだ知られていないある内容の、歪曲された代替物であって、その内容へと帰着させられるはずのものであると仮定されます。この夢歪曲を探究し理解することが、私たちの次の課題となるわけです。

夢を、どこか余所から来たような理解しがたいものに見せている当のものが、この夢歪曲です。これについて知識を得るために、いろいろとやってみましょう。まず第一に、夢歪曲はどこからくるのか、その力動論的な作用。第二には、夢歪曲は何をやっているのか、そして最後に、夢歪曲はどのようにしてそのことをやってのけるのか。また、夢歪曲は夢工作の仕事であると言うこともできます。私たちは夢工作というものを記述して、夢歪曲の中で働いている諸力を、この夢工作に帰着させようと思います[1]。

ではまず、今からお話しする夢を聴いていただきたいと思います。これは私たちの研究仲間のある女性（フォン・フーク＝ヘルムート博士[2]）によって記録されたもので、彼女によりますと、この夢を見たのは、声望の高い、教養もある、年配の婦人です。この夢には分析は行われていません。記録した女性研究者は、精神分析家にとってはなんの解釈も要らないだろうとコメントしています。そして夢を見た御婦人自身も、やはり夢の解釈はしていません。ただ、彼女はこの夢に判断を下していますし、その判断は、まるでこの夢をどう解釈すべきかを知っているとでもいうかのようです。というのも、この御婦人はこうおっしゃったからです。昼も夜も子どもの世話を気にかけるほかは何も考えることなどない五十歳にもなる女ですのに、なんとまあおぞましくばからしい夢をみたことでしょうか！[3]

さてその「愛の奉仕」[4]の夢です。「彼女は第一駐屯地病院に行き、門番の衛兵に、病院での奉仕をしたいので、軍医中尉の……殿(彼女は自分の知らない名前を言った)にお目にかかってお話ししたいと告げた。その際彼女は、「奉仕」という言葉に力点を置いたので、下士官である衛兵は、それが「愛の」奉仕のことだと即座に気づいた。彼女が年のいった婦人であるので、衛兵は少しためらったが通してくれた。しかし、軍医中尉のところに来たかと思いきや、彼女は大きな薄暗い部屋に着いた。そこの長い机の周りには多くの将校と軍医がおり、立っている者も坐っている者もいた。彼女は一人の軍医大尉に向かって、自分の提案を述べたが、彼女がふたことみこと言いかけると、彼はすでに了解していた。夢の中での彼女の言葉遣いはこうだった。「私もウィーンの他の多くの奥様お嬢様方も、いつでも進んで兵士の皆様に、兵と将校の区別なく……」。夢ではここに呟き声が入る。しかしこの呟き声が、そこにいたすべての者に正しく理解されたということは、将校たちのなかば当惑した、なかば冷笑的な顔つきから、彼女に分かった。この女性はさらに言葉を継いだ。「私たちの決心が唐突に響くことは承知しておりますが、これが私たちの誠心誠意です。戦場の兵士も、死にたいのか死にたくないのかと尋ねられることはありません」。何分間か、間の悪い沈黙が続いた。軍医大尉は彼女の腰に腕を回して言った。「奥様、あなたがこのことをお引き受けください。実際、そのようになるでしょう……」(ここで呟き声)。彼女は、彼もまた他の人と同じだ、と考えて、彼の腕から身を離し、こう答えた。「あらまあ、私はもうこんな年ですから、そのようになるわけにいきません。それに、守っていただかなくてはならない条件がありますわ。年齢を尊重していただきたいのです。いい年をした女性が、まだお若い方と……(呟き声)。そんなことはとても恐ろしくて」。「おっしゃることはまったくよく分かりますよ」と軍医大尉は答えた。将校たちは声を立てて笑った。その中には、彼女が若い頃、彼女に求婚した男性もいた。女性はそこで、話をすっきりさせたいと思って、自分の知り合いの軍医中尉のところへ連れて行ってくれるように頼んだ。ところが彼女はこの軍医中尉の名前を知らないのでひどく慌てた。しかし軍医大尉は、丁重に、とても狭い鉄の螺旋階段を通って階上へ行く道を示してくれた。階段はこの部屋から直接に上の階に通じているとのことだった。階段を昇り始めると、一人の将校の声が聞こえた。「ずいぶんと豪勢な決断じゃないか。女は若かろうが年取っていようが関係ないってな。皆の者、気をつけ!」。

自分の義務を果たすだけだから、という思いを抱きながら、彼女は果てしない階段を昇っていった。

この夢は数週間の間にさらに二回繰り返された。夢を見た御婦人の言うところによると、まったく些細な、ほんとうに無意味な違いがあるだけだった」(5)。

この夢は、その話の進み方からして、ある種の白昼空想《ファンタジー》であると言うにふさわしいものです。切れ目が少なく、内容上のいくつかの細部は、問いただせば説明することもできたでしょう。ただ、ご存じのように、それはなされなかったのではありますが。しかし、この夢において顕著で興味を引く点、それは、夢がいくつかの穴を示しているということです。しかも、想起の穴ではなくて、内容の穴です。内容がいわば抹消されているところが三個所あります。そうした穴は会話の中に空いています。そしてこの会話は、呟き声によって、中断されます。私たちは分析を施していませんから、厳密に言えば、私たちには、この夢の意味について何かを表明する権利はないわけです。とはいえ、たとえば「愛の奉仕」という言葉の中には、そこから何かが導き出せそうな暗示があります。とりわけ、呟き声の起こる直前になされている会話の断片は、私たちに空欄を埋めるように誘っているかのようですが、そのようにして穴を埋めるにあたっては、入れるべき言葉に曖昧さは要らないでしょう。その補いをやってみますと、夢を見た御婦人が、愛国的な義務感を果たすべく、将校と兵隊との区別なく軍人の愛の欲求を満足させるために、我が身を差し出す心の準備ができている、という内容の空想《ファンタジー》が現れて来ます。これは確かに、非常にみだらなものであり、けしからぬリビード的空想ですが、夢の中ではまったく表には出てきません。まさにこのような告白の文脈が迫ってくるところで、顕在夢でははっきりしない呟き声が現れ、何かが失われ抑え込まれてしまうのです。

ここで皆さんは、これらの個所のみだらさこそ、それらの個所を抑え込む動機になっていたということが、理の当然として出てくるとお認めになってくださることと思います。それにしても、こういう現象に何かの平行関係を見つけるとしたら、どこにそれがあるでしょうか。今日《こんにち》では、遠くまでそれを探しに行く必要はございません。どれでも結構ですから、政治的な新聞を手にとってごらんください。そうすれば、ところどころ、文章が抜け落ちていて、その代わりに、紙の白いところが目につきます。ご存じのように、これは新聞検閲の仕業です。このように空白になった個所には、検閲をしている高位のその筋にとって気に入らなくて、そのために取り除かれてしまった何事かが、書かれていたというわけです。皆さんは、それは残念だ、きっとそれこそ最も面白かったであろうに、そこが「最上の個所」だったはずなのにと思われるでしょう。

検閲が、出来上がった文章に対して行われたというのとは、ちょっと違う場合もあります。新聞記者は、どの個所が検閲から文句を言われることになるのかをあらかじめ見越しており、それゆえその個所を婉曲にして和らげたり、かすかな修正を施したり、本当なら筆から迸《ほとばし》り出させたかったそのことがらに近接するようなことを書いたりそれを仄めかしたりするだけで満足したりします。その場合には、紙面に空白の個所が残されはしませんが、ある種の持って回った表現とか、ぼやかした表現とかから、皆さんは、事前に検閲への顧慮が働いたと推測なさることができます。

さて、このような類比を、しっかり心に留めておきましょう。そうすれば、あの取り除かれた、呟き声で隠されてしまった夢の中の会話も、やはり検閲の犠牲になったのだと、私たちは言うことができます。私たちは直截に、夢検閲という言葉を使うことにします。夢歪曲の元を辿れば、その一部は、この夢検閲に帰着するのです。顕在夢の中にいくつか穴の空いたところがあれば、大体のところ、それは夢検閲の仕業だったというわけです。さらに歩みを進めて行きますと、夢の中で他のはっきりと組み立てられた諸要素に比べて、特にか細く、はっきりせず、迷うような要素があれば、そこのところに、いつもこの検閲の現れを見て取ることができるはずです。しかし、検閲なるものが、この「愛の奉仕」の夢の例におけるほどに、かくも隠れなく、こう言ってよければかくも素朴に、その姿を現しているというのは、むしろ稀なことに属します。先ほど申しました二つの様式の中では、検閲がよりしばしば姿を見せるのは第二の様式によってです。つまり、本来のものの代わりに、ソフトにしたもの、近似したもの、仄めかし、こういったものを創り出すことによってです。

夢検閲には、三番目の作動様式があります。それは新聞検閲の力業との類比で語ることは、ちょっと難しいのですが、これまでに分析してきた夢事例を一つ挙げてみれば、すぐにこの様式をご理解いただけようかと思います。あの「一フローリン五〇クロイツァーで三枚の悪い席の券」という夢を想い出していただけるでしょうか〔第七講、本書上巻、二一〇―二一一頁〕。この夢の潜在思考では、「せっかちに、あまりに早くに」という要素が前景に立っていました。それはこんな風です。あんなにも早く結婚するなんて馬鹿げていたわ――こんなに早く演劇の券を手配するなんてこれも馬鹿げているわ――自分のお金をあんなに急いで宝飾品を買うのに使ってしまうなんて義妹のしたことはお笑いぐさだわ。夢思考のこの中心的な要素から、顕在夢の中へは、何ものも移行してきていません。顕在夢においては、劇場の中に入ることと、券を入手することが、中心点へと出てきています。強調点のこうした遷移、あるいは内容の諸要素のグループ分けのやり直し、これによって、顕在夢は、潜在思考と、似ても似つかぬものになり、その結果誰もが、前者の背後に後者が控えているなどとは予想もしなくなってしまうのです。強調点の遷移は、夢歪曲の主要手段であり、それは夢に、あの余所からやってきたかのような質〔第五講、本書上巻、一四八頁〕を与えます。そしてそのおかげで、夢を見た人は、夢とは自分が作り出したものであるということを、承認しようとしなくなってしまうのです。

このように、素材を取り除け、修正し、組み直すこと、それが夢検閲の働きであり、また夢歪曲の手段です。夢検閲はまさに、私たちがいま研究の対象としている夢歪曲の起始点です。あるいは起始点の一つです。また、私たちはこれらの修正や配列替えを、「遷移」という言葉でまとめることにしています。

夢検閲の働きについてこうしてお話ししてきましたから、こんどはその力動作用のほうに移りたいと思います。まずお断りしておきたいのですが、この表現をあまりにも擬人的に受け取らないように、つまり、夢検閲といったからとて、脳室の中に住んでそこから指令を出している小さな厳格な人物とか霊のようなものとかをお考えにならないようにしてください。それにまた、「脳中枢」のようなものがあってそこからこの検閲の影響力が発しており、脳中枢が損傷を受けたり除去されたりすればこの影響力も消える、などというふうにあまりにも局在論的にお考えにならないでください。さしあたり、力動論的な関係を記述するための、使いやすい用語という以上のものではありません。この言葉は、こうした影響力がどのような性向(6)によってどのような性向に対して発揮されるのかを問うことを妨げませんし、今までにすでに一度は、ひょっとしたらそれと知らないまま、夢検閲に邂逅していたのだということが分かったとしても、私たちは驚きはしません。

　実際、そういうことがあったのです。覚えておられるでしょうか、私たちが自由連想の技法を応用し始めた頃に、驚くような経験が待っていました。私たちは、夢要素から、無意識の要素――夢要素はそれの代替物ですが――へと辿り着こうと努力しますが、その努力は、抵抗によって迎えられたのでした〔第七講、本書上巻、一九八頁〕。この抵抗は、申し上げましたように、大きさは様々で、巨大であったかと思えば真に些細であったりもします。些細な場合でしたら、私たちの解釈作業はほんのわずかの中間項を通過していけば済むのですが、大きい場合となりますと、私たちは当該の要素から発して長い連想の網を端から端まで歩き通さねばならず、そこからはるかに遠くまで導かれ、その途上で、思い付きに対する批判的な異議申し立てとして姿を現す、あらゆる困難を克服しなければなりません。解釈作業にあたって抵抗として私たちに対して立ち現れるもの、これを私たちはいま、夢検閲として、夢工作の中に数え入れざるを得ません。解釈に対する抵抗は、まさに夢検閲が客観的な形をとったものなのです。抵抗というものが証示するように、検閲の力は、なにも夢歪曲をもたらしただけで使い果たされ、それ以降は消えてしまうようなものではありません。そうではなく、検閲は、歪曲を維持することを目的とした持続的な機関のようにして、ずっと存続するものであるわけです。ちなみに、解釈に際しての抵抗が、夢の要素ごとにその強さを変えるのと同じように、検閲によってもたらされた歪曲も、同じ夢の中であっても、それぞれの要素ごとにその規模が違ってきます。顕在夢と潜在夢を比べてみますと、個々の潜在的要素については、完全に取り除かれてしまっていたり、多かれ少なかれ修正されていたり、かと思うと、変化を蒙らないまま、ひょっとしたら一段と強化されて、顕在的夢内容の中に取り込まれていたりするのをみることができます。

それにしても、どのような性向が、どのような性向に対して、この検閲を行使するものなのかを私たちは探究したいと申しておきました。さて、夢の理解にとって、そしてひょっとしたら人間の生活の理解にとって根本的なこの問いは、解釈に到達できた一連の夢を見渡してみるならば、容易に答えられるものです。検閲を行使している性向は、夢見る人の覚醒した判断によって是認されるようなもので、夢見る人はその判断と自分とを一つのものだと感じています。もし皆さんが、自分自身の夢を取り上げてみて、正しく遂行された解釈を施し、なおもその解釈を自分で拒否するというようなことがあれば、その拒否は、夢検閲が夢歪曲を作り出して夢の解釈を必要とするに至らしめた動機と同じ動機から、出ているものだと思っていいでしょう。先ほどの五十歳の御婦人の夢を考えてみてください。彼女は自分の夢を、解釈してみるまでもなく、けがらわしいものだと見なしました。もし、女性研究者フォン・フーク博士が、避けることのできない解釈をいくぶんか彼女に伝えてみたとしたら、彼女はなおのこと憤激していたことでしょう。そしてまさにこういう判断が働いたからこそ、夢の中で、けしからぬ個所は呟き声によって代替されてしまっていたのです。

しかし、夢検閲が向けられている性向はどういうものかということを、まずはその検閲する審級自体の立場から記述してみなければなりません。すると、その性向は、倫理的、美的、社会的な見地から見て、一貫して忌むべき性質の、けしからぬもので、まったくもってあえて考えてみたくもなく、考えても嫌悪が走るようなものごとだとは言えます。なかんずく、検閲を蒙り、夢の中で歪曲された表現へともたらされているこれらの欲望たちは、とどまるところを知らぬ、遠慮会釈のないエゴイズムの表出です(7)。そして実際、どの夢にもおのれ自身の自我が現れ、どの夢においても主役を演じるのです。たとえ顕在内容の水準では、何とか身を隠す術を心得ていたとしてもです。夢のこの「《聖なるエゴイズム》」(8)は、なるほど、眠ろうとする態勢の文脈から外れているわけではありません。眠ろうとすれば、外界の全体から、関心を引き揚げる態勢に入らなければならないのですから。

また、あらゆる倫理的桎梏から解き放たれた自我は、性的追求からくるあらゆる要求と一体化することも心得ています。それらの追求は長きに亘り私たちの美的教育から断罪されていたものであり、またあらゆる道徳的節制の要請と相反するようなものであるにもかかわらずです。快の追求――私たちの言い方ではリビードということになりますが――は、自己にとっての対象を手当たり次第に選びます、しかも禁じられた対象を最も好んで選び取ります。他人の妻は言うに及ばず、何にもまして、人類的な一致によって神聖不可侵とされている対象、つまり男性の場合なら母や姉妹、女性の場合なら父や兄弟という、インセスト的な対象です。(あの五十歳の御婦人の夢も、インセスト的な夢であり、夢のリビードは、見まごうかたなく、彼女自身の息子に向けられています。(9))人類の本性からは遠く隔たっていると私たちが信じている激越なる欲望は、夢を動き出させるほどに十分強いものであることがこうして示されるのです。また、憎しみも、何の掣肘《せいちゅう》も受けずに荒れ狂います。身近な、人生における最愛の人物たち、つまり両親、同胞、配偶者、自分自身の子どもといった人々への復讐の欲望と死の欲望も、この例外ではないのです。これらの欲望たちは、検閲を蒙りつつも、真に地獄から立ち昇ってくるように見えます。そして覚醒時に解釈を行ったところによれば、これらの欲望に対して十分に強固に立ち向かえる検閲などというものは、どうやらあり得ないと思われるのです。

しかし、こういった悪しき内容があるからといって、夢そのものに非難を浴びせないでください。夢には、無害な、それどころか有益な、妨害に抗して眠りを護るという機能があることを、お忘れではないでしょう。こういった性悪さは、夢の本質に存しているのではありません。また、正当な欲望の満足とか、背に腹は代えられない類いの身体的欲求の満足として認められる夢もあるということを、皆さんはご存じです。そしてこれらの夢には、夢歪曲がないのです。そして、夢歪曲を必要としてもいないのです。というのも、それらの夢は、自我の倫理的で美的な性向を辱めることなしに、自分の機能を果たせばそれでよいからです。また、夢歪曲は、二つの因子と比例関係にあるということも思い浮かべておいてください。一面では、検閲すべき欲望が激しくなればなるほど、夢歪曲も大きくなります。しかしまた同時に他面では、検閲からの要求が厳しくなればなるほど、夢歪曲は大きくなります。ですから、厳しい躾を受けた若くて内気な娘さんならば、たとえば私たち医者であれば許容された無害なリビード的欲望であると認めるしかないような、そして夢見る娘さん自身も十年後には同様に判定するであろうような夢の蠢《うごめ》きをも、容赦ない検閲でもって歪曲するでしょう。

ところで、私たちの解釈の作業の成果に関して、憤慨していただくのは、まだ早いのです。その成果を正しく理解してもらうところまで、まだ行っていないのです。しかし、まずはこのあたりで、ある種の攻撃に対して防御態勢を固めておかなくてはなりません。私たちの成果に、弱点を見つけようと思えば、いくらでも見つかるのです。私たちの夢解釈は、すでに受け入れていただいた諸前提に基礎を置いています〔第六講、本書上巻、一六七―一六八頁〕。その前提とは、夢にはそもそも意味があるということ、また、無意識的な心的過程が同時に存在していることを、催眠下での睡眠から正常の睡眠にまで転移させて考えてもよいのだということ、また、すべての思い付きは決定されているということです。これらの前提の上に立って、夢解釈の納得できる結果に辿り着くことができたら、これらの前提も正しかったのだと結論するのは当然でしょう。しかし、その結果が、ただいま私が記述してきたことそのものであるとしたらどうでしょうか。次のように言われることを覚悟しなければならないでしょう。いわく、「こんなことは無理無体で、無意味で、少なくとも最もありそうにない結果だ。前提が、どこかおかしかったのである。あるいは、夢はやはり心的な現象なんかではない。あるいは、正常な状態の中には無意識のものなんていうのはない、そうでなければ、私たちの技法に何か瑕疵《かし》がある。こういうふうに考えるほうが、私たちの諸前提を基にして発見されたと称される、ああいったおぞましいことがらに比べて、より素直で満足のいく仕方ではないのか」。

なるほどそうでしょう。そのほうが素直でもあれば満足もできるでしょう。しかしだからといって、それは必ずしも、より正しいとは言えません。もう少し時間をとってみることにしましょう。ことがらはまだ判決を下しうるほどには熟していないのです。まずもって、私たちの夢解釈に対する批判は、もっと強めてみることさえできるのです。夢解釈の成果が楽しくなく、食指をそそらないというようなことは、それほど重大ではないのです。もっと強力な反論の論拠は、夢を解釈した結果からこのような欲望性向があると私たちが指摘するその夢を見た当人が、力を込めて、また十分な根拠を出して、その解釈を撥ねつけるということです。ある人はこう言います。「何ですって？　私が妹の持参金や弟の教育のために支出した金額を惜しいと思っているんですって？　それを夢から証明しようとなさるのですか。そんなことがあってたまるもんですか、現に私は、私のきょうだいのためだけに働いており、長男として亡くなった母に約束したとおり、彼らに対して自分の義務を果たすという以上の興味を人生に持っておりませんから」。あるいは、夢を見た女性がこう言います。「夫に死んで欲しいと私が望んでるですって。それこそ言語道断の馬鹿げたおっしゃりようですわ！　私たちはこれ以上はないくらい円満な夫婦生活を営んでいるのです――きっと信じてはおられないんでしょうけれど――、そればかりではなくて、夫にもしものことがあれば、私は、この世で持っているもののすべてを失うことになるのですよ」。あるいは別の人はこのように言います。「私が妹〔あるいは姉〕に官能的な欲望を向けているですすと？　笑えるじゃありませんか。妹〔あるいは姉〕なんかどうでもいい存在ですよ。折り合いが悪いからね、何年もの間、互いに一言も口を利いたことがないんだけどね」。夢を見たこれらの方々が、解釈によって割り当てられた性向を認めなかったり、否認したりしても、ひょっとしたら私たちはまだそのことを、軽く取っておくことができるかもしれません。まさにここにこそ、当人が自分自身について知りたがらないことがらがあるのだ、と言っておく道が、私たちには残されているからです。しかし、彼らが、このように解釈された欲望のちょうど反対の欲望を自分の内に感じ、私たちに対して、このような反対物の大事さを生活の仕方によって証明してくることがあります。そういうことは、私たちを最終的に戸惑わせます。夢解釈への仕事全体を、その結果からして《不条理へと》[10]帰着させられてしまったものであるとして、もう脇に置いておくことにするという決断を、そろそろ下すべき頃合いとなったのでしょうか。

いいえ、まだそういう時ではありません。このようなより強い論拠もまた、私たちがそれを批判的に捉えれば潰えます。心の生活の中には無意識の性向があるということを仮定しておきますと、その性向と対立する性向が意識生活の中では支配的であるということがあったとしても、それはなんら反証としての力を持つものとはなりません。ひょっとすると心の生活の中には、対立する複数の性向とか、矛盾とかが、互いに隣り合って存続することのできるような余地があるのでしょう。そうです、おそらくは、まさにある一つの蠢《うごめ》きが支配的になるということが、その対立物が無意識になってしまうことの条件であるのでしょう。したがって、夢解釈の結果は素直じゃないし楽しくもない、という最初に呈された異議が、結局私たちに残されることになりました。初めの、素直でない、という異議に対しては、単純明快なものへの熱狂的な好みなどでは、夢問題のただ一つたりとも解くことはできません、と論駁いたします。皆さんには、ご面倒でも、錯綜した諸関係を仮定することに馴染んでいただかなくてはなりません。二番目の、楽しくない、という異議に対しては、皆さんがお感じになる快適さとか、逆に不快さとかを、科学的判断の動機として応用することは明らかに不当である、と論駁いたします。夢解釈の結果が、楽しいものでないどころか、恥ずかしいものだとか厄介なものだとかになって現れてきたとしても、それがどうしたというのでしょうか。私は、まだ駆け出しの医者であった頃、今と同じような文脈で、私の師であるシャルコーがこう言うのを聞きました。「《しかし現実がこうであることは変えられないのです》」[11]。それは、この世界で何が現実であるのかを学ぼうと思ったら、謙虚になり、同情も反感も心して控えなさい、という意味です。もし誰か物理学者が、この地球上の有機体の生命は、あとわずかで完全な死滅に至るはずであることを証明したと言ったら、皆さんはそこでも、そんなことがあってたまるものか、そんな見通しは楽しくないと言って、あえて反論を試みるでしょうか。私が思うに、皆さんは、そこでは沈黙しておき、別の物理学者が来て、最初の学者に対して、前提か論証かに間違いがあるのを証明してくれるのをお待ちになるでしょう。もし皆さんが、自分には不愉快なものを拒否なさるのでしたら、皆さんは、夢形成の機制を理解しそれを克服する代わりに、かえってそれを繰り返していることになるのです。

もしもそんなことになったら、皆さんは、検閲を蒙っている夢欲望のおぞましい性格から目をそむけて、人間の体質の中の悪しきものに、そこまで大きな余地が認められるはずはないという、あの議論に戻ってしまわれるに違いありません。しかし、ご自分の経験に照らしてみて、皆さんはそのように言うことが、理に適っていると思われますか。私は、皆さんが自分のことを善と思っておられるか、悪と思っておられるかとお尋ねしているのではありません。しかし皆さんは、人間の本性のエゴイスト的な悪の成分の存在に反対しなければならないとお感じになるほどに、上司や同僚からは好意しか受けたことがなく、敵対者は敵ながら天晴れな奴ばかり、そしてご自分の社会では羨望などは向けられたことがない、そういう方々でいらっしゃるでしょうか。皆さんは、性生活の面では、あらゆる機会に、平均的な人間がどれほど慎みがなく、いい加減になれるものかを、ごらんになったことがおありでないのですか。あるいは、私たちが夜の間に夢に見るあらゆる侵害や逸脱が、覚醒した人間たちによって犯罪として日々実際に行われているということを、ご存じないわけではありますまい。その昔にプラトンは、善人というものは、爾余《じよ》の人種つまり悪人たちが実際にしていることを、夢に見るだけで満足しているような人物たちである、と言っています(12)。精神分析は、ここでこの言葉を確認する以外のどんなことをしているというべきでしょうか。

そして今度は、個人個人のことから、いまだにヨーロッパを蹂躙しているこの大戦へと目を転じてみてください。いまや文化世界の中に広がって行く気配の、あの測り知れない野蛮と陰惨と不実のことを考えてみてください。皆さんは、ほんとうに、これらの悪しき霊たちを解き放つことをうまくやってのけたのは、一握りの非良心的な立身出世主義者や煽動者たちだけであって、率いられた何百万という一般の人々は、そのことに共同の責任を負っていないのだとお考えでしょうか。こういう事情のもとでもやはり皆さんは、人間の心の成り立ちからは悪しきものを除外しておけばいいという考えに、あえて与しようとなさるのでしょうか(13)。

皆さんは私に、このように注意を促されるかもしれません。「あなたは戦争というものを一面的に判断なさっておられる。戦争にはしかし、人間の最もうるわしく高貴なところ、つまり人間の英雄的な勇気、自己犠牲、そして社会感情を表に押し出してくれたという面があるのだ」というわけです。確かにそうでしょう。しかし、ここで皆さんには、「精神分析は別のものを主張しているから、ある一つのものを無視することになっているのだ」と言って非難するという、人々がしばしば精神分析に向けてきた不当さを、共有なさらないようにお願いします。人間の本性の高貴な追求を否認せんとするのが私たちの意図ではありませんし、そういうものの価値を引き下げるために何かをしてきたということもありません。その反対に、私は皆さんに、検閲を受けている悪しき夢欲望ばかりではなく、それらの欲望を抑え込んで、知られないものにしている検閲のほうをも指摘したいのです。私は人間における悪というものに、より大きな強調点を置いてお話ししてきましたが、それは他の方々がそれを否認し、そのことで人間の心の生活が良くなることはなく、かえって理解できないものになってしまったからです。もし私たちが一面的な倫理的評価をやめれば、私たちは人間の本性における悪と善の関係について、きっと、より正確な定式を見出すことができるようになるでしょう。

ですから、この話題から離れないでいましょう。夢判断にあたっての私たちの仕事の結果は、たしかに私たちに不審の念を抱かせるには違いないでしょうが、それでも私たちはそれを捨ててしまうには及びません。のちにまた別の道を通って行けば、私たちはそれらの結果にもっと近づけるようにもなるでしょう。さしあたり、しっかりとこう考えておくことにしましょう。夢歪曲は、自我の性向によって、なんらかの厭わしい欲望の蠢きに対して検閲が行使されたことの結果である、と。自我の性向は認められたものであるわけですが、欲望の蠢きの方は、夜に、睡眠の間に、私たちの中で活動するものです。もちろん、この忌むべき欲望がどうして夜の間に、そしてどこから湧き起こってくるのかについては、問うてみるべきこと、調べてゆくべきことが、まだまだたくさんあります。

だからといって今の段階で、私たちの夢研究の成果の他のものまでも明確にしないままにしておくとしたら、それは良くないことでしょう。眠っている私たちの邪魔をしにくる夢欲望は、私たちに知られておらず、私たちはそれを夢解釈を通じて初めて学び知るに至ります。それらはその時には、はっきりとした意味で、無意識であったと名づけてよいものです。しかし、それらはその時に無意識であった以上のものなのです。多くの例で私たちが経験してきたように、夢見た人は、夢の解釈によって夢欲望を識るに至ったとしても、それを否認してしまうのです。こういうことは、あの「げっぷ」の言い違いの解釈に際してすでに私たちが出会った事例〔第三講、本書上巻、七七―七八頁〕を、繰り返していることになりますね。あの事例でも、乾杯の辞を述べるはずだったあの人は、その時も以前にも、上司に対するそのような不敬な蠢きを意識したことなどない、と憤然と断言したのでした。すでにあの時も、こうした断言にいかほどの価値があるものかを私たちは疑い、これを次のような仮定でもって置き換えたのでした。つまり、この乾杯係の人は、自分の中に絶えずそのような蠢きが存在し続けていたことを知らなかったというわけです。このようなことは、強く歪曲された夢の解釈ではいつでも繰り返され、それゆえに私たちの理解にとっての重要性を獲得しています。いま、私たちは次のように仮定すべきでありましょう。すなわち、心の生活の内には、人がそれについて何も知らないような、すでに長い間何も知らずにきたような、そして、ひょっとすると今までまったく知ったことがなかったような、そういった過程、あるいは性向が存在しているのです。このようにして、無意識は新しい意味を持つようになります。すなわち、「その時」とか「しばらく」とかいうことが、その本質から消えて行って、無意識はまた、単に「その時に潜在的」であるということではなく、持続的に無意識であることをも意味することができるのです。もちろん、この点に関しては、またの機会に、さらにお話を続けなければなりません。

第一〇講　夢における象徴作用(1)

皆さん、私たちが夢を理解することを妨げるのは夢歪曲であり、それは検閲を仕掛けてくる活動性の結果であるということを、見ていただきました。この検閲の活動は、受け入れがたい無意識の欲望の蠢《うごめ》きに対して向けられたものでした。しかし私たちは、夢歪曲に責を負う因子は検閲のみであるとは主張しませんでした。実際、夢をさらに研究していくと、この理解しにくさという結果には別の要因も関与していることが見出されます。その関与は非常に大きいものですから、私たちは次のように言わざるを得ません。たとえ夢検閲を遮断しても、それでも夢は理解できるものにならないでしょう、また、顕在夢は、潜在的夢思考と、それでも一緒になってはくれないでしょう、と。

夢を見通しがたいものにしているこの他の要因、夢歪曲へのこの新たな寄与者を私たちが見つけたのは、私たちの治療技法の中での、ある種の間隙に注意を向けることによってでした。すでに皆さんにはあえてお話ししてあることですが〔第六講、本書上巻、一七九頁〕、分析を受けている人が、夢の個々の要素について、まったく何も思い付きが浮かばないということがあります。もちろん、このことは、分析を受けている人が主張しているようには、そうしょっちゅう起こっているわけではないのです。非常に多くの場合には、がんばり続ければ、まだ思い付きは出てくるものです。もっと別の場合もあり、連想が首尾良く行かなかったり、あるいは、たとえ無理をしてみても、期待されるようなことが連想から出てこなかったりします。精神分析治療の間にこのようなことが起こったとしたならば、それは重要な意味を持つことになりますが、どういう意味をもつかには、ここでは関わり合わないことにいたします(2)。ところで、こういうことは、正常の人物との間での夢解釈に際しても、自分自身の夢の解釈に際しても、起こってきます。こういう場合に、どんなにせき立ててみても何の役にも立たないと分かりますと、やがては次のような発見をすることになります。つまり、この望ましくない偶然は、ある特定の夢要素が問題になる場合に、規則的に起こってくるということです。そして、はじめは単に例外的に技法の不首尾が現れたと思っていたところに、新たな規則性があることを認識し始めるわけなのです。

このようにして私たちは、この「無言の」夢要素それ自体を解釈し、その翻訳を独自の方法で手がけてみようという誘いへと導かれることになります。そして思い切ってこのような代替を敢えて試みますと、そのたびに満足すべき意味が得られます。その一方、こうした敢行を決心しかねている間は、夢はずっと意味をもたないままにとどまり、脈絡は断たれたままになっています。こうしてまったくよく似た多くの事例が集積してきますと、やがて、おずおずと始められた私たちの試みにも、必要なだけの確実性が与えられるようになってくるのです。

いま私はこの説明を、いささか図式的に述べております。しかし、教育的目的のためとして許していただけるでしょう。単に単純化してあるだけで、事実を曲げてはおりません。

さてこのように進めていきますと、一連の夢要素に対して、恒常的な翻訳が得られることになります。これはちょうど、巷にある通俗的な夢の本に、夢に出てくるあらゆるものごとの読み解き方が書いてあるのと、まったく似たような具合になってくるのです。しかし、皆さんはお忘れになっておられないでしょうが、私たちの連想技法では、夢要素を恒常的に代替していける道などは、決して現れてくるものではありません。

ここで皆さんはすぐにでも、今回のこの解釈の方法は、以前の自由な思い付きによる解釈法に比べてもなおさらのこと、さらに頼りにならない、突っ込みどころの多いものに見受けられるが、とおっしゃりたいことでしょう。しかし、ここでさらに付け加えておきたいことがあります。こうした恒常的な代替法を集めるという経験を十分に積んでみますと、こんなふうに思えるようになります。つまり、こうした夢解釈の一部分も、事実上、私たち自身の知識から出てきたものであったのだろう、現に、これらの夢解釈は、夢見た人の思い付きがなくても理解できるものになっているのだから、と。いったい、こうした夢解釈の一部分の意味を、どこから人々は識ることができたのでしょうか。この問題は、私たちの議論の後半へと持ち越すことにいたしましょう。

夢要素とその翻訳とのこうした恒常的な関係を、私たちは象徴的関係と呼びます。そしてその夢要素そのものを、無意識の夢思考の象徴と呼びます。想い出していただきたいのですが、先に、夢要素と、その本来のものとの間の関係を探究した折に、そのような関係には三種のものが区別されると申しました。部分と全体の関係、仄めかしの関係、そして映像化です。あの時、まだ四番目のものが残っているとお知らせしておきましたが、その名を出しませんでした〔第七講、本書上巻、二二〇頁〕。その四番目のものこそが、ここで導き入れてきました象徴的な関係です。この関係をめぐっては、非常に興味深い議論があります。象徴作用についての私たち独自の観察を御紹介する前に、それらの議論について見ておくことにしたいのです。象徴作用は、ひょっとすると、夢理論の中での最も独自的な一章を形成することになるのではないかと思います。

まずこういうことがあります。象徴たちは、はっきり確定している翻訳です。それらは、古代の夢解釈や通俗的な夢解釈にとっては、ある程度まで、理想となっているようなものです。そうしたものから私たちの技法はもう遠く隔たってしまってはいるのですが。場合により、象徴は、夢見た人自身にいろいろと聞きただすことなしに、夢を解釈することを可能にしてくれます。夢見た人は、どのみち象徴に対しては何も言うことができないのですから。慣用になっている夢象徴に加えて、夢見た人の人物や、その人が生きている状況や、夢が出現するに先立ってその人が受けていたいろいろな印象とかを識っていますと、しばしば、それだけで夢を解釈することができてしまうのです。いわば夢を同時通訳できてしまうわけです。こうしたちょっとしたコツのようなものは、夢を解釈した人をいい気にさせたり、夢見た人を感心させたりすることがあります。これは、夢見た人に尋ねて聞き出すという苦労の多い作業に比べると、対照的なほどに安逸です。しかし、そのことに惑わされないでください。コツをひけらかすことが私たちの仕事ではありません。象徴の知識に基づいた解釈は、連想による技法の代替をするものでもなく、それと肩を並べられるような技法などでもありません。象徴知識に基づく解釈は連想による技法を補完するものであり、そこに組み入れられたときに初めて、有益な結果を生み出してくれるのです。しかしまた、夢見た人の心的状況についての知識という点に関しては、次のような諸点を考慮に入れておいてください。皆さんはよく知っている人の夢だけを解釈すればよいというわけではないこと、夢の引き起こし手となっている日中の出来事については通常は皆さんはご存じないこと、また、分析を受ける人の思い付きこそが、心的状況と言われているものについての知識を皆さんにもたらすということです。

さらに、後にお話しすることになる文脈〔本講、本書上巻、二九七頁〕を考慮しますと、夢と無意識との間の象徴関係の存在に対しては、再び強烈な抵抗の声が挙げられているのですが、これは特に奇妙なことです。それ以外の点では精神分析と長く歩みを共にされた、判断力も名望もある方々でさえも、この点ではついて行くことを拒まれたのです。この振舞いは、第一には象徴作用というものが夢だけの特性であるとか夢だけに特徴的であるわけではないということを考えても、また、第二に、精神分析はその他にも耳目を驚かすような発見に事欠かないけれども、夢における象徴作用が精神分析によって発見されたわけではないということを考えても、ますます奇妙です。近代になってからの、その始まりをどこに求めるかとなりますと、夢の象徴作用の発見者として、哲学者のK・A・シェルナー(一八六一年)(3)の名が挙げられるでしょう。精神分析は、シェルナーの知見を確認しましたが、それをまったく思い切った仕方で、修正しました。

そろそろ皆さんは、夢象徴の本質とその実例について話を聞きたいものだと思っておられる頃でしょう。その点について私の知っていることを話させていただきますが、私たちの理解が、あらまほしきほどには達していないということを、あらかじめお断りしておかねばなりません。

象徴関係の本質は、一つの比較です、ただし、任意の比較ではありません。この比較には、何か特別の条件があるように予想されるのですが、しかしそれがどこに存しているのかを言うことができません。ある一つの物体とか、ある一つの出来事とかがあって、それに比較できるようなものがあるとします。しかしその比較できるものなら何でも、それらの物体とか出来事の象徴として夢の中に現れるかというと、そうではないのです。他方、夢は、潜在的夢思考の諸要素のうち、任意のすべてのものを象徴化するかというとそうではなくて、ただ一定のもののみなのです。ですからここには、どちらの側からも制約があるのです。また、象徴の概念は、現在のところ明確に境界付けすることができず、それは代替すること、呈示すること、等々といった概念との間でぼやけてきますし、仄めかしにさえ近づいたりもします。通底している比較がはっきりしているような一連の象徴があります。そうかと思うと、その他の象徴では、私たちは、問題の共通項、つまりどうやら比較が行われているらしいと思われる際に、その比較のための第三項(4)はいずこに求められるべきかという問いを立てなければならなくなります。それはしばらく考えれば発見できることもありますし、あるいは、実際上私たちには隠されたままに留まることもあります。さらに、象徴が比較するということであるならば、この比較が、連想を通じて露わになって来ないというのも不思議なことです。また、夢を見た人が、その比較を識らず、知らないままに使いこなすということも不思議です。かてて加えて、夢見た人は、その比較に直面させられた後でも、それを認める気には決してなれないということが、もっと不思議です。このようなわけですから、象徴関係というのは、まったくもって特別な種類の比較作用であって、私たちがそれをどのように基礎づけたらよいのかとなると、まだ暗中模索のところがあるのです。もう少し時間が経ったら、この未知なるものへの手掛かりがいくつか見つかるのかもしれませんが。

夢の中で象徴による呈示が見出されるような事物の範囲は、それほど広大なものではありません。全体としての人間の身体、両親、子ども、同胞、誕生、死、裸体――それからあと、ちらほらです。全体としての人物の、唯一の類型的な、つまり規則的な呈示は、シェルナーがそれと認めたように、家としてなされます。シェルナーは、そもそもこの象徴に、適切とは言えないほどに抜きん出た意義を付与しようとしました。夢では、人は時には嬉しい気持ちで、時には不安に駆られながら、家の前面をよじ登ったりするものです。つるりと平滑な壁のある家は男性です。そして、よじ登る手掛かりとなるような突出部とかバルコニーとかを備えた家、これは女性です〔本講、本書上巻、二七九頁参照〕。両親は、夢では皇帝と后、王と王妃として、または他の尊敬される人物として現れます〔本講、本書上巻、二七九頁参照〕。ですから、この点では夢は非常に敬虔なのです。子どもたちや同胞に対しては、夢はそんなに情愛深くは振舞いません。これらの人物は、小動物や害虫として象徴化されます。誕生はほとんど規則的に、水への関係によって、呈示されております。水の中に落ちたり、水から出てきたりします。水から誰かを救い出したり、自分が誰かに救い出されたりします。つまりは、水との間に、母親との関係のような関係を持つのです〔本講、本書上巻、二八一頁参照〕。死ぬことは、夢では出発すること、鉄道で旅に出ること、によって代替されます〔本講、本書上巻、二八三―二八四頁参照〕。死んでいることは、様々な、うすぼんやりした、いわばぐずぐずした暗示によって、そして裸は、衣服や制服によって、代替されます。お分かりのように、ここでは、象徴による呈示と、仄めかしによる呈示との間の区別は、かなりぼやけてきています。

こうして枚挙してみるとむしろ貧相でありますが、これに比べると、ある別の圏域での対象と内容は、多彩を極めた象徴作用を駆使して呈示される様が、いやでも目に立ちます。つまりそれは、性生活、性器、性的出来事、性交といった圏域での、対象と内容の豊かさです。夢における象徴のうち、圧倒的な多数を占めるのが、性象徴です。その際、独特の不釣り合いが発生します。標識されている内容はほんの数えるほどしかないのに、その内容に対する象徴は、並外れて数が多いのです。ですから、それらの内容の一つ一つが、数知れぬ、ほとんど同価値であるような象徴たちによって、表現されることができるわけです。そうしますと、解釈にあたっては、一般的に、何か不興を買うようなことがらが発生することになります。夢の呈示の道が多様性に富んでいるのとは逆に、象徴解釈というものは、きわめて単調なものになるのです。このことは、象徴解釈を経験する人なら誰にとっても、気に入らないことなのです。しかし、それに対して、何ができるというのでしょうか。

この講義では、性生活という内容についてお話しするのは、これが最初になりますね。ですからここで皆さんに、この主題の扱い方に関する私の考えを、ご説明しておく義務があると思います。精神分析には、何も隠し立てをしたり仄めかしにとどめたりするという理由がありません。この重要な素材に関係することを、恥じる必要もありません。すべてを、その正しい名前で呼ぶのが、正確でありかつ礼儀にかなったことであると心得ています。そして、そのようにしてこそ、そこにまとわりついてくる余計な考えを遠ざけておくことができるだろうと思うのです。私はこうして、御婦人方も交えた聴衆の皆さんの前でお話ししておりますが、だからといってこの状況のためにこの考えが変わるということはありません。王子様のための特別な科学(5)というようなものが存在しないのと同じように、婦女子向け科学というようなものも存在しません。ここにおられる御婦人方も、この講堂にお入りになった限りは、紳士諸君と対等であるというおつもりで聴いておられることと存じます。

さて、男性性器に関しては、夢は、象徴的と名づけるべき数多くの呈示法を備えています。そこでは、比較のための共通項は、ほとんどの場合非常にはっきりしています。まず、全体的に見渡してみて、男性性器にとって象徴的に重要な意味を持つのは、聖なる数字である三です〔本講、本書上巻、二八八頁参照〕。男性性器は目立つものであり、どちらの性に属する人間にとっても、性器のうちでは興味を惹き付ける構成部分でありますが、このものの象徴的代替物となるのは、形のうえでそれと似たもの、つまり、杖、傘、竿、樹木、等のように、長いもの、高くそびえるものです。さらに、体の中に侵入するもの、傷つけるもの、という特性を共通の標識として備えた物体、つまり、あらゆる種類の尖った武器、すなわちナイフ、短刀、槍、サーベルも代替物となり、小銃、拳銃、そしてその形から特に適した回転弾倉式拳銃といった火器も同様です。少女における不安を伴う夢では、ナイフや火器を持った男に追いかけられることが大きな役割を演じます。ひょっとしたらこれは、皆さんが容易に翻訳なさることのできる夢の象徴作用の、最もよく見られる例かもしれません。男性性器は、蛇口、じょうろ、噴水といった、水の出てくる物によって、さらには、吊り電灯、シャープペンシル等の、伸張可能な物によって代替されますが、このこともまた直ぐに理解できます。男性性器へのこうした見方からそう遠くないところにあるのは、鉛筆、ペン軸、爪やすり、ハンマーその他の道具類が、疑いのない男性の性象徴となるということです。

重力に抗して直立することができるという男性性器の顕著な特性、つまり勃起の部分現象ですが、この特性は、この器官が気球、飛行の機械、それから新しいところではツェッペリン飛行船によって象徴呈示されることに繋がっています。しかし、さらに別の、はるかに表現力に富んだ方法で、夢は勃起を象徴化する術を心得ています。夢は、性器というものを、人間全体にとっての本質的なものであると見なして、まさに人間に空を飛ぶということをさせるのです。皆さんご存じの通り、空飛ぶ夢は、しばしばかくも美しきものであるのですが、これが一般的な性的興奮の夢として、つまりは勃起の夢として解釈されなければならないということに、どうぞ心を痛めないでいてください。精神分析の研究者の中では、P・フェーデルン(6)が、あらゆる疑いをはねのけて、この解釈を確たるものにしましたし、それにまた、その冷静さを讃えられているあのムルリ・ヴォルド(7)、そう、上肢と下肢とをあらゆる人工的な体位に置いて夢の実験をしたあの人ですが〔第五講、本書上巻、一四二頁〕、彼も、精神分析からははっきり遠い立場に立っていて、ひょっとしたら精神分析のことなどまったく知らなかったのに、その研究を通じて同じ推論に至っています。女性も同じく空飛ぶ夢を見ます。ですが、そのことから、反論を導き出そうとするのはおよしになってください。むしろ、私たちの夢は欲望成就を果たそうとしていることに想いを致し、男にならんとする欲望は、意識的であれ無意識的であれ、女性には実に頻々と見られるものであることを想い出していただけませんか。また、この欲望を、男と同じ感覚を用いて実現することは、女性には可能であるのです。そのことは解剖学を少しでも知っていれば驚くようなことでもありません。女性は、その性器の中に、男性性器とよく似た小器官を持っています。そしてこの小器官、つまりクリトリスは、子ども時代には、また性交を経験する以前の時代には、男性の大きな器官と同じ役割を演じます〔第二〇講、本書下巻、一三一―一三二頁参照〕。

これほど分かりやすいものではありませんが、男性の性象徴に属するものとして、ある種の爬虫類や魚類、とくに、よく知られた蛇の象徴があります。帽子や外套がなぜそれと同じ用い方をされるのかということは、確かに安易に推測できるものではありませんが、それらが象徴として何を意味するかはまったく疑いようもありません。それから最後に、男性性器は他の四肢つまり手足によって代替されるのですが、このことを象徴的な代替であると呼んでよいかどうかとなると、問題も生じます。私としては、文脈から考えて、また女性の場合の対応物から考えて、そのように呼ばざるを得ないと考えています。

女性性器は、何らかの空洞を擁しているという特性を分かち持つあらゆる物体によって、象徴的に呈示されます。その空洞の中には、何かを収容できるようになっています。たとえば、縦穴、窪み、そして洞穴によって、あるいは壺や瓶によって、また箱、小函、トランク、缶、木箱、ポケット、等々によって呈示されます。そして、船もまた、この系列に属するのです。幾つかの象徴は、女性性器にというよりも、母の身体により深い関係をもっています。たとえば、戸棚、かまど、そして何と言っても、部屋です。ここで部屋の象徴は、家の象徴と合流します。そして扉や門は、再び性器の開口部の象徴になります。しかしそれだけではありません。材料も、女性の象徴なのです〔本講、本書上巻、二八〇―二八一頁〕。ですから、材木とか紙、またそこから出来ている、テーブルや本などの物体がそれにあたります。動物では、少なくともカタツムリと貝類を、間違えようのない女性の象徴として挙げることができます。身体部分については、口が性器の開口部の代理をします。建築物では、教会やチャペルがそうです。ご覧のように、すべての象徴が、同じように分かりやすいものばかりとは言えません。

乳房は性器のうちに数え入れられなければなりません。乳房は、女性の身体のうちでのより大きな半球状の部位と同様に、林檎、桃、そして果物一般によって、呈示されます。男女両性の陰毛を、夢は森や茂みとして描き出します。女性の性的部位の位置的関係は複雑ですから、それが非常にしばしば、岩や森や水系のある風景として呈示されるということは理解されると思われます〔第一二講、本書上巻、三四一頁参照〕。また、男性の性的な装置の機制が与える印象は、何とも描写しがたいようなあらゆる種類の複雑な機械類が、男性性器の象徴となることで現れます。

女性の性器の象徴としてなおも言及しておくべきものとして、宝石箱があります(8)。宝飾品や財宝は、夢においてもやはり、愛されている人物の標識であるわけです。スイーツは、性的な愉しみを呈示するものとしてよく出てきます。自分自身の性器でもって満足を得ることは、どんな種類の遊びによっても、またピアノを弾くことによっても仄めかされます。手淫についてはすぐれて象徴的と言える呈示法があって、それは滑走することあるいはスリップすること、さらに、枝を引きちぎることです。とりわけ独特な夢象徴に、歯が抜けること、あるいは歯を引き抜くことがあります〔本講、本書上巻、二九

○頁〕。これの意味するところは、手淫への懲罰としての去勢であると見て、まず間違いありません。これまでお話ししてきたところからすると、性的な交わりを夢の中でそれと呈示する方法はさぞかし多いことと予期されるかもしれませんが、実際にはそれほどでもありません。ここで挙げておくべきは、リズミカルな活動、つまり踊り、乗馬、そして登攀です。それにまた、車に轢かれることというような、暴力的な経験もそうです。加えて、ある種の手仕事の活動が入りますし、もちろん、武器による脅しもそうです。

これらの象徴の用いられ方あるいは翻訳を、まったく簡単至極なものとお考えになってはなりません。その用いられ方と翻訳の際には、私たちの予期に反するようなことが、いろいろと起こっていることが見えてきます。たとえば、こうした象徴的呈示が行われている間に、性別がはっきり区別されていないことがしばしばありますが、これはほとんど信じがたいほどです。いくつかの象徴は性器一般を意味していますが、その際、そもそも男性のそれと女性のそれをどちらでもよいとしています。たとえば小さな子ども、小さな息子、小さな娘がそうです(9)。主として男性の象徴であるものが女性の性器に用いられたり、その逆といったこともあり得ます。性的なものについての考え方が人間においてどのように発達していくのかについて洞察を得ておかなければ、こうしたことは理解できないでしょう。それにいくつかの例では、この象徴の両義性は、単に見かけ上の両義性であるに過ぎないこともあります。幾つもの象徴のうち、武器、ポケット、木箱などのような一目瞭然の象徴は、こうした両性的な用いられ方を免れているのが普通です。

さて、ここで私は、夢で象徴によって何が呈示されているのかということから出発するのではなく、象徴そのものからお話を始めてみようと思います。そして、性象徴というものが、どんな領域から取られてきているのかを概観してみたいと思います。また、理解に苦しむような共通性をもって用いられている象徴たちに特に目を配りながら、いくつかの補遺を付け加えてみたいと思います。このような分かりにくい象徴は、帽子、そしてひょっとすると頭に被る物全般です(10)。これらは通例は男性的な意味を持ちますが、女性的な意味をも持つことができます。同様に、外套は男性を意味しますが、場合によっては必ずしも性器に関係しているとは限りません。どうしてこのようになるのか、どうぞ自由に問いかけてみてください(11)。ぶらさがっており、かつ女性が身に帯びることはないものとして、ネクタイは、はっきりと男性的な象徴です。白い下着類やリネン類は、大体が女性的な象徴です。衣服や制服は、すでに申し上げておきましたように、裸体とか、身体の形を代替するものです。靴やスリッパは、女性性器です。テーブルや材木が、謎めいてはいますが、確実に女性的な象徴であることはもう申しましたね。梯子、踏み段、階段、それらをそれぞれ昇り降りすること、これは性交の確かな象徴です。深く考えてみますと、階段類の昇降のリズミカルなところが、共通項として目に付きます。昇るに連れて興奮が高まり、息が切れてくるというところも、やはり共通しています〔本講、本書上巻、二八九頁〕。

風景が女性性器を呈示するものであることは、すでにお話ししてあります。山とか岩は、男性の器官の象徴です。庭は、女性性器の象徴として頻繁に用いられます。果実は、子どもではなく、乳房の代わりをします。野獣は、官能的に興奮した人間を、さらには、悪しき欲動とか情熱を意味します。木に咲く花も草の花も、女性の性器、またはより特殊的に、処女性を指し示します。皆さんは、花々が、実際に植物の性器であることを、お忘れではないでしょう⑿。

象徴としての部屋については、皆さんすでにご存じです。この呈示のあり方は、さらに拡張してみることができます。つまり、窓とか、あるいは部屋の出入りは、身体の開口部の意味を引き受けるのです。部屋が開いているとか閉まっているとかということも、この象徴作用に沿ったものですし、部屋を開ける鍵は、しっかりした男性的象徴です。

さて、これが夢の象徴作用の素材です。これで完全であるというわけではなく、深めることも拡大することも可能でしょう。しかし私が思うに、これで皆さんは十分以上だと感じておられるのではないでしょうか。ひょっとしたらもう好い加減にしてくれと思っておられるかもしれません。皆さんはこうお尋ねになるでしょう。「これじゃあ私は、性象徴に取り囲まれて暮らしているようなものじゃないか、私を取り巻いている物品のすべて、私が身につける衣服、私が手に取る品物、それはどれもこれも性象徴で、そうでないものなどどこにもない、ということになるのかね」と。怪訝に思う皆さんから質問されそうな点には事欠きません。そして最初の質問はこうなるでしょう。「ではいったい、この夢象徴の意味を、私たちはどこから識ったものだろうね。だって、夢見た人自身は、ぜんぜん情報をもたらしてくれないとか、せいぜい不十分な情報しかもたらしてくれないはずじゃなかったのかい？」

お答えしましょう。種々様々な源泉から識るのです。童話、神話、笑い話、機知から、そして民俗、つまり民衆の習俗や風習や格言や民謡から、そして、詩に用いられたり一般に行き渡ったりしている言葉の用法から、識るのです。こうしたところには、至るところで、夢で働いているのと同じ象徴作用が認められます。そしてこういう場面の幾つかにおいては、私たちは何も教えてもらわないでも、理解ができるではありませんか。これらの源泉を、それぞれ詳しく辿っていけば、夢の象徴作用の多くの平行現象が見出されて、その結果、私たちは自分の解釈にいやでも確信がもてるようになるのです。

人間の身体は、先に申しましたように〔本講、本書上巻、二六七頁〕、シェルナーによれば夢においてしばしば家という象徴によって呈示されています。そしてこの呈示の話を続けて、窓、扉、門は、身体の開口部への入り口であることや、家の前面が平滑であるか、あるいは手掛かりになるようなバルコニーや突起物が備わっているかという区別のあることも申しました。しかしこうした象徴作用と同じ象徴作用が、言葉の慣用の中に認められるのです。私たちは、良く知っている人に、やあ、「古い家」さん、と言って挨拶します。私たちは、屋根におひとつお見舞いするといったり、誰か他人について、上の小部屋がまともじゃない、と評したりします。解剖学では、身体の開口部を直截に肉体の門と称したりします[13]。

私たちは、夢の中で、皇帝とお后というお姿で自分の両親に出会います。このことは、確かに初めは驚くようなことかもしれません。しかしこの平行現象は童話の中にあります。多くの童話が「昔々あるところに、王様とお后様がおられました」で始まりますが、この言わんとするところは「昔々あるところに、父さんと母さんがおりました」ということだとする洞察が、私たちにはほのぼのと浮かんでくるではありませんか。家庭では私たちは子どもたちを戯れに王子様と呼んだり、しかも最も年長の子を皇太子と呼んだりもします。王自身が、自分のことを国父と呼びます。小さい子どもたちのことを、私たちは戯れに、虫と言うことがありますし、同情を込めて、あの可哀相な虫、と言ったりします。

家の象徴作用に戻りましょう。私たちは、夢の中で、家に付いた出っ張りを手掛かりとして使ったりするものですが、そのことは、よく発達した胸についてのよくある民衆の会話、つまり、「あの子は摑みどころを持っている」というのを想い出させませんか。民衆は、こういった場合にまた別の表現もします。いわく、あの子の家の前にはたくさんの木材がある。これは、木材が女性の、そして母親の象徴であるという私たちの解釈の裏付けを与えてくれているようです。

木材についてはまだ別のお話があります。私たちは、この素材が、どうして母的なものも女性的なものをも代表するようになったのかということをまだ理解していません。ここでも、比較言語学が私たちの手助けをしてくれるかもしれません。私たちのドイツ語の木材という言葉は、ギリシア語の《ヒュレー》(14)という言葉と同じ語源を持っているとされています。材料、生の材料、という意味です。これは、一般的に材料を示す名称がやがて特別の材料のために取っておかれるようになったという、さほど珍しくはない事例の一つであるように思われます。大西洋に、マデイラという名を冠する一つの島があります。この島を発見したポルトガル人が、当時そこがすみずみまで深い森で覆われていたことから、この名を与えたのです。ポルトガル語でマデイラは、木材という意味なのです。皆さんは、このマデイラという語が、ラテン語のマテリアという語をほんの僅か変化させたものであることにお気づきでしょう。これも、材料一般を意味する言葉です。そしてこのマテリアという語は、マーテルつまり母という語から、派生してきています。(15)何かがそこから作られている材料は、いわばそのものの母親的構成要素です。木材が女性や母の象徴として用いられることの中には、こうした古いものの見方が、生き続けているのです。

出産は、夢の中では決まって水との関連によって表現されます。水に落ちたり水から出てきたりするのです。これは、産んだり、産まれたりするということです。ところで、この象徴は、二重のしかたで、発達史的な真実に呼応しうるものであることを、忘れないようにいたしましょう。まず、あらゆる陸棲の哺乳類は、人類の祖先もそうでしょうが、水棲の動物たちから生じてきたのでした——これは遥か昔の事実です。それだけでなく、それぞれの哺乳動物はどれも、そしてどの人間も、その実存の最初の時期を水の中で、つまり母胎内の羊水の中で胎児として過ごし、誕生と共に水から出てきたのです。私は、夢見る人がこのことを知っている、と主張するつもりはありません。その反対に、私は、夢見る人はそのことを知っている必要がない、という意見です。夢見る人は、子ども時代に、まわりで言われていたことを元にして、何か別のことを知っている、ということはありそうです。しかしたとえそうでも、こうした知識は象徴形成には何ら寄与することはなかったであろうと私は主張いたします。子ども部屋では、コウノトリが子どもを運んでくるんだよ、などということが言われたりしています〔第二〇講、本書下巻、一三二頁〕。では、コウノトリは、どこから子どもを運んでくるのか。池からだよ、とか、泉からだよ、という答えがなされているようですが、これもまた、やはり水からということではありませんか。私のある患者は、まだ小さなお坊ちゃま伯爵だったころに、このような情報を与えられたのでしたが、彼はその後さっそく、午後いっぱい、姿を消してしまいました。探し回った人々は、やっと、お城のお濠の縁に這いつくばっている彼を見つけました。水面に顔を寄せて、彼は、赤ん坊たちの姿が水底に見えるのかどうかを、熱心に偵察しているところだったのです。

O・ランクは、諸々の英雄誕生の神話の比較検討を行いました(16)。そのうちで、最も古いものは、およそ紀元前二八〇〇年頃のアガーデのサルゴン王(17)の神話でしょう。これらの神話の中では、水の中に捨てることと水から救い出すことが、重要な役割を演じています。ランクの認めるところによると、このことによって、夢の中で普通になされているのと同様に、分娩が呈示されているといいます。夢の中で、水の中から人を救い出したとしますと、救い出した人はその人の母親になるか、ほとんど母親も同然のものになります。神話では、子どもを水から救い出した人は、その子どもの正しい母親であることを告白します。よく知られた笑い話で、知的なユダヤ人の男の子が、誰がモーセの母親ですか、と問題を出されて、ためらうことなく、王女様、と答えます。違います、王女様はモーセを水から引き上げただけです、と言われて、その子は、王女様がそう言ってるだけだよ、と口答えします。それでもって、彼は神話の正しい解釈を見つけたことを証明しています[18]。

夢においては、旅立ちは死ぬことを意味します。子どもが、亡くなった人について、あの人はどこに行ったの、あの人がいないので淋しいよ、と尋ねてきたら、あの人は旅に出たのだよ、と言ってあげること、これは子ども部屋の作法でもあります。ここでもまた、私は、このように子どもに対してなされた発言から、夢象徴が発生したと考えることに対しては、反対の立場を表明しておきます。詩人は、その領分からはどんな旅人も《トラベラーも》[19]まだ帰って来たことのない未発見の国として、あの世のことを語るとき、やはり同じ象徴関係を活用しています[20]。そして、日常生活においても、最後の旅路という言い方が、まったく普通に聞かれます。古代の儀式に通じている人は誰でも、死の国へと旅に出る、という考え方が、たとえばエジプトの信仰においては、しごく真面目に受け取られていたということをご存じです。死者の書と言われるものが、何冊も、私たちの時代にまで残されています。それは、ちょうどベデカー旅行案内書のように、そうした旅出のために、ミイラに持たせてやったものなのです。埋葬の場が、居住の場から分かたれて作られるようになって以来、死者の最後の旅路は、一つの現実ともなっています。

同様に、性器象徴も、夢にだけ当てはまるようなものではありません。皆さんのどなたでも、きっと一度くらいは女性を「古い箱」[21]と呼ぶ無礼を冒したことがおありでしょう。そしてそのときにはひょっとしたら、自分が性器象徴を用いていることを知らないままでおられたでしょう。新約聖書では、女は弱い器である、といわれています[22]。ユダヤ教の聖書は、その文体が詩的なものに近づいていますが、性象徴的な表現に満ちています。それはいつも正しく理解されてきたとは限らず、その読み方は、たとえば「雅歌」において[23]、いくつかの誤解へと導くものとなってきました。より時代が下がってからのヘブライの文献では、女性を家として呈示し、その際、扉は性的開口部を代理していますが、この呈示は非常に広い範囲に用いられています。たとえば、夫は、処女性がすでに失われていた場合には、扉は開かれていたと言って嘆くのです。これらの文献では、テーブルもまた、女性の象徴として知られています。妻は夫に関してこう言います。「私は夫のためにテーブルを整えましたが、ところが夫はテーブルを裏返しました」。肢体不自由の子どもたちが生まれるのは、夫がテーブルを裏返すことによってであるとされています。私はこれらの例証を、ブリュンのL・レヴィの「聖書とタルムードの性象徴」(25)という研究論文から引いてきました。

夢に出てくる船もまた、女性を意味しています。このことを信じさせてくれるのは語源学者たちです。彼らは、船〔Schiff〕という言葉は、もともとは粘土製容器の名前であり、手桶〔Schaff〕と同じ言葉であると主張しています。(26) かまども女性であり母胎でありますが、このことはコリントのペリアンドロスとその妻メリッサにまつわるギリシアの伝説によって確認されます。この僭主は、ヘロドトスの語るところによれば、熱愛していたのに嫉妬のあまり殺害してしまったその細君の亡霊を、死後の消息を知りたくて召喚します。そのとき死者は、他の誰も知り得ないある出来事を隠しながら伝えることによって、自分が死んだ妻本人であることを証明します。その内容は、ペリアンドロスは自分のパンを冷えたかまどに押し込んだ、というものでした。F・S・クラウスによって編集されている『アントロポピュテイア』(27)は、諸民族の性生活に関するあらゆることがらについて、何ものにも代え難い価値をもった情報源となってくれる雑誌ですが、それによりますと、あるドイツの地方では、分娩したばかりの女性について、「彼女のかまどは崩れた」と言うのだそうです。火を熾《おこ》すことや、それにまつわるすべてのことは、性的象徴と分かちがたく絡まり合っています。炎は常に男性性器、そして、暖炉やいろりは母胎です。

夢において風景があれほどしばしば女性性器を呈示するのに用いられるということに、もし怪訝さを感じられるようでしたら、母なる大地が古代の考え方や儀式においてどのような役割を演じていたか、あるいは農作業を理解するのにいかにこの象徴作用が援用されていたかを、神話学者たちの口から学んでみることをお奨めします。部屋は、夢の中では女を表象します。このことは、単に女という代わりに、女部屋と言うことで女とするという、私たちの言葉の慣用から、導き出してもよいとお思いになるでしょう(28)。この慣用は、その人物がそこに居ることになっている空間性をもって、その人物そのものを代表させているわけです。これと非常に似たこととして、「高い門」(29)と言えば、スルタンとその政府のことを私たちは思い浮かべます。また、古代エジプトの支配者であるファラオという称号の意味するところは、まさに「大きな中庭」です。(古代オリエントでは、町の二重になった門の間の中庭は、古代ギリシア・ローマ世界での広場と同じように、公衆の集合場所でした。)とはいえ、このような由来は、かなり表面的過ぎるように思えます。部屋は、人間を取り囲む空間として、女性の象徴となったということのほうが、私にはありそうに思えます。私たちはすでに、このような意味づけでもって用いられる、家というものを知っています。神話学や、詩的な語法からは、私たちは、町、館、城、砦、といったものを、女性のさらなる象徴として付け加えることができるでしょう。疑問があるときには、ドイツ語を話さず理解もしない人たちがどのような夢を見るかということをみれば、容易に決定することができるでしょう。近年私は、外国語を主たる言語としている患者の治療にあたることがありますが、想い出せる限りでは、彼らの言語における言葉の慣用にドイツ語の場合と類似のものがなくとも、彼らの夢においてもまた、部屋は同様に女性を意味するものでありました。象徴関係が言語の壁を超えるものだということは他の角度からも示唆されておりまして、それは古くはシューベルト(一八一四年)[30]という夢研究者によって主張されている通りです。とはいえ、私が夢を聞いた人たちの中には、ドイツ語をまったく知らない人はいなかったものですから、私はこの問題の決着を、ドイツ以外の国でその国の母国語だけを話す人々を相手にして経験を積んでいる精神分析家たちに、委ねざるを得ません。

男性性器の象徴による呈示のうちで、諧謔的な、卑俗な、あるいは詩的な言語慣用において、とりわけ古代の古典的な詩人たちによって、繰り返し用いられていないようなものはどれ一つとしてありません。このことに関してはひとり夢に現れる象徴のみならず、たとえば様々な用途の新しい道具類、まずは鋤のようなものを考えにいれなければなりません。それに、男性器の象徴的呈示となれば、論争の種となることの多い広大な領域が視野に入ってきますが、これにかかずらわっているとそれこそきりがありません[31]。ただ、そのような系列からはある意味でちょっと外れた象徴として、三という数字について、私は多少の見解を述べておきたいと思います。この数が神聖なものとして扱われるのは[32]、この象徴関係のおかげなのかどうかということについては、ひとまず措いておきます。しかし、自然界に現れる三つの部分から成るいくつかの事物が紋章や徽章に用いられることは、確かにこの象徴的意味から導き出されているように見えます。たとえばクローバーの葉です[33]。また、これも三つの部分から成っている、いわゆるフランスの百合の花[34]や、シシリー島とマン島のごとく二つのかくも遠く隔たった二つの島に見られる一風変わった紋章、つまりトリスケレス(三本の半ば屈曲した脚が一つの中心点から出ているもの)[35]は、まさに男性性器を様式化したものでありましょう。男性器官をかたどったものは、古代には、悪しき影響力に対抗する最も強力な防衛手段(魔除け)[36]としての価値がありました。このことは、私たちの時代の幸運をもたらすお守りの類いが、おしなべて容易に性器的ないし性的象徴であると知られることと、無関係ではありません。

たとえば小さな銀製のペンダントにして身につけるようになっている収集品の類いを考えてみてください。四つ葉のクローバー、豚、キノコ、蹄鉄、梯子、煙突掃除夫。四つ葉のクローバーは、もともとは象徴に適した三つ葉のクローバーの代わりになったものです。豚は古くからの多産の象徴です。キノコは疑いもなくペニスの象徴です。キノコの中には、学名の由来が男性器官との見逃しようのない類似性からきているものがあります(ファルス・インプディクス)(37)。蹄鉄は、またもや女性性器の開口部の辺縁の形を反復したものです。そして、梯子を担いだ煙突掃除夫は、俗に性交になぞらえられる仕事を行うゆえ、この仲間に入っています(『アントロポピュテイア』を参照)。そしてその梯子ですが、これが夢の中での性象徴であることを、私たちは知るようになりました。ここではドイツ語の言葉の慣用が助けになり、慣用の示すところによれば、「のぼる」という言葉自体が、すぐれて性的な意味に応用されるのです。「女のあとからのぼる」や「老いたのぼり屋」などの言い方がされます(38)。フランス語では、(階段の)踏み段に《歩行》という語を用い、年老いたプレイボーイのことを「《老いた歩行者》」と呼びます(39)。多くの大型動物では、雌の上にのぼることないし乗ることが性交の前提となっていますが、おそらくこの関連に無縁ではないでしょう。

手淫の象徴的呈示として、枝を引き抜くことがあります。これは手淫行為の通俗表現とぴったり一致しています。[40] またそれだけでなく、広い範囲で神話的な平行現象が見られます。しかしひときわ目を引くのは、歯が抜けることや歯を引き抜くことによって、手淫、より正確には手淫の罰としての去勢が呈示されることです。このことについては民族学的な対応物が認められますが、それは、夢見る人のうちほんのわずかの人にしか知られていないようなものです。あれほど多くの民族の間で行われている割礼は、去勢の等価物であり代用的実現であることは、疑い得ないように見えます。そして、報告されているところによりますと、オーストラリアのある原始種族の中では、割礼は思春期の儀礼として(若者の男性社会への導入儀礼として)行われており、また別のとても近くに住む種族では、割礼の代わりに歯を一本抜くことが決められているといいます。

これらの見本をお示ししたところで、一応の区切りにいたします。これらは見本に過ぎませんでした。私たちにはもっと多くのことが知られています。ですから、このようなコレクションが、私たちのようなディレッタントではなく、神話学や人類学や言語学や民俗誌学のその道の専門家たちによって立てられていったなら、どれほど豊かで興味深いものになるか想像に難くありません。私は、これまでのことから導き出せる結論をいくつかお話ししておきたいと思います。これですべてというわけにはいかないでしょうが、これからものを考えていく際の糧となってほしいと願います。

まず第一に、私たちの前に立ち現れている事実があります。それはこうです。夢を見ている人は、象徴的表現法を自由に使いこなせます。ところが彼は覚醒生活ではそれを識りませんでしたし、起きてからそれを再認識することもできないのです。これは真に驚くべきことです。皆さんのお宅の小間使いさんが、サンスクリットを理解するのを発見したとすれば、皆さんは驚かれることでしょう。その子は、ボヘミアの小村で生まれサンスクリットなど習ったことがあるはずはないというのにです。ちょうどそんな驚きのようなものです。この事実を、私たちの手許にある心理学的なものの見方で説明し尽くそうとしても、それは容易ではありません。私たちはただ、象徴作用の知識は夢見た人にとっては無意識である、それは彼の無意識の精神生活に属している、と言えるだけです。しかしこのように仮定したからといって、それですっかり判ったというわけではありません。これまではただ、無意識の追求力というものが存在し、その追求力については、しばらくの間、あるいはずっと、私たちは何も知ることがない、ということを仮定する必然性があるだけのことでした。しかし今、私たちが問題にしているのはそれよりも進んで、様々な対象の間の、無意識の認識、思考の関係、そして比較対照といったものなのです。そして、まさにこのような比較対照という思考のあり方は、絶えず、一つのものが他のものの代わりになることができるというところへと連なっているのです。

そしてこの比較対照は、その都度新しく設定されるのではなく、用意されて存在しているのです。それはいつでもすでに準備が整っているのです。別々の人々の間で、この比較対照思考が一致しており、ひょっとしたら言語の差異にもかかわらず一致しているというところからみれば、やはりそのように考えてよかろうと思われます。

こんな象徴関係の知識は、いったいどこからやって来るのでしょうか。言葉の慣用ということだけでは、その小部分しかカヴァーできません。その他の領域から出てくる多様な平行現象は、夢見る人にはほとんど知られないままになっています。私たちもまた、それをまず懸命になって集めなければなりませんでした。

第二に、これらの象徴関係は、夢見た人に固有のものでも、象徴関係が表現に至る道筋となる夢工作に固有のものでも、まったくありません。すでに見てきたように、神話、童話、民族の諺や歌、共通の言葉の慣用、そして詩人の空想《ファンタジー》といったものが同じ象徴作用を使えるのです。象徴作用の領域は、並外れて大きいものです。夢の象徴作用はその小さな一部に過ぎません。問題の全体を、夢から出発して摑み切ろうとするのは得策ではないでしょう。夢以外のところで使われている象徴たちのうちで夢に入ってこない、あるいはめったに入ってこないものも少なくないでしょう。夢の象徴のいくつかのものは、他の領域にもまんべんなく見出されるというのではなくて、ちらほらと他の領域に見出されるにとどまるでしょう。ここにあるのは、古く、しかし没落してしまった表現方法たちであって、一つはここだけ、別のものはあそこだけ、そして第三のものはひょっとしたらわずかに変形を蒙っていくつかの領域で、という具合に、そのうちのあれこれが様々な領域で生き残っているのでありましょう。そんな印象を受けます。私がここで想い出すのは、ある精神病患者の興味深い空想のことです。彼は、これらの象徴関係がすべてその残滓であるような「基本の言葉」なるものを、想像していたのでした。(41)

第三に、皆さんの目に止まったことに違いありませんが、これまでに挙げた夢以外のいろんな領域での象徴作用は、性的な象徴作用のみに限られるということは決してありませんでしたのに、夢の中では、象徴はほとんどもっぱら、性的な対象や関係の表現にあてられたものばかりでした。このこともまた、簡単に説明できることではありません。もともと性的な意味を持っていた象徴たちが後には他の応用の道を獲得して、それにともなって象徴的呈示から他の仕方での呈示へと弱まるようなことが起こったのでしょうか。これらの問題は、私たちが夢の象徴作用のみを相手にしている限りは、明らかに答えることができません。ただ、正しい象徴と性的なものの間には、特に内密な関係が存在しているという仮説だけは、安んじて堅持することができましょう。

この点についての重要な示唆が、近年、私たちにもたらされました。言語学研究者の

H・シュペルバー[42]（在ウプサラ）は、精神分析とは独立した立場で仕事をしている人ですが、性的な欲求が言語の発生と発展に大きな構成力を持ったという説を提唱しました。それによると、「起源の言語の音声は、伝達の役目を果たし、性的パートナーを呼び寄せるものであった。そして、言語の根の更なる発達は、原始人の労働活動に伴ってなされた。この労働は共同で行われ、リズミカルに反復される言語的表出のもとで労働は進められた。このようにして性的な関心は、労働の上に移動させられていった。原始人は、労働を性的活動の等価物や代替物として扱うことによって、いわば労働を受入れ可能なものに変えることができたのである。共同の労働の際に口から出された言葉はこうして二つの意味を持ち、性的な行為を指し示すとともに、それと等価に置かれた労働活動をも標識するようになった。時とともに言葉は性的な意味づけから解き放たれて、この労働の上だけに固定されるようになった。何世代か後になり、性的意味を持つ新しい言葉が出てくると、それは新たな労働様式へと適用されて、再び同じ成り行きとなる。このようにしていくと、やがて一定数の言葉の根が打ち立てられることであろう。それらはすべて性的な由来を持ちながらも、その性的意味を捨ててきたものである」。いまここに梗概を御紹介しました所説が的を射たものだとするならば、私たちにとって、夢の象徴作用に対しても理解の可能性がうんと開けてきます。このような最も古い時代の事情をいくぶんか保っているのが夢であってみれば、そうした夢の中では、どうしてこれほどまでに顕著に、多くの性的なものにかかわる象徴たちが存在しているのか、また、どうして一般的に武器や道具がいつも男性的なものの代わりになり、どうして材料や加工されたものが女性的なものの代わりになるのかを、思念してみることができましょう。象徴関係は、古代の言葉の同一性の名残なのでしょう。かつては性器と同じ名で呼ばれていた物たちが、今やその性器のための象徴として、夢の中へ入ってきているのでしょう。

夢の象徴作用にとっての平行現象から皆さんは、精神分析のどういう性格が幸いして、心理学も精神医学もそうはならなかったような一般的な関心の的に精神分析がなったのか、推し量ってみることがおできになりましょう。精神分析の作業にあたっては、研究すれば価値ある成果が期待できるような、非常に多くの他の精神諸科学、つまり神話学、言語科学、民俗誌学、民族心理学、そして宗教学などに繋がる糸が張り巡らされています。精神分析を基礎としてこれらの繋がりに目を配ることを専一的な課題として、一九一二年に創刊され現在ハンス・ザックスとオットー・ランクによって編纂されている『イマーゴ』という雑誌が成長を見せているということもむべなるかなと言うべきです。(43)これらの繋がりのすべてにおいて、精神分析は差し当たり受け取る側というよりも与える側です。確かに精神分析は、奇異な感じのする臨床知見が、他の領域で再発見されることによって、よりなじみ深いものになるという利益を受けることができます。そうはいっても、全体的に見れば、それらの他の領域において応用すれば有益なものであることが判明するような技術的方法と視点とを提供してあげられるのは、やはり精神分析の方なのです。人間の個別存在の心の生活を、精神分析的に研究しますと、人間の集団生活に関わる数々の謎を解くのを助けてくれたり、それらに正しい光を当ててくれたりする説明が生み出されてくるものなのです。

ところで、あの仮定された「基本の言葉」なるものへの洞察を、どういう状況でなら私たちは最も深く獲得することができるのか、またこのような言葉が、いったいどの領域で最も多く生き延びているのか、私は皆さんにそもそもまだお話ししておりませんでした。このことを知っておいていただかないと、問題になっていることがらの重要性の全体像を評価することがなかなかしにくいであろうと思います。この領域は、つまりは神経症論の領域であり、その素材となってくれるのは神経質症の患者さんたちの症状や表出です。そして、まさにそれらを説明し治療するためにこそ、精神分析は作り出されたのでした。

私の第四の視点は、ここで再び私たちの出発点に向けられます。そして素描されていた道に、私たちは導かれます。申しておきましたように〔本講、本書上巻、二六〇頁〕、もしあの夢検閲というものが存在しないとしても、夢というものは私たちにとって簡単に理解できるものにはならないでしょう。そのときにもまだ私たちには、夢の象徴言語を私たちの覚醒時思考の言語に翻訳するという課題が残るからです。ですから、象徴作用というものは夢検閲と並んで、夢歪曲にとっての独立した第二の契機ということになります。しかし、象徴作用を利用することは夢検閲にとって都合の良いことだと仮定するのは理に適っています。なぜならば、象徴作用もやはり、夢をどこか余所から来たような理解しがたいものにしてしまうという、夢検閲と同じ目的地点に導くものだからです。

夢をさらに研究していけば、夢歪曲に関与しているさらに新しい契機にぶつかることにならないとも限りませんが、このことについては間もなくお話しすることにいたします。今はむしろ、夢の象徴作用という主題について、もう一度〔本講、本書上巻、二六五頁〕、あの謎に言及させていただいてから、この主題を離れることにしたいと思います。謎というのは、神話、宗教、芸術、そして言語において、象徴作用はあれほど疑いの余地なく行き渡っておりますのに、この象徴作用は教養ある人々の間で、これほどまでに激烈な抵抗に出会っているということです。これもまた再び、象徴作用には性というものへの関連性があるということが、その責を負うべきなのでありましょうか。

第一一講　夢工作(1)

皆さん、夢検閲と、象徴による呈示とを手なずけたとしても、それで夢歪曲をすっかり克服できたことになるかというと、まだそうとは言えません。とはいえ、皆さんはこれでほとんどの夢を理解する態勢を整えたことになります。その際、互いに補完的な二つの技法をお使いになるのです。つまり、夢見た人の思い付きを喚起して、代替物から本来のものにまで肉薄し、また、象徴に関しては、自分自身の知識からして、その意味をはめ込んでいくのです。その途上ではある種の不確実さもいくつか生じるでしょうが、それらについては後ほど扱うことにします。

ここで、前には不十分な手段でもって試みておいたある仕事を、もう一度取り上げることにしましょう。私たちは、夢の諸要素とその本来のものとの関係を調べて、その際、四つの主要な関係を確証しました〔第七講、本書上巻、二〇七頁以下〕。それらは、全体と部分の関係、近似や暗示の関係、象徴的関係、そして造形的に言葉を呈示することです。この試みを、より大々的にやってみましょう。つまり全体としての顕在的夢内容を、解釈を通して見出された潜在的夢と比較してみようというわけです。

この二つのものをこれからは決して混同なさらないようにお願いします。そこに気をつけていただければ、私の『夢解釈』のおおかたの読者諸氏よりも、たぶん夢をよく理解したことになるでしょう。潜在夢を顕在夢に変転させていくあの工作は、夢工作と呼ばれていることを、今いちど確認してください。そしてそれとは逆の方向に進んでいく、顕在夢から発して潜在夢に至ろうとする作業が、私たちの解釈の作業となるわけです。解釈の作業は夢工作をほどいていこうとするのです。明白な欲望成就であることが認められる幼児型の夢でさえ、いくぶんかの夢工作、つまり欲望という形式を現実へと変換するとか、とくに思考を視覚像に変換するような工作を経てきているものです。こういう夢では解釈は必要なくて、これら二つの変換を巻き戻せばいいだけです。幼児型以外のいろいろな夢では、夢工作に際して様々なものがこれに付け加わってくるわけでして、そういったものは夢歪曲と呼ばれ、これが私たちの解釈作業によって元に戻されるべきものとなります。

多くの夢解釈を比べてみることによって、私は、潜在的夢思考の素材でもって夢工作がどんなことをやっているのかを、まとまった形で皆さんにお示しできるかと存じます。と申しましても、ここからあまり多くを期待なさらないでください。これは簡潔にした説明で、静かに注意深くお聞きになっていただきたいところです。

夢工作の第一の作業は縮合です(2)。縮合というわけですから、顕在夢は、潜在夢よりも少ない内容しか有していないということになります。それは潜在夢の一種の翻訳です。縮合は場合によっては欠けていますが、まずは決まって存在しておりまして、しばしば大がかりなものになっています。この関係が逆転することはありません、つまり、顕在夢のほうが外形的にも内容的にも潜在夢より大きく豊かであるということは起こらないのです。縮合は次のようにしてもたらされます。一、潜在的要素のあるものが、まったく省略されてしまう。二、潜在夢のいくつかの観念複合体《コンプレクス》のうち、ただ一つの断片だけが、顕在夢に移動する。三、何らかの共通したものを有している複数の潜在的要素が、顕在夢では一緒にされ、一つの統一体へと合成される。

もしお望みでしたら、この最後の過程のみのために、「縮合」という言葉をとっておくこともできます。縮合の効果はとりわけ容易に示すことができます。皆さんは、ご自分の夢の中から、異なる複数の人物がただ一人の人物へと縮合されていた場合があるのを苦もなく想い起こすことができるでしょう。こういう混成人物はたとえばＡという人のように見え、しかしBという人のような服装をしており、さらにCという人を想い出させるような振舞いをしており、それでいながら、夢の中でそれはDという人なのだということが分かっていたりします。このような混成像の形成によって特別に浮かび上がるのは、むろんその四人の人物に共通した何かです。いろいろな物体や場所からそうするのと同じように、いろいろな人物から混成像を製作することができるのです。潜在夢が強調している何ものかを、それらの個々の物体や場所が互いに共通して持っているという条件さえ満たされればそのようにできるのです。それはちょうど、このような共通点を核として、一つの新しく暫定的な概念形成が行われるといった具合です。互いに縮合された個々の項目が重なり合ってくると、通例は輪郭のはっきりしない曖昧な像が発生してきます。ちょうど一つの乾板に幾つかの写真を写したときに非常によく似ています(3)。

夢工作は、この混成像の製作というところに、大きくかかっているに違いありません。というのも、そこに必要とされている共通項は、もしそれが初めはそこになかったとしても、たとえばある一つの思考に対しての言葉の選択などによって意図的に作り出されたものであることを、私たちは論証することができるからです。私たちはこのような縮合と混成像の存在をすでに学び知っています。それらは、言い違いの幾つかの事例の発生において一役演じていました。想い起こしていただけるでしょうか、ある御婦人にベグライトディゲンしようとしたあの青年の例を〔第二講、本書上巻、四九頁〕。それに、機知の中には、このような縮合にその技法を還元できるものがあります。[4] こうした例から目をそらしてしまうと、夢の縮合の過程は、何かまったく馴染まない、奇態なものであると主張されてもおかしくありません。夢の混成人物の形成は、私たちの創造的な空想《ファンタジー》の中にその対応物がたしかに見出されるのです。それらは、経験の中では一緒にならないような構成部分を、容易に一つの物に組み上げてしまいます。たとえばケンタウルスとか、神話やベックリン[5]の絵の中の空想上の動物たちなどです。「創造的」空想とは言いながら、その実それはそもそも何も新たに発明してはおらず、むしろ単に、互いに余所にある構成要素どうしを一緒にしているだけなのです。しかし夢工作の手つきの風変わりなところは、次の点にあります。夢工作のために与えられている素材は、いろいろな思考です。それらのうちの幾つかは怪しからぬもので、受け入れられるようなものではありません、にもかかわらず、それらは正しく組み立てられ表現されるのです。これらの思考は、夢工作によって、別の形式に移し渡されます。そして、このように別の書字や言語に翻訳され転移されるに当たって、溶かし合わせとか組み合わせとかの手段が適用されるということは、奇妙でもあり理解しにくいことでもあります。だいたい翻訳というものは、原文に与えられている区切りを尊重し、まさに似ているものをこそ、切り分けておこうとするものです。ところが夢工作ときたら、まったく反対の方向に向けて努力するわけです。二つの異なった思考があれば、機知に似て、その両方が出会うことのできるような多義的な言葉を探し出して、それらの思考を縮合してしまうのですから。こういう特徴は、即座に理解してしまおうとしても無理でしょう。しかしこれは、夢工作の理解にとってやがて意味深いものになってくるでしょう。

縮合は、夢を見通しにくいものにしますが、それにもかかわらず、それが夢検閲の作用によるものであるという印象は受けません。それよりもむしろ、縮合を機械的あるいは経済論的要因に帰着させてみたくなります。ただし検閲は、いずれにしても、そこから利益を得ています。

縮合の作業は、甚だ度はずれたものになることもあり得ます。縮合の助けを得て、二つのまったく異なった潜在的思考過程が、顕在夢では一つのものにまとめられてしまうことも、場合によっては可能です。ですからそのような場合には、ある一つの夢の一見十分な解釈を得ても、そこでさらに可能である重層解釈を、見逃してしまうことがあるのです。(6)

縮合はまた、潜在夢と顕在夢の間の関係にとって、次のような結果をもたらすことになります。つまり、要素と要素の関係が、単純なままではありえないということです。一つの顕在的要素は、同時に複数の潜在的要素に対応します。そして逆に、一つの潜在的要素が、複数の顕在的要素に関与することもあり得るわけです。ですから筋交い交差のような具合になります〔第七講、本書上巻、二二五―二二六頁〕。また、夢の解釈をしてみて明らかになってくるのは、個々の顕在的要素への思い付きは、なにも順序通りに現れてくる必要はないということです。夢の全体を解釈できるようになるまでに、しばしば長く待ち通さなくてはならないことになります。

　こういうわけですから、夢工作は、ほとんど見かけたことがないような様式の書き換えであることになります。書き換えられているのは夢思考です。それは語から語、ないし記号から記号へと行われる翻訳とも違っており、一つの語から子音だけを残して母音を落とすというような一定の規則に従った選択とも違っており、いくつかの要素の代わりに常に一つの要素が取り出されてくるという意味での代表作用といわれるものとも違っており、何か別の、はるかに複雑なことを手がけているわけなのです。

　夢工作の第二の作業は遷移です[7]。これについては、幸い私たちは予習をしてあります。つまり、これはまったく夢検閲の働きであるということを私たちは知っています。遷移の二つの表現は、まず第一に、一つの潜在的な要素が、固有の構成要素の一つによってではなく、何か遠く離れたものによって、つまり仄めかしによって、代替されるということ。そして第二に、ある重要な要素の心的強調点が、別の重要でない要素へと移動することで、これによって夢は別様の中心をもつことになって、余所ごとのような外見を呈するようになります。

仄めかしによる代替作用は、私たちの覚醒時の思考においても知られています。しかしそれに際しては違いがあります。覚醒時の思考では、仄めかしは、容易に理解できるものでなくてはならず、その代替物は、本来のものに内容的な関係をもっていなくてはなりません。機知もまた、しばしば仄めかしを利用しますが、内容的な連想という条件を打ち捨ててそれを音韻の同一性や語の多義性等々の馴染みのない外面的な連想で代替してしまいます。しかし、機知も理解しやすさという条件は堅持しています。もし仄めかしから本来のものへの遡りがすんなりと行えるようなものでなかったら、機知はあらゆる効果を失ってしまうからです(8)。夢での遷移による仄めかしは、これら二つの制約のどちらからも免れています。夢での仄めかしは、最も外面的で懸け離れた繋がりによって、それによって代替されている要素と関連しています。それゆえに仄めかしは理解しづらいものになっています。そしてもし、その仄めかしが元に戻されたとしても、その解釈はできそこないの機知か、無理矢理の、こじつけた説明のような印象を与えるものになってしまいます。夢検閲は、仄めかしから本来のものへの帰り道が発見されないようにしたときに、初めてその目的を達したことになります。

強調点の遷移は、思考の表現手段としては、聞いたことがありません。覚醒時の思考では、私たちは滑稽効果を狙ってこれを時には許容します。それが作り出す戸惑いの印象を皆さんにお伝えしようと思えば、あの小咄を想い出してもらうのがよいでしょう。ある村に、鍛冶屋がおりました。彼は死に値する犯罪をおかしました。法廷は罪は償われるべきだと判決を下しました。しかし村には鍛冶屋は一人しかおらず、居ないとみんなが困るのでした。ところで仕立屋は三人いました、そこでこの三人のうちの一人が代わりに絞首刑に処せられましたとさ(9)。

夢工作の第三の作業は、心理学的には最も興味の持たれるものです。この作業は、思考を視覚像に変換することから成っています(10)。夢思考のすべてがこのような変換を蒙るわけではないことは押さえておきましょう。幾つかのものはその形式を保ち、顕在夢の中でも思考としてあるいは知として現れます。また思考の変換先は視覚像だけではありません。しかし、この作業は夢形成にとって本質的なものです。夢工作のこの部分は、すでに私たちが知っているように、二番目に恒常的にみられるものです〔第八講、本書上巻、二二四頁〕。そして、個々の夢要素については、私たちは「造形的な語の呈示」というものにも、すでに接していますです〔第七講、本書上巻、二〇九―二一〇頁〕。

この作業が決して易しいものでないことは明らかです。その難しさについて概念を持っていただくためには、ご自分が新聞の政治的な社説を連続挿絵で置き換えなければならないという仕事を引き受けて、いま活字から絵文字へと投げ返されたところであると想像していただくしかないでしょう。その社説で人名とか具体的事物で名指されていることについては、皆さんは容易に、むしろかえって有利に、図像でもってそれを代替なさるでしょう。しかし、あらゆる抽象的な語を、また、〔冠詞、前置詞、接頭辞、接尾辞などの〕不変化詞とか接続詞等々のように思考同士の関係を示すあらゆる品詞を、どう呈示するかという段になると、困難が待っています。抽象的な語に関してであれば、各種の技術を凝らして切り抜けられるでしょう。たとえば、社説の文章を、別の文言に変換してみようと努力なさるでしょう。多少の違和感があっても、より具象的で、また呈示のしやすい要件を含んでいるような文言にするわけです。その際に皆さんは、ほとんどの抽象的な語は、具象的な言葉の色褪せたものであるということを想い出されるでしょう。そしてそれゆえ、出来る限り、その語の根源の具体的な意味にまで戻ってみようとなさるでしょう。そして、対象を「所有する」ということを、実際に身体的にその上に座ることで呈示できるということを、面白いとお感じになるでしょう(11)。夢工作もやはりこのようにしているのです。こういう状況のもとでは、呈示の正確さという点では大きな要求はできません。ですから夢工作では、図像によるだけでは手に負えない要素、たとえば姦通というようなものを、他の破綻、たとえば脚の骨折のようなもので代替できればそれでよしとするのです[*2(12)]。こうしたやり方で、絵文字を活字の代替物にしようとしたときの不自由さを、どうにかこうにかいわば埋め合わせようとするわけです。

　思考同士の関係を示すような、「なぜなら、だから、しかし」などの品詞に当たる部分を呈示しようとなさるときには、こういう助けになる手段は、もうなくなります。ですから、原文におけるこれらの構成部分は、図像への変換に際して、見失われてしまいます。それと同様に、夢工作においても、夢思考の内容は、思考の生の素材へと、つまり対象や活動へと解消されてしまいます。もしも、それ自体としては図像では呈示不可能なある種の諸関係を、図像たちをもっと詳細に浮き立たせることによってどうにかこうにか暗示することができる可能性があれば、皆さんはそれで良しとなさるでしょう。それとまったく同じように、夢工作は、潜在的夢思考の内容の幾つかを、顕在夢の形式的な特性、つまり明晰であるか曖昧であるか、幾つの部分に分けられているか、などの特性として、表現することをやってのけます。一つの夢が幾つの部分的な夢に分けられているかは、通例、潜在夢における主題の数、あるいは思考系列の数に対応します。短めの前夢は、それに引き続く長い主夢に対して、しばしば導入部とか理由提示の関係に立っています[13]。夢思考における副文は、顕在夢の中に挟み込まれている場面転換によって代替される、等々です。ですから夢の形式的なことは、決して意味のないことではなくて、それ自体、解釈を促してくれているわけです。一晩で幾重にも重なった夢を見ることがありますが、これらはしばしば同じ意味を持っていて、高まってくる切迫性の刺激をよりよく手なずけようとする努力を示しています[14]。一つ一つの夢の中でも、特に困難な要素には、「二重語」のような多重的象徴による呈示が用いられていたりします[15]。

　夢思考と、夢思考の代替となっている顕在夢との比較を、こうして続けていきますと、私たちは、これまでは心準備のできていなかったあらゆる種類の事柄を学び知るようになります。たとえば、夢の無意味や不条理[16]にも、それぞれの意味があるということです。まことに、この点において、夢の医学的理解と精神分析的理解との間の対立が、他の点では見られないほどにまで、先鋭化します。医学的理解によれば、夢見る心の活動は批判力をことごとく失っているゆえ、夢は馬鹿げたものになっているのです。それに対して、精神分析的理解によれば、夢が馬鹿げたものになるのは、夢思考の中に含まれている「そんなことは馬鹿げている」という批判や判断を、呈示しなければならなくなったときなのです。皆さんにお話ししたあの劇場に行く夢（一フローリン五〇クロイツァーで三枚の巻）は、その良い例でしょう。そのようにして表現されている判断は、「こんなに早く結婚するなんて、馬鹿げている」ということなのでした〔第七講、本書上巻、二一三―二一四頁〕。

やはり解釈の作業を行っているうちに分かってきたことは、あんなにもしばしば夢見た人の口から聞かれる、疑念とか不確かさとかに対応するものが何なのかということです。夢の中に、あれこれの要素が、出ていたのか出ていなかったのか、その要素はこういうものであったのかそれともむしろ別のものであったのか、という不確かさのことです。これらの疑念や不確かさは、潜在的夢思考の中には、決まって何も対応するものがありません。それらは、おしなべて夢検閲の作用から出ているものであって、試みられはしたがあまり成功しなかった選択的除去に等しいと考えるべきものなのです(17)。

きわめて意外な発見だったと言えるのは、夢工作が、潜在夢の中のもろもろの対立を処理する仕方です。潜在素材の中で一致しているものは、顕在夢の中で縮合によって代替されるという点についてはすでに見ておきました。さてところが、様々な対立もまた、一致と同様に扱われ、特に好きこのんで、同一の顕在要素によって表現されることになるのです。顕在夢の中で、対立項の片方に適した要素は、そのまま自分自身を、あるいは対立項の他方を、あるいはまた対立項の両方を同時に意味することができるのです。

どれを翻訳として選ぶべきかは、意味が初めてこれを決めるのです。このことと関連しているのは、夢の中には、「否」というものの呈示が見当たらないということです。少なくとも、曖昧さのない形での呈示は見当たりません。

夢工作がこのようないぶかしい振舞いをすることについての好個の類比を、言語の発達論が与えてくれます。何人かの言語学者は、最も古い言語においては、強弱、明暗、大小などの対立は、同一の語根的な語によって表現されていたという主張を掲げています（「原始語のもつ逆の意味」）。古代エジプト語で ken は、もとから強いと弱いの両方の意味を持ったのです。これほどに両価的《アンビヴァレント》な語を使う際、会話では、語調や発声に伴う所作などによって、書字では、いわゆる「限定詞」、つまりそれ自体は発音に供されない何らかの図像の付加によって、誤解から身を守りました。「強い」という意味の ken には、文字記号の後に直立した小さな男の絵が付け加えられました。「弱い」という意味の ken を書きたいときは、投げやりにうずくまっている男の絵が後に添えられました。後代に至って初めて、発音の同じ原始語をわずかに修飾することによって、そこに含まれていた対立項に対応する二つの記号が獲得されたのです。つまり、強弱共に表す ken から、「強い」という意味の ken と、「弱い」という意味の kan が発生したのです。最も古い言語における、その発達の最後尾に当たるところでそうだというだけでなく、はるかに歴史の浅い言語や、今日でもなお生きて話されている言語にさえも、このような古い逆の意味の名残が豊富に蔵されているそうです。このことについて、K・アーベル(一八八四年)から、幾つかの例証を引いておきましょう。(18)

ラテン語には、今もなお両価的である、そうした言葉があります。それは、altus(「高い」—「深い」)と、sacer(「神聖な」—「呪われた」)です。

〔ラテン語における〕同じ語根からの修飾の例として、次のようなものを挙げておきます。clamare(「叫ぶ」)——clam(「ひそかに」、「ひっそり」、「秘密裏に」)。siccus(「乾いた」)——succus(「液汁」)。ここには、ドイツ語からも加えることができます。Stimme(「声」)——stumm(「無言の」)です。

同系の言語を互いに引き合わせてみると、実例は豊富になってきます。英語の lock(「閉める、錠をかける」)——ドイツ語の Loch(「穴」)、Lücke(「隙間」)。英語の cleave(「割る、裂く」)——ドイツ語の kleben(「貼りつける」)。

英語の without は、元来、「……とともに」、「……なしで」の両方の意味ですが、今日では後者の意味にだけ使われます。また、with がその付け加えの意味の他に、取り去りの意味を持っていたことは、withdraw(「手を引く」)、withhold(「差し控える」)のように合成語にしたときに分かります。これと同様なのがドイツ語の wieder です。(19)

夢工作の特性の中で、言語の発展の中にその対応物を見出せるようなものがまだもう一つあります。古代エジプトの言語においても、また、後代の別の言語にもあることですが、語の音列が、意味は同じままで、逆になるということがあります。英語とドイツ語の間でのこうした例として、〔ドイツ語の〕Topf――〔英語の〕pot〔ともに「壺」の意〕、〔いずれも英語の〕boat〔「小船」〕――tub〔「桶」。「船」の意もある〕、〔英語の〕hurry〔「急ぐ」〕――〔ドイツ語の〕Ruhe〔「静止、安静」〕、〔ドイツ語の〕Balken〔「角材」〕――〔中高ドイツ語の〕Kloben〔「割り木」〕、〔英語の〕wait――〔低地ドイツ語の〕tauwen〔ともに「待つ」の意〕。ラテン語とドイツ語の間では、〔ラテン語の〕capere――〔ドイツ語の〕packen〔ともに「捉える」の意〕、〔ラテン語の〕ren――〔ドイツ語の〕Niere〔ともに「腎臓」の意〕が、その例です。

ここに個々の語を例にとって見てきたこのようなひっくり返しは、夢工作ではいろいろな仕方で現れてきます。意味をひっくり返す、反対のもので代替する、こういうことはもう私たちにはお馴染みです〔本講、本書上巻、三一〇―三一一頁〕。これ以外にも夢では、状況とか、二人の人物関係のひっくり返しが見られます。ちょうど「さかさまの世界」のようなものです。夢では兎が猟師を鉄砲で撃つようなことも珍しくないわけです。さらには、出来事の順序がさかさまになって、因果論的には先だって起こる事柄が、それに続いて起こる事柄よりも、夢では後から起こってきたりするのです。するとちょうど、下手な旅芸人の一座の出し物で、まずは主人公が倒れてから、彼を殺した銃声がおもむろに舞台裏から聞こえてくる、というような仕儀となります。あるいは、諸要素の全体の順序がひっくり返っているため、解釈に際してはそれらの最後のものを最初に、最初のものを最後に持ってこなければ意味が取り出せないというような夢もあります。皆さんはまた、夢の象徴作用についての私たちの研究から、水の中に入っていったり水に落ちたりすることは、水から出てくるのと同じことを意味している、つまりどちらも、産むあるいは産まれるという意味であることや〔第一〇講、本書上巻、二六八頁〕、階段や梯子を昇ることは、そこから降りるのと同じであること〔第一〇講、本書上巻、二七七頁〕を想い出してくださるでしょう。呈示におけるこのような自由さから、夢歪曲がどれほど得をするかということは、見まがいようもありません。

夢工作のこれらの特徴は、太古的と名づけることができましょう。それらはまた、話し言葉にせよ書き言葉にせよ、古い表現の系にはつきもので、これらの系に同様の難しさをもたらしています。その難しさについては、批判的な文脈でまた後に話題にさせていただきます〔第一三講〕。

さて、さらにいくつかの視点から見ておきましょう。夢工作の際には、当然のことながら、言葉で把握されている潜在思考を、感覚的な、大抵は視覚的な質の図像に変換することが問題になっています。ところで私たちの思考は、このような感覚像から発生したのです。思考の初めの素材と思考の前段階は、感覚印象でした。より正しく言えば、感覚印象の想起像でした。後になってから、これらに言葉が結び付いて、言葉が思考に結合しました。ですから夢工作は、思考が退行的な扱い[20]を受けることを許して、その発展を逆戻りさせるのです。そしてこの退行に際しては、想起像から思考への前進に際して新たな獲得物として加わった物事は、ことごとく脱落せざるを得ません。

つまりはこういったことが夢工作であると言えましょう。夢工作に際して何が起こっているかを私たちは見てきましたが、そこからすると顕在夢への興味は、ずっと後退してしまわざるを得ません。しかし、何と言っても顕在夢は、私たちに直接に知られている唯一のものなのですから、私はこの顕在夢のために、さらにいくつかの見解を述べさせてもらおうと思うのです。

当然のこととは言え、顕在夢は、私たちにとっての意味を減じてしまいました。顕在夢が良く組み立てられていようが、一連の個別像に脈絡なくほどけてしまっていようが、私たちにはどうでもよいことに見えざるをえません。顕在夢が見かけは意味に満ちた外面を保持していても、私たちはそれは夢歪曲によって発生しているものであり、ちょうどイタリアの教会のファサードがその建築の構造や基礎に対して関連を持っていないように、夢の中身に対して有機的な関連をほとんど持っていないことを知っています。夢のこういうファサードにそれなりの意味があるという場合も、あることはあります。つまりファサードが、潜在的夢思考のうちのある重要な構成要素を、ほとんどあるいはまったく歪曲することなく、再現してくれているという場合です。しかし私たちは、夢に解釈を施してそれによって歪曲の広がりがどの程度に及んでいるのかについて判断できるようになる前には、そのことを知ることができません。これとよく似た疑念は、夢の中で二つの要素が互いに密接な関係に置かれているように見える場合にも当然起こってきます。そこには、潜在夢の中でこれらの要素に対応しているものをやはり密接な関係に置いても宜しいという貴重なヒントが含まれているやもしれません。しかしことによると、思考の内では関連しあっていたものが、夢では互いに散り散りになってしまっていることを確信する場合だってあるわけです。

一般的に言って、あたかも夢が首尾一貫して組み立てられ、一つの実践的な呈示を行っているかのように考え、顕在夢の一部を、その別の部分から説明しようとすることは諦めるしかありません。夢はむしろ、角礫岩《かくれきがん》にも比べられるものであって、種々の鉱物の断片から、結合質の助けを借りて造り上げられているようなものです。ですから、そこに現れ出ている模様は、元の鉱物の包有物には属していないわけです。実際、夢工作の一部には、二次加工と呼ばれるものがあります。[21] その仕事は、夢工作の一次的な結果から、何らかの全体を、つまり大体のところで調和のとれたものを作り出すということです。その際には、素材はしばしばまったく誤解に導きやすい意味に沿って秩序立てられてしまい、必要がありそうだということになれば、様々な挿入もなされます。

他方ではまた、夢工作に行き過ぎた評価を与えたり、そこにあまりに多くのことを託したりするのもいけません。夢工作の活動内容は、これまでに挙げてきた仕事に尽きます。縮合すること、遷移させること、造形的に呈示すること、それから全体を二次加工に付すこと、[22] 夢工作にはこれ以上のことはできないのです。夢において、判断の表明として、つまり批判、驚嘆、推論として見出されるもの、これらは夢工作の仕事ではなく、非常にまれには夢についての後からの考えの表出であることもありますが、ほとんどは、潜在的夢思考の諸部分なのであって、多かれ少なかれ修正を受け、文脈に適合するようにされたうえで、顕在夢の中に踏み込んできたものです。また、夢工作には、会話を組み立てることもできません。数えるほどにわずかな例外を別にすれば、夢における会話は、夢日に聞いたり自分でしゃべったりした会話の複製品であり、寄せ集めであって、素材として、または夢の引き起こし手として、潜在思考の中に持ち込まれてきたものであります。[23] また、夢工作には、計算をやってのけることもできません。計算に属するものが顕在夢の中に見出されるときには、そのほとんどが、数の寄せ集めに過ぎなかったり、単なる見かけの計算、つまり計算としてはまったく馬鹿げた、結局は潜在的夢思考のうちにある計算の模写に過ぎないものであったりするのです[24]。こういう事情を考えに入れれば、夢工作に向けられる興味が、間もなくそこから離れて潜在的夢思考の追求に向かうことになるのも、ゆえなしとしません。潜在的夢思考のほうは、顕在夢によって多かれ少なかれ歪曲されていることが明らかになってくるからです。しかし、このような重点移動をどんどん進めて、理論的な見方で、潜在的夢思考をそもそも夢そのものの代わりに据えてしまって、夢思考についてのみしか当てはまらないようなことを夢そのものについて言ってのけるようになると、これはもはや正当化できない行き過ぎを冒していることになります。精神分析の成果が、このような一種の取り違えのようなものに向けて濫用されてきたことは、おかしなことです。「夢」というものは、まさに夢工作の結果と呼ぶべきものです。つまり、潜在思考が夢工作によって転変を経ていくとある形式を取るようになりますが、その形式がつまりは夢というものなのです〔第一四講、本書上巻、三九四頁参照〕。

夢工作は、まったく独特の性質を有する過程でありまして、それに比すべきものは心の生活のうちにはこれまで知られておりませんでした。このような縮合や遷移や、思考の図像への退行的変転は新奇なものですから、それらを発見したことで精神分析の労苦はすでに十二分に報われました。皆さんも夢工作の平行現象から、精神分析の研究がいかなる関連を他の領域、とくに言語の発展や思考の発達という領域との間で持っているのかが明らかにされるということを、お分かりになっていただけるでしょう(25)。この洞察にはさらなる意義があって、それは夢工作の機制が、神経症の症状の発生様式にとって原型となるということを皆さんがお知りになったときに、初めて感じ取っていただけることでしょう。

また、私たちは、これらの研究から心理学にとって開けてくる新しい成果の全体を見渡すにはまだ至っていないことを承知しています。私たちはただ、無意識の心的行為――それが潜在的夢思考ということになりますが――の存在にとって、どのような新しい証拠が出現したかということや、また夢解釈が、無意識の心の生活へと向かう予想もつかなかったような広い認識の道を私たちに約束しているということを、指摘しておきたいと思います。

さてそろそろ、私は皆さんに、いろいろな小さな夢の事例を個別にお話ししてみる時期が来ていると思います。私は、これまでの話の折々に、その心の準備をしていたのです。

＊2　このゲラ刷りを校正している最中に、私は偶然、この文章を例証するような新聞記事に行き当たったので、ここに掲げておく。

「神罰（姦通には、腕の骨折を）：国民軍兵士の妻アンナ・M夫人は、クレメンティーネ・K夫人を姦通の廉で訴えた。訴えによると、K夫人はカール・M氏との間に罰せられるべき関係を持っている、しかもK夫人の夫は戦場にあって、そこから毎月七〇クローネンを仕送りしてきているという。そしてK夫人は、原告の夫からすでにかなり多額の金を得ており、原告自身はといえば、子どもと共に飢えと惨めさの中での暮らしを余儀なくされているという。原告の夫の同僚が原告にこっそり教えてくれたところによれば、K夫人はM氏と酒場に行って、そこで夜が更けるまで痛飲していたという。ある時は被告は、何人かの他の兵士がいるところで、原告の夫に「古女房」とすぐにでも別れて、被告と一緒になれないのかと、尋ねていたという。また、K夫人の家政婦は、原告の夫が、Kの家の中で、ひどくくだけた服装でいるところを、繰り返し見たことが[26]あるという。

昨日K夫人は、レーオポルトシュタットの裁判官の前で、M氏と面識があることを否認した。ましてや親密な関係などは論外であるという。

しかしアルベルティーネ・Mという証人によれば、K夫人は、原告の夫にキスをしているところを証人に見られてうろたえたという。

以前の審理の際に、証人として尋問された際、M氏は、被告との間に親密な関係があることを否認していた。昨日、裁判官のもとに一通の手紙が届いた。それはこの証人からのもので、その中で彼は、初めの審理での自らの言明を覆して、この六月までK夫人と恋愛関係をもっていたことを認めた。前の審理では、彼は被告との関係を否認していたが、それはひとえに、審理の前に被告が彼の許に現れて、被告を助けると思って何も言わないでいてほしい、とひざまずいて頼まれたからである、とのことであった。証人は手紙にこう書いている。「今日というこの日、私は司法の前にすべてを告白しなければならないという気持ちに駆られております。といいますのも、私は左腕を骨折いたしまして、私にはこれが私の悪事への神罰であると感じられるからです」。

裁判官は、罪科を課すべき行為はすでに時効にかかっているということを確認し、それにより原告は告訴を取り下げ、被告には無罪判決が下されることとなった」。

第一二講　夢の例の分析

　皆さん、今回も、大規模で立派な夢の解釈に参加なさるようにと皆さんをご招待する代わりに、夢解釈の断片をお話しすることになりますが、どうぞがっかりなさらないでください。これほど入念な準備を重ねて来たのだからそういう招待を受けてしかるべきだとおっしゃりたいところでしょうし、また、何千もの夢の解釈に成功したというのであれば、素晴らしい夢の例をごっそりとまとめて持ちだして、それで夢工作と夢思考についての私たちの主張を証明することが可能なはずだ、というお考えを述べられる方があってもおかしくないところです。たしかにそうです。しかし、こういった皆さんのお望みを成就させて差し上げようとすると、そこに立ちはだかってくる困難はあまりにも膨大なのです。

　まずは、私は皆さんに、夢解釈を主たるなりわいとして営んでいるような人物は誰もいないということを告白しておかねばなりません。そもそも、どういう時に、人は夢の解釈などをすることになるでしょうか。時として、人はこれという意図もなく、親しい人の夢にかかずらわってみることがあります。あるいはまた、精神分析の仕事のために自己修練をしようと、自分自身の夢を、一定の期間のあいだ反芻処理してみたりもするでしょう。しかし、ほとんどの場合はこうです。つまり、神経質症に苦しみ、分析的治療を受けることになった人々の夢と関わり合いになるわけです。この最後のケースの夢は卓越した素材であって、健康な人々の夢と比べても何ら遜色のないものです。しかし、治療の技法上の要請に従って、夢解釈は、治療の目的に沿ったものになるように整えなければなりません。それゆえ、何か治療に役に立つものを夢から引き出した後は、幾多の夢がそのまま放置されてしまうことになります。治療中に生まれ出た夢のうちの幾つかは、そもそも完全な解釈から洩れ出て行ってしまうわけです。それらは、私たちにはまだ知られていない心的な素材の集積から生い立ってきたものですので、それらの理解は治療が終結した後に初めて可能になってくるのです。そうした夢を報告するとなれば、神経症のあらゆる秘密もまた開陳していくことにせざるを得ません。それを今ここでやっていくのは得策ではありません。と申しますのも、私たちは、神経症の研究に向かう前段階として、夢という問題を手掛けているところだからです。

そうなると皆さんは、こういう素材を諦め、それではひとつ、健康な人々の夢、あるいはご自身の夢を説明して聞かせてもらおうではないか、とお望みになることでしょう。ところが、それは夢の内容ゆえに、うまく行かないのです。私たちは、自分自身のことや、自分に信頼を預けてくれた誰か他人のことを、無思慮に暴露するといったような真似はしないものです。ところが夢は皆さんがご存じのように、人格の内密な部分に関わってくるものですから、夢の詳しい解釈にはそういった暴露が伴うかもしれないのです。このように、素材の調達という点で困難があるばかりでなく、夢をお伝えする際には、別の困難を考慮に入れる必要が出てまいります。ご存じのように、夢は、夢見た人自身にとってさえ、どこか余所から来たようなものであり、夢見た人がどういう人かを知らない他人にとっては、なおさらです。私たちの専門的文献の中には、優れた詳細な夢分析例が少なくありません。私自身も病歴の枠内でそういう報告を出しています。(1) おそらく、最も見事な夢解釈の例と言えるものは、O・ランクの報告したものでしょう。(2) ある若い女性の、互いに関連する二つの夢の解釈報告です。その夢は印刷された形でおよそ二頁のものですが、それに付せられた分析は七十六頁に亘ります。このような仕事を最初から最後まで皆さんにご案内しようと思えば、まるまる一学期を要することになってしまいます。かなりの長さがあって相当の歪曲を蒙っているいずれかの夢を取り上げるとなりますと、それに対して非常にたくさんの説明を行わなくてはなりませんし、思い付きと想起の素材もふんだんに引き出されてきますし、数多い横道にも入り込まなくてはなりませんし、かくして、その夢についての講義それ自体がまったく展望の見えない、満足のいかないもので終わってしまうことでしょう。そのような次第で、私は皆さんに、それよりも容易に手に入るもの、すなわち、神経症の人々のいろいろな夢の断片をお伝えすることで、ご容赦いただきたいと思います。そうした断片のそこここに、あの論点、この論点を別々にお認めいただけることと思います。最も容易にお示しできるのは夢象徴たちですが、それに加えて、退行的な夢の呈示の特性の幾つかもお示しできます。次に出てくる夢のそれぞれについて、私は皆さんに、どうしてここにお伝えするだけの価値があると思われたのかを、申し上げようと思います(3)。

（一）夢は二つの短い場面だけから成っています。**自分の叔父がシガレットを吸っている、土曜日なのに。——一人の女性が、彼〔夢を見ている人〕をまるで自分の子供のように撫でて可愛がる。**

第一の場面については、夢見た人（ユダヤ人）が言うには、自分の叔父はとても敬虔な人であって、こうした罪深いことは決してしたことがないし、これからもしないだろうということです。第二の場面の女性については、彼には、自分の母親のこと以外には、何も思い付かないそうです。これらの二つの場面、あるいは思考は、明らかに互いに関連を持っているようです。ではどのように関連しているのでしょうか。夢見た人は、その叔父さんの行動の現実性を、明快にありそうもないことだと言っているわけですから、ここに、仮定の「もしも」を加えてみればいいことになるではありませんか。それで、「あれほど聖人君子のような私の叔父が、土曜日に煙草を吸うようなことがもしもあるとすれば、それなら私も、母に愛撫してもらってもいいではないか」と、こうなるわけです。むろんそれは、母に愛撫してもらうようなことは、ちょうど敬虔なユダヤ人にとって土曜日に煙草を吸うことのように、許されないことだということです。想い出していただけるでしょうが、夢工作に際しては、夢思考と夢思考の間のすべての関係が、脱落するのだと申しました〔第一一講、本書上巻、三〇八頁〕。夢思考たちは、その生の素材へと解体されてしまうのです。そして脱落していった諸関係を復元することが、夢解釈の課題になるのです。

(二) 夢についての書物を公刊したことで、私はある見方からすると、夢の公共よろず相談役を仰せつかったような具合になりまして、それからというもの何年にも亘って、各方面からのお手紙をいただくようになりました。その中では、皆さんが私に夢を報告なさったり、夢判断を求めてこられたりします。むろん私は、解釈が可能になるような多くの素材を夢に付け加えてくださる方々、そしてそういった解釈をご自身で出される方々のすべてに感謝しています。次にお話しする、一九一〇年にミュンヒェンの一医学生から寄せられた夢も、こういった有難い夢の一つです。その夢をここにお持ちしたのは、一般的に夢というものが、夢を見た当人が私たちに情報を与えてくれるまでは、いかに理解の手が届きにくいものであるのかを、皆さんにお示ししようとするためです。つまり私は、皆さんは基本的には象徴の意味の当てはめによる夢解釈を理想形だと捉えておられ、夢に連想をつけていくという技法を脇にやってしまおうとなさるものだと勝手に思っておりまして、そうだとしたらこの有害な誤解から皆さんを解放したいと願うのです。

一九一〇年七月十三日。朝方に夢を見た。私はチュービンゲンで街路を自転車に乗って下っていた。その時、茶色いダックスフントが、狂ったように私の後ろから走ってきて、私のかかとに嚙みついた。少ししてから私は自転車を降りて、階段に腰を下ろして、しっかり嚙みついているこの獣をボカボカ殴って引き離そうとしていた。（嚙まれたことその場面全体に関しては、不愉快な感情がなかった。）向かいに、二、三人の年配の婦人たちが座っていた。彼女らは私を見てにやにやしているように見えた。そして私は目覚め、今までもよくあったように、目覚めへの移行の瞬間に夢の全体がはっきりしてきた。

象徴をもってしても、ここでできることは僅かでしかありません。夢見た人はしかし、このように報告をしてくれているのです。「私は最近ある女の子に恋しているのです。といっても街で見かけてそうなっているだけで、触れ合いの点といっても何もないのです。でも、私はいま大変な動物好きでありまして、その女の子にもそういうところがあり、それが自分にとって嬉しいところでもあるので、ダックスフントというのは、私にとって一番都合のいい触れ合いの点ということになるのかもしれません」。そしてまた、こうも付け加えてくれています。つまり彼は、取っ組み合っている犬の喧嘩に、見ている人たちが驚くほど上手に割って入ったことが、何回もあるのだそうです。ですから、彼の気に入っているその女の子は、いつもこの特別な種類の犬をお供に街を歩いているのだな、ということが私たちに分かりますね。しかし、顕在夢からは、彼女は取りのけられていて、彼女から連想される犬だけがそこに残っています。ひょっとしたら、彼を見てにやにやしている年配の女性たちは、取りのけられた女の子の代わりに、そこに入って来ていたのかもしれません。夢見た人の報告はさらに続いているのですが、この点を解明してくれるところまでは行っていませんでした。彼は夢の中で自転車に乗っていました。これは、想起される状況の直接的な繰り返しです。犬を連れたその女の子に会えたのは、いつも彼が自転車に乗っている時だったのです。

(三) 誰かが自分の大切な身内を亡くしたときには、その後かなり長きにわたって、死んだという事実を知っていることと、死んだ人を生き返らせたいという欲求との間で、独特な妥協を成立させる夢を見るものです。たとえば、故人は死んでいるが、それでもまだ生きている、なぜなら、故人は自分が死んでいることを知らないからであり、彼は自分でそれを知った時に、初めて完全に死ぬのである、とされます。そうかと思うと、故人は半分は死んでいて、半分は生きている、そして生きている状態と死んでいる状態のそれぞれが、その格別のしるしを備えている、とされます。これらの夢たちを、単純に無意味であると呼んだりしてはいけません。なぜならば、たとえば童話においては生き返ることはきわめて普通の運命であるわけでして、童話には受け入れてやれることが夢には受け入れてやれないというわけにはいかないからです。私がこのような夢を分析する機会を得た限りで申しますと、これらの夢には理性的な解決が可能であることが判明しました。死者を現生に呼び戻したいという敬虔な欲望は、きわめて風変わりな手段を用いて働くすべを心得ているということが分かります。このような夢の一例を、皆さんにお示ししようと思います。それは奇妙で無意味に聞こえるかもしれませんが、これを分析しますと、皆さんが私たちの理論的詳論を通じて心の準備をしてくださった事柄の多くのものが、皆さんの前に供覧されることになるでしょう。父親を数年前に亡くしている男の人の夢です。

父は死んだ。しかし、墓から掘り出された。顔色が悪い。父はそれ以来、生き続けている。夢を見ている人は、父がそのことに気が付かないよう、あらゆる手を打つ。（その後、夢は別の、見たところ非常にかけ離れたものごとへと移って行く。）

父親は死んだのです。私たちはそれを知っています。父親が墓から掘り出されたということには、現実に対応するものはありません。その他すべてのことについても、現実問題が考慮されるところはありません。しかしながら、夢見た人はこんなことを語ったのです。父の埋葬から帰って来た後、歯の一本が痛み始めました。彼はこの歯を、汝の歯が痛むならばそれを抜くべし、というユダヤの戒律の規則に従って扱おうとしまして、歯科に出かけました。すると歯科医はこう言ったそうです。「一本だけなら、抜きませんん。辛抱しなければなりません。神経を殺すための詰め物をしておきます。三日経ったらまたお越しください。詰め物を外してあげますから」と。

突然、夢見た人はこう言いました。「この「詰め物を外してあげます」というところが、墓から掘り出す、ということなんだ」と。

夢見た人の言ったことは、正しいと言ってよいのでしょうか。すっかり正しいというわけではありません。だいたい、といったところです。というのも、取り出されるのは歯ではないからです。歯ではありませんが、何か、死んだものではあります。それが彼から取り出されるのです。歯ではありませんが、他の諸経験からしても、それこそ夢工作にお任せしてよいところなのです。しかし、まさにこういう不正確さこそ、死んだ父と、神経は死んだがそれでも一命をとりとめている歯とを、縮合して、一つのものに溶け合わせたのです。このような経緯で、顕在夢の中に、何か馬鹿げたものが現れ出てきているとしても、なんら不思議はないことになります。というのも、歯について言われていることが、すべて父親について当てはまるなどということはないわけですから。では、そもそもこの縮合を可能にした、歯と父親との間の、比較のための第三項〔第一〇講、本書上巻、二六六―二六七頁〕は、どこにあるのでしょうか。

とはいえ、やはり彼の言ったように、第三項はあるに違いないのです。というのも、夢見た人は、続けてこんなふうに言ったからです。「人が歯の抜ける夢をみると、身内に不幸があるという意味なんだと、自分も聞いたことがあります」と。

私たちは、こうした通俗的な解釈が正しくない、もしくは、ふざけた意味でしか正しくないことを知っています〔第一〇講、本書上巻、二七四頁、二九〇頁〕。それだけになおさら、この言い古された主題が、夢内容の他の部分の背後に見出されることは、私たちを驚かせます。

それから特にこちらから促すでもなく、夢見た人は、次に亡父の病気やその死のこと、そして彼と父との関係について、語り始めました。父親は長く病んでいまして、病人の介護と治療は、息子である彼にとって、大きな経済的負担となりました。しかし、それでも負担が彼にとってその能力を超えることはなく、彼は決して短気になったり、こんなことが早く終わってくれたらいいのにと欲したりすることもありませんでした。彼は、父親に対する真にユダヤ的な敬虔さを、そしてユダヤの律法の遵守を、誇りに思っていました。しかしここで私たちにとっては、彼の夢に属している諸々の思考の間の矛盾が、目立ってくるのではないでしょうか。彼は、歯と父親とを、同一化させていました。歯に対しては、彼は、ユダヤの律法に従って物事を進めようとしました。律法は、歯が痛みと厄介を与えるときはそれを抜きなさいという判断を突き付けています。父親に対しても、彼は、律法の定めに従って物事を進めようとしました。しかしこの場合、律法には、支出や厄介を気にするな、あらゆる重荷を何でも引き受けよ、苦痛の元になっている対象に敵対的な意図を向けてはならぬ、と書かれています。ここで、もし彼が、病気の父親に対して、虫歯に対するのと同様の感情を向けていたとしたら、つまり、「死が間もなく訪れて、無益で苦しくて金のかかる存在に終止符を打ってくれたならば」と欲していたと仮定してみれば、二つの態度の一致はもっと説得的になるのではないでしょうか。

事実、私は、長患いの間の父親に対する彼の態度は、このようなものであったこと、また、彼が自分の敬虔な孝行心を自慢げに言うのは、それを想い出すことから目を背けるためであったということを、疑っておりません。生みの父親に向けられた死の欲望はこのような条件のもとで活性化するのが常であり、同情的な、たとえば、父にとってはもうそれだけが救いになるのではないだろうか、といった思案の仮面で身を隠すのです。しかし皆さんは、私たちがここで、潜在的夢思考それ自体の中で枠を踏み越えたということに気づいておられるでしょう。潜在的夢思考の最初の構成部分は、たしかに一時的に、つまり夢形成の間だけ、無意識になっていました。父親への敵対的な蠢《うごめ》きは、しかし、恒常的に無意識になっていたのでありましょう(4)。それは幼年期に発しており、父親の病気の間に機会を得て、おずおずと偽装して意識の中へ滑り込んできたのです。私たちはこのことを、さらに大きな確実性をもって、夢内容に見逃しえない貢献をしている別の潜在思考から主張できます。父親への敵対的な蠢きについては、夢の中には何も発見されません。しかし私たちは、父親へのこのような敵愾心の根を子どもの生活にまで追求しておりますから、そうすると父親への恐怖は、ごく幼い時期に父親が少年の性的活動に対立する者となり、また通例思春期以降にも社会的な動機からそれを反復せざるを得ない、という理由で形作られるということを想い起こします。父親に対するこのような関係は、この夢を見た人にも当てはまります。父親に対する彼の愛情には、尊敬と不安が十分に入り混じっていました。それは、早期に性的なことを、脅かされて止めさせられたことを源泉としているものでありました。

顕在夢の中の引き続く文章は、自慰コンプレクスから解明できます。**彼は顔色が悪い**という句は、確かに、歯医者の別の言葉を暗示しています。というのも歯医者は、ここの歯がなくなると顔つきが悪く見える、と言ったからです。しかし、この句は同時に、思春期の若者が、顔色が悪いことによって過度な性的活動を人に覚《さと》られてしまうこと、あるいは、覚られてしまうのを恐れることと結び付いています。夢見た人は、顔色が悪いことを、顕在内容では自分から離して父親のほうへと移していますが、これで自分は楽にならないわけではなかったでしょう。これは皆さんもご存じの、夢工作によるひっくり返しです〔第一一講、本書上巻、三一〇―三一四頁〕。**父はそれ以来、生き続けている、**という句は、生き返りの欲望に重なると共に、「歯を残しましょう」という歯科医の約束とも重なっています。しかし、まったく手が込んでいるなと思えるのは、「夢を見ている人は、**父がそのことに気が付かないよう、**あらゆる手を打つ」という一文です。ここで「そのことに」というのは「父が死んでいることに」という意味なのだという補足を、私たちがしたくなってしまうように、これは仕組まれています。しかし、唯一、意味深い補足となるのは、やはり自慰コンプレクスから得られるものなのです。そこでは、若者は、自分の性生活を父親から隠すために、あらゆることを何でもするのだ、ということが自明です。いわゆる歯の刺激夢は、常に自慰に、そして自慰への罰に対する恐怖に関係して解釈されなければならないということを、最後に想い出しておいていただけるでしょうか。

これで皆さんは、この理解しづらい夢がどのようにして現れ出てきたのかを、ご覧になることができました。奇妙で人を迷わすような縮合を製作し、潜在的思考過程の中心からあらゆる思考を追い出して、それらの思考の中でも最も深奥の、時間的に懸け離れたものに対して多義的な代替物形成を創り出す、そうしたことによって、それはなされていたのです。(5)

(四)私たちは、何も馬鹿げたところや奇矯なところのない、実直と申しますか、平凡に見えるような夢についても、繰り返し、その手の内を見て取ろうと努力を重ねてきました〔第五講、本書上巻、一六一頁、第七講、本書上巻、二〇一頁〕。そういう夢は、それでもやはり、次のような問いを立てさせずにはおかないのです。つまり、それにつけてもどうしてこんなどうでもいいことを、わざわざ夢に見なければならないのか、と。そこで、このような種類の事例を新しく呈示してみたいと思います。これはある若い御婦人がひと晩のうちに見た、関連し合った三つの夢です。

a　彼女は、自分の家のホールを通り抜けていく。下の方まで吊り下がっているシャンデリアに頭をぶつけて、出血する。

しかしこれは、実際に起こったことの回想というようなものではないのです。これについての彼女の情報は、まったく別の道へと導くものでした。「ご存じのように、私はこの頃たいへん抜け毛がひどいのです。きのう母が私に言ったのですよ、あんたね、そのままいくと、頭がお尻のようになっちゃうよ、って」。ここから判りますように、頭というのは、身体の反対側の端っこの代わりになっていると言えます。シャンデリアについては、助けを求めるまでもなく、象徴的に理解できます。つまり、伸び縮みする能力のある物体は、男性器官の象徴なのです〔第一〇講、本書上巻、二七一頁〕。こうして、問題になっているのは頭とは反対の、身体の下側の端っこにおける出血であると判ります。それは、ペニスとの衝突によって発生したのです。こうしたことは、さらに多義的でもあり得ます。というのは、この御婦人のさらなる思い付きは、次のようなことを示していたからです。ここで問題なのは、月経による出血は、男との性交によって発生するとする信念です。この信念は、まだ未熟な少女たちにおいては多くの場合に見られる、性理論の一片であるのです。

b　彼女は、葡萄園に深い穴が空いているのを見る。それは、一本の樹を引き抜いたことによって生じたものであることを、彼女は知っている。この夢に対して、彼女はこういうコメントを加えました。そこでは樹が、**彼女から失くなってしまっているのです**、と。彼女から失くなってしまっているというこの言葉遣いを、彼女は、夢の中で彼女には樹は見えなかった、という意味で用いました。しかし、この同じ言葉遣いは、翻って、象徴的な解釈を立派に確定させてくれるようなもう一つ別の思考を表現するのに用いられていました(6)。夢は、これもまた幼児期の性理論の別の一片へと連なっていくのです。それは、もともとは女の子も男の子と同じ性器を持っていて、女の子の性器は、その後に形作られていく間に去勢(樹を引き抜くこと)によって発生したのだ、という信念です。

c　彼女は、自分の机の抽斗《ひきだし》の前に立っている。その抽斗の中のことはすっかり知っているので、もし誰かがそこに手をつけたら、自分にはすぐ分かるほどだ。机の抽斗というのは、あらゆる抽斗、木箱、箱の類、といったものと同様、女性性器です〔第一〇講、本書上巻、二七三頁〕。彼女は、性器を見れば性交の印が分かるのだと考えていて(彼女は、触るということもそこに含めていました)、こういうことを覚られるのを長い間とても怖れていたのです。私の見るところ、これら三つの夢のすべてを通して、強調点は知る、ということの上に置かれています。彼女は、自身の子どもの頃の性の探究のことを考えているのです。その探究の成果を、子どもであった彼女はとても誇りに思っていたのです(7)。

（五）またもや、ちょっとした象徴作用の話をします。ただし今回は、短い前置きをしまして、心的状況を紹介しておかなければなりません。ある紳士が、ある御婦人と愛の一夜を過ごしたのですが、彼のパートナーであったその女性は、男性との愛の交流に当たって、どうしても子どもへの欲望が否応なしに入り込んでくるような、そういう母性的な質の人だったそうです。しかしこの逢引きは、受胎させるかもしれない精液を女性の子宮から遠ざけておくように用心をしなければならない状況下にあったのです。この夜が明けてから、その女性のほうから、次のような夢が語られたといいます。

赤い帽子を被った一人の将校が、街路で彼女を追いかけてくる。彼女は彼から逃げまわって、階段を駆け昇っていくが、彼はなおも追いかけてくる。彼女は息を切らして自分の家に辿り着き、後ろ手にドアを閉め、そして鍵をかける。将校は外に居て、彼女が鍵穴から覗いてみると、彼は外でベンチに座って泣いていた。

皆さんは、赤い帽子を被った将校に追われるということや、息を切らせて階段を昇るということの中に、性行為の呈示をお認めになるでしょう〔第一〇講、本書上巻、二七六―二七七頁〕。夢を見たこの女性が、彼女を追いかけてくる人を閉め出したということは、皆さんの目から見ても、夢においてあれほど頻繁に適用されるあのひっくり返しの例に当たると思われるのではないでしょうか。というのも、現実には、愛の行為の完遂を控えたのは男性の方だからです。そして同様に、彼女の哀しみも、相手の男性の上に遷移されています。夢で泣いているのは彼ですが、そこでは泣くということによって、同時に射精が仄めかされてもいます。

皆さんはきっとどこかで、精神分析においては、すべての夢が性的な意味を持っていると主張されている、という非難をお聞きになったことがおありでしょう。今、皆さんは、こういう非難の不正確さについてご自分でも判断をなさることができます。皆さんはすでに、飢えや渇きや自由への憧れという明快極まる欲求の満足を扱っている欲望夢の数々をご存じです。また、無精の夢やせっかちの夢、そして純粋に欲張りであったりエゴイスト的な夢もご存じです。しかし、強く歪曲を蒙っている夢が、主として――ここでもまた必ずそれだけということではありませんが――、性的欲望に表現を与えるものであること、この点については、精神分析的研究の成果として皆さんの記憶に留めておいていただいてもよいことではないかと存じます。

（六）こうして夢が象徴を使う事例を私が積み上げてきたのには、それなりのわけがあります。この講義の最初の回のときに〔第一講、本書上巻、二二頁以下〕、私は皆さんに、精神分析の教育にあたっては、目に見えるようにお示しすることが、したがって納得していただくことが、いかに難しいかということについて、いろいろと苦言を並べておきました。それからしばらく経って、皆さんはきっと、私に同意してくださっているのではないかと思います。さてしかし、精神分析の個々の主張は、非常に密接に繋がり合っているものですから、一点で納得していただければ、そこから全体の大部分にそれが平易に染み通っていくのではないかと期待してもいいのではないでしょうか。小指を精神分析に差し出せば、手の全体を摑まれてしまったようなものだと言うことができるかもしれません。失錯行為の説明をよく理解できた方にとっては、その他のすべてのことを信じざるを得なくなるというのも、理の当然というものです。これと同じように、第二の突破口となりうるような場が、夢の象徴作用のうちにあるわけです。私は皆さんに、すでに公刊されているものではありますけれども、ある庶民出の御婦人の夢をお示しします。(8) 彼女の夫は警官で、彼女は夢の象徴作用だの精神分析だのといったことを一切聞いたことがありませんでした。それでは皆さん、この夢を性象徴の助けを借りて評釈することが、恣意的であるとかこじつけであるとか言ってよいものかどうかを、どうぞご自身で判断してみていただけますか。

「……それから、誰かが住まいの中に押し入って来て、彼女は不安になって警官を呼んだ。しかし警官は、二人の「ならず者」と仲良く教会の中へ入って行く。教会に向かって幾つかの階段が上の方に通じていた。教会の背後には山があって、その上の方は深い森になっていた。警官は、ヘルメットと、カラーと、外套を身にまとっており、茶色いあごひげを生やしていた。警官と仲良く一緒に行った二人の放浪者は、前掛けを袋状に腰回りに紐で結わえていた。教会の前から、山に向かって一本の道がついていた。その道は、両側とも草が生え藪になっていて、それがどんどん茂ってきた。山の高みに出るとそれはちゃんとした森にまでなった」。

ここで使われている象徴たちを、皆さんは労せずして見て取ることできるでしょう。男性性器は、人物が三人であることによって呈示されています。そして女性性器は、礼拝堂や山や森を具えた風景によって、呈示されています。ここでもまた階段は、性行為の象徴として出会われています。夢において、山という名前になっているものは、解剖学においても山という名前を戴いている、つまりヴィーナスの山[9]、恥丘のことです。

（七）またもや、象徴の当てはめによって解き明かされるべき夢をご覧に入れます。これは、夢見た人自身が、夢解釈への前もっての理論的知識をまったく持ち合わせていなかったにもかかわらず、すべての象徴を自ら翻訳してみせたという点で注目すべきものであって、証拠となる力のある例です。[10] このようなことが起こってくるのは実際とても珍しいことであり、どういう条件の下でそれが起こるのかということは、正確には分かっておりません。[11]

「彼は、ある場所を、父と散歩している。ロトゥンデ[12]の円蓋が見えるので、どうもプラーター公園らしい。ロトゥンデには何か小さく張り出した部分があり、それに係留気球が繋がれているが、その気球はかなりぐにゃりとしている。父が、こういうものすべては、何のためのものなのかと、彼に問いかける。彼は尋ねられたのを変に思うが、一応父に答える。それから彼らは建物の中庭に入る。そこには大きなブリキの板が広げられている。父はそこから大きな一片を引き剝がそうとするが、その前に、誰かに気づかれはすまいかと、あたりを見回す。彼は父に、ちょっと監視員に言ってやればいいだけだよ、そしたら別に問題なく取らせてもらえるよ、と言う。この中庭から、階段が、下の坑道へと通じている。坑道の壁は、革の肘掛け椅子のように、柔らかい詰め物がしてある。坑道の端まで来ると、そこは長細い床になっていて、そこから新たに別の坑道が始まる……」。

夢見た人は、自力でこう解釈しました。「ロトゥンデは自分の性器です。その前の係留気球は僕のペニスです。それがぐにゃりとしているところが僕の困っていることです」と。そうすると、さらに詳細にわたる翻訳ができます。ロトゥンデは——子どもによって決まって性器の一つに数え入れられる——臀部であり、小さく張り出した部分というのは陰嚢です。夢では、父が彼に尋ねています、これらすべては何なのかと。つまり性器というものの目的と仕組みを尋ねています。この状況は、ひっくり返して、彼のほうが尋ねる側だとしてみてもよいはずです。父のほうからそのように尋ねることは現実に起こったことではなかったわけですから、夢思考は欲望として理解するか、もしくは、いわば条件法のようなものとして捉えればよいのです。つまり「もしも僕が性的なことを父に尋ねたとしたならば」と。このような思考の続きを、私たちはすぐに夢の次の個所に見出すようになっています。

ブリキの板が広げられている中庭、これは、差し当たっては象徴的に捉えるべきものではなく、むしろ父親の商売の場に由来しています。慎みを守るという点から、私は「ブリキ」を、父親が扱っている別の品物の代わりに代入しました。しかし夢の文言の他の部分は変えていません。夢を見た人は父親の商売に入ったのでしたが、利益の大きな部分がどちらかというと正しくないやり方から得られていることに対して、激しい反発を覚えていました。こうしたことから、先ほどの夢思考の続きは、次のようになるでしょう。「(もしも僕が父に尋ねたとしたならば)父は、客を騙しているのと同じように、僕を騙すだろう」。引き剝がすという行為は、商売上の欺瞞の呈示になっていましたが、もう一つの説明を、夢見た人自身が与えてくれました。その意味するところは自慰です、と。この解釈は、私たちにずっと前から知られているというだけではなく、ここで自慰の秘密性がその反対物(おおっぴらにやらせてもらえること)によって表現されているということに、よく合致しています。そうすると、先ほど初めの夢場面で父親のほうが尋ねたことになっていたのと同じように、この場面では自慰行為も父親の方に押しつけられることになるだろうと予想できますが、その通りになっているのです。坑道は、壁に柔らかい詰め物がしてあることから、彼はそれを即座に膣であると解釈しています。降りていくことは、昇ることと同じように、膣での性交を描き出しているということを、これは私の考えでもって当てはめてみます。

最初の坑道には比較的長い床が続いていて、そこからまた新たに坑道が始まるという細部を、彼は自ら伝記的に説明しました。彼は一時期は性交を営んでいたのですが、それから制止が起こってしまい性交を諦め、今は治療の助けを借りてそれを再開できるようになることを望んでいるという話でした。

(八)　次に紹介します二つの夢は、はなはだ一夫多妻的な素質をもったある外国人の夢で、私がこれを皆さんにお伝えするのは、私の次のような主張の証拠とするためです。すなわち、どの夢にも、たとえ顕在内容に関しては身を隠しているとしても、自分自身の自我が現れているという見解です〔第九講、本書上巻、二四七頁〕。これらの夢におけるトランクは、女性象徴です。

a　**彼は旅行に出る。彼の荷物は馬車に載せられて駅に運ばれる。たくさんのトランクがあり、その下には、商品見本ケースのような二つの黒い大きなトランクがある。彼は誰かに慰めるように言っている。これらは、駅まで一緒に運んでいるだけだよ、と。**実際、彼はとてもたくさんの荷物をもって旅行するのです。しかし彼はまた、とてもたくさんの女性との物語を治療の中で話したのです。二つの黒いトランクは、二人の黒い女性に対応しており、彼女たちは、今の彼の生活で主たる役割を演じています。(13)彼女たちの一人が、彼の後を追ってウィーンに来ようとしたのですが、彼は私の忠告に従って、電報を打ってそれを断っていたのでした。

b　税関での一場面。**旅行の同行者が、煙草をふかしながらトランクを開けて、なげやりに言う。何も入ってないよ。税関吏はそれを信じたように、彼には見えた。しかしもう一度、中に手を入れて、何かまったく特殊な禁制品を見つけ出した。すると旅行者は諦めた様子で、仕方ないな、と言った。**この旅行者は、彼自身です、そして、私が税関吏なのです。彼は、いつもは自分のことを告白するのに厳格なくらいの人なのですが、ある新たに結ばれた女性関係については私に黙っておくつもりになっていました。というのも、彼には、私がその女性と知り合いかもしれないと仮定する理由があったからです。知られてしまうという苦痛な状況を、彼は、誰か余所の人に遷移させて、自分自身がこの夢の中では現れていないように見せているのです。

（九）ここにお出しするのは、私がまだ言及していない象徴の例です。**彼は、妹が、二人の女友達と一緒にいるところに出会う。その二人は姉妹である。彼は、彼女らに手を差し出す。ところが妹には、手を差し出さなかった。**

現実の事柄への結び付きは何もありません。むしろ、考えているうちに、彼はある時代に行き着きます。その頃、彼は、女の子たちの胸はずいぶん後になってから発達してくるのだなということを、観察の結果、考えていたのでした。ですから、二人の姉妹というのは乳房なのです。彼は、それが自分の妹でさえなければ、手で乳房を摑みたかったのです。

（一〇）こんどは、夢における死の象徴の例です。

彼は二人の人物と一緒に歩いている。彼らの名前を、彼は知っている。しかし、目が覚めたときには忘れてしまっていた。そこは、とても高い、急傾斜の鉄橋の上である。

突然、その二人が居なくなる。そして、帽子を被ってリンネルの服を着た、一人の亡霊のような男に会う。彼は尋ねる。君は電報配達人かい？……いいえ。君は御者かい？いいえ。それから彼はまた歩いていった。夢の中ではまた、大きな不安感があり、彼は目が覚めてからも空想《ファンタジー》でもってその夢を続けてみた。すると鉄橋が突然壊れて、彼は深淵に墜落した。

知らない人だったということや、名前を忘れたということが強調される人物たちは、ほとんど、非常に近い関係の人々です。夢見た人には、二人の同胞があります。彼がもし、同胞たちの死を欲望したことがあったとしたら、そのために死の不安が彼を襲ったとしてももっともでしょう。電報配達人については、彼は、そうした人々がもたらすのはいつも悪い知らせだ、とコメントしています。着ていた制服からすると、それは街灯を点して歩く人であったかもしれません。しかし、街灯を点す人はそれを消す人でもありえます。ちょうど死霊が松明の火を消すように。御者からは、彼はウーラントによるカール王の航海の詩を連想しています。そして、自分自身が二人の同僚と敢行し、自分がその詩の中のカール王のような役割を演じた危険な航海のことを想い出します(14)。鉄橋については、彼は最近の事故のことを思い付きます。また、「人生は鎖の吊り橋だ」という馬鹿げた言い回しのことも(15)。

（一一）死の呈示の例といえば、次の夢もそれに当たるでしょう。**知らない紳士から、黒い縁取りのある名刺を手渡される。**

（一二）いろいろな観点から、次のような夢は皆さんの興味を引くでしょう。ただし、これの前提となっている事柄の中には、神経症的状態も属しています。

彼は鉄道で旅行している。列車が、開けた畑の真ん中に停まる。彼は、事故が迫っている、逃げなくては、と思い、列車の車室をすべて通り抜けて、遭う人をことごとく、車掌であろうが運転手であろうが、なぎ倒して行く。

これについて、彼には、友人から聞いたある話が想起されます。イタリアのある路線で、一人の精神病患者が、半分に区切った車両に入れられて護送されていたが、旅行者が一人、手違いでその車両に入れられてしまった。そして精神病患者は、一緒に旅行することになったその人を打ち殺してしまった、というのです。ですから彼は、自分をその精神病患者に同一化させてしまっていたのです。そして、そういう同一化ができる理由を、自分をときどき苦しめている、「秘密を知った者は皆殺しに」しなくてはならないという強迫表象に求めました。しかし、彼は自分で、夢のきっかけとなったもっと適切な動機を見つけました。彼は、ある娘さんと結婚したいと思ったことがあるのですが、彼女は彼が嫉妬する理由を作ってしまったものですから、彼は彼女から離れていきました。ところが彼は夢の前日、劇場でその娘さんに再会したのです。彼の中で嫉妬が湧き起こってくるその強さときたら、彼がもしその娘さんと結婚したいと思ったりすれば、彼は彼女を本当に狂気に追いやってしまいかねないほどだったのです。それはつまり、彼は彼女を当てにならない女だと思っていて、邪魔になる人間たちが出てきたら、彼は嫉妬からそいつらを全員殺さなくてはならなくなるだろう、という意味です。ここでは車両ですが、一連の部屋を通り抜けて行くことは、結婚していることの象徴(一夫一婦制の反対物)として、すでに識られています(16)。

列車が開けた畑の中に停まること、そして事故を懼れること、これらについて彼は語ります。かつて鉄道旅行で、このような駅の外での突然の停車があったとき、乗り合わせた若い婦人が、ひょっとして衝突するかもしれない、そういうときには脚を高く上げておくことが最も適切な用心なのよ、と説明したそうです。しかしこの「脚を高く上げる」ことは、彼が、あの娘さんとの付き合い初めの幸福な愛の時期に企てた、多くの散歩や開けた自然への遠足の際に、一定の役割を演じた事柄でもあったのです。これは、今また彼女と結婚しようと思えば狂ってしまうだろう、という考えへの新たな論拠となります。私は彼の状況を知り、彼においてそのように狂ってしまいたいという欲望が、今もなお存続しているということを、確実だと仮定してよいと思いました。

第一三講　夢の太古的特徴と幼児性

皆さん、またもや、夢検閲の影響力のもとに、夢工作が潜在的夢思考を別の表現様式へと移行させるという、私たちの結論から出発することにさせてください。潜在思考は、私たちの覚醒生活の、私たちに知られている意識的思考と別のものではありません。そして新しい表現様式は、幾重にも折り重なった特徴付けによって理解できないものになっています。申し上げましたように、その表現様式は、私たちがずっと昔に克服したはずの知的発達の状態、つまり絵言葉、象徴関係に、またひょっとしたら私たちの思考の言語より以前に存在していた事態へと逆戻りしているのです。そこで私たちは夢工作の表現様式を、太古的もしくは退行的な様式と呼んだのでした〔第一一講、本書上巻、三一四頁〕。

皆さんはそこから、夢工作の研究を深めれば、まだよく分かっていない私たちの知的発達の揺籃期についての価値ある知見を得られるのではないかという結論を導かれるかもしれません。私もそうであればよいと思います。しかし、こういった仕事はまだ始められてもいないのです。夢工作が私たちを連れて行く先史時代というものは二重になっておりまして、一つには幼年期という個人の先史時代であり、もう一つには、個人は誰もがその子ども時代において人類の発達全体を何らかの仕方で短縮して反復するという意味においての先史時代、つまり系統発生的先史時代でもあります。潜在的な心的過程のどの部分が個人の先史時代から、そしてどの部分が系統発生的先史時代から発しているのかということを識別できるようになるかどうか――私はそれは不可能ではないと捉えています。たとえば、個人が決して学習で手に入れたはずもない象徴関係には、系統発生的な遺産と見なされるだけの資格があるのではないでしょうか。そう考えることは、妥当ではないかと思えるのです。

しかしながら、これが唯一の夢の太古的性格というわけではありません。皆さんはきっと、ご自分の経験から、幼年期の独特の健忘に気づいておられることでしょう。私が申しておりますのは、人生の初めの何年か、つまり生後五年、六年あるいは八年目あたりまでの年月は、後の人生の経験のようには記憶にその痕跡を残さないという事実のことです。たしかに個々人を取り上げてみますと、ごく早期から現在までの途切れない記憶を誇っておられる方にも出会いますが、やはりそうではないとされる方、つまり記憶に欠損があると思っておられる方のほうが、比較にならないくらいに多数派であります。私が思うに、人々はこの事実をもっともっと不思議に思ってもよいのではないでしょうか。子どもも、二歳頃になればもうよくしゃべれます、まもなく、複雑な心的状況にもちゃんと合わせていけるところを示すようになります。そして一人前のことも言ったりするのですが、そのことを何年も経ってから人から聞かせてもらっても、子どもはそれを忘れてしまっているではありませんか。それなのに、記憶力は幼い時期の方が、ずっと成績がよいのです。それは後の時期になってからよりも、過大な負担が少ないからでしょう。また、記憶機能というものを特別に高度な、あるいは困難な心の性能と見なす理由もありません。むしろ逆に、知的には非常に劣ったままの人においても、良好な記憶力があることが見出されるのです(1)。

この第一の独特な点に加えるべき、次のような第二の点にも触れておかねばなりません。初期の子ども時代を覆っている想起の空白からは、個別には、良く保たれた、主に画像的に保存された想起が浮かんでくることがあります。ただし、浮かんではくるものの保存されていた理由までは分からないのです。私たちが後の人生で受け取る諸印象を素材にしたときは、私たちの記憶は、選択を行使するといったような仕方で処理をします。何らかの意味で重要なものは保持し、重要でないものはふるい落とします。保持されている幼年期の想起となりますと、事情は違っています。それらは必ずしも幼年時代の重要な体験には対応していません。子どもの観点から重要と見えたに違いない体験にさえも、やはり対応していません。それらはしばしば非常にありふれていて、それ自体としては意味のないものですから、よりによってこれらが忘却を免れたのはいったいどうしてだろうかと、われながらいぶかしく思うことになります。かつて私は、この幼児期健忘とその健忘をかいくぐった想起の残渣というものの謎に、分析の助けをかりて取り組んだことがあります。そして、子どもの場合でもやはり、重要なものだけが想起のために残されるという結論を得たのでした。ただし、ここでいう重要なものは、皆さんがすでにご存じの縮合さらには殊に遷移の過程を経て、何か別の重要でなく見えるものによって、想起にあたって代理されてしまっていたのです。ですから私は、そのような幼年期の想起を遮蔽想起と名づけました。そこから出発して、徹底的な分析を通じて、すべての忘れられたものを抽出することができるのです(2)。

精神分析的な治療の中では、幼児期の想起の欠落を埋めるという課題が決まって生じてくるものです。そして治療がそもそも幾分たりともうまくいく限りでは、実際しばしばうまくいくのですが、そういうときには私たちは、あの忘却に覆われていた子ども時代の内容を再び日の光のもとに引き出すことを実現するのです。これらの諸印象は、決して現実的に忘れ去られていたのではなくて、それらは接近できないもの、潜在的なものになり、無意識の支配下に入っていたのです。しかし、それらの諸印象が無意識から浮かび上がって来ることは自然に起こることであり、またそれは実際、夢に結び付いてよく起こるのです。ですから、夢生活が、こういった潜在的な幼児期の諸体験への入口を見つけ出す術を知っている、ということがはっきりしてきます。文献にはその見事な例が記されていますし、私自身もそういう貢献をすることができました。あるとき私は、ある関連があって、私に有り難いことをしてくれたに違いない人物を夢に見ました。私はその人をはっきり目の前にしているのでした。それは片目の男性で、小柄で、肥って、頭が肩にめり込んだような姿をしていました。私は、その脈絡から、彼が医者であるということが分かりました。さて私は自分の生まれ故郷を三歳の時に後にしたのですが、幸いなことに、当時まだ生きていた母に、その生まれ故郷での医者はどんな外見の人だったのかを尋ねることができ、そして、その医者は片目で背が低く肥っていて頭が肩にめり込んだような姿の人だったということを知りました。そしてさらに、私自身が忘れていたある事故があって、その事故の際にその医者が私を助けてくれたのだということも、教えてもらったのでした。(3) このように、早期の幼年時代の忘れられた素材を扱うこ

とができるというのは、夢というものが有するさらなる太古的特徴であるのです。(4)

さてこのように知恵がついてきますと、私たちはもう一つの、これまでにぶつかっていた謎へと歩を進めることができるようになります。想い出していただけるでしょうが、夢を引き起こすものが、断固として性悪な、そして途方もなく性的な欲望であり、それに対しては夢検閲と夢歪曲が必要となるほどである、という洞察に私たちが立ち至ったとき〔第九講、本書上巻、二四七頁以下〕、それを受け入れるのにどんな驚きがあったことでしょう。私たちがこのような夢を夢見た人に解釈していったとき、そして夢見た人が、幸いその解釈自体には嚙みついたりしてこないとき、それでも夢見た人は決まって、いったいそういう欲望はどこからやって来たのか、自分にはどこか余所の話としか思えないし、自分ではその反対のことを意識しているのに、と尋ねてこられるものです。私たちは、その由来を指摘するのに気後れする必要はありません。この性悪な欲望の蠢《うごめ》きは、過去から、しばしばそれほど遠くはないところにある過去から、やって来るのです。その欲望の蠢きは、かつては知られて意識的であったものです、たとえ今日では、もはやそうではなくなっているとしてもです。十七歳になる一人娘が死んでいるところを目にしたいという意味の夢を見た婦人は、私たちの導きのもとで、自分はそのような死の欲望をやはりある時期に抱いたことがあるという事実を見つけました。(5)一人娘は、不幸にしてまもなく別離に終わることになった結婚の果実でありました。この婦人は、娘がまだお腹の中にいたときに、夫と激しくやり合った後で怒りの発作に駆られ、お腹の子どもを殺そうと自分の身体を拳で殴りつけたことがあったのです。どれほど多くの母親たちが、いまは自分の子どもたちに情愛深く、ひょっとしたら深すぎる情愛でもって接していても、子どもたちをいやいや妊娠し、そのときには胎内の命がもうそれ以上成長しないでほしいと願ったことでしょう。そうです、そういった母親たちもまた、この欲望をいろいろな形で、幸いにも無害な行動へと転化させてきているのです。後になればあれほどに謎めいて見える、愛する人に向けられた死の欲望は、こうしてその人物への関係の初期からやって来たものなのです。

同様に、目の中に入れても痛くないほどに可愛い長男の死を望んでいるという解釈が妥当であるような夢を見た父親は、このような欲望がかつては余所ごとではなかったということを想い出さざるを得ませんでした。その子どもがまだ乳飲み子であったとき、その結婚の選択に満足できなかったこの夫は、もし彼にとって何の意味もないこの小さな存在が死んでしまったら、自分はもう一度自由になってその自由をもっと上手に活用できるのに、としばしば考えたのでした。(6) これに似た憎しみの蠢きに関しては、同じ種類の由来が、多くの場合に判明してくるものです。それらの蠢きは、過去に属し一度は意識的であって、心の生活でその役目を果たしていた事柄の想起であるのです。皆さんはこのことから、次のような推論を導き出そうとなさるかもしれません。つまり、こうした欲望も夢も、ある人物との関係にこうした変化が起こっていなかったとしたら、また、この関係が当初からずっと一義的であったとしたら、生じていなかったことになるわけだな、と。こうした推論を皆さんがなさることを認めないわけではないのですが、夢の文言ではなく、解釈によって出てくる夢の意味のほうを考えておいてくださるようにと、ご注意しておきます。愛されている人物の死という顕在夢が、単に驚愕させるような鬼面の役目をしているだけで、まったく別の事柄を意味しているとか(7)、あるいは、愛されている人物が別の人物のための、欺きの代替物として出されているといったこともあるのです。

こうした事情をお聞きになると、皆さんの中には、さらに深刻な問いが頭をもたげてくるのではないでしょうか。皆さんはこうおっしゃるでしょう。「もしもこの死の欲望とやらが、かつては手許に存在したものだとしても、そしてそのことが想起によって確認されているとしても、それではまだ説明が付いたことにならない。だいたい、その欲望は、すでに克服されて久しいというのだから、今日ではもはや力強い蠢きとしてではなく、感情を欠いた単純な想起として無意識の中にあるだけでもよかろう。それならば、いま言われていたようなことになる理由がないではないか。そもそも何のために、そんな欲望が、夢というものによって想起させられなくてはならないのだ」と。この問いはしごく真っ当です。この問いに答えようとする試みは、私たちをさらに遠くにまで導き、夢学説のある一つの意義深い論点に腰を据えて取り組まざるを得ないようにするのです。しかし私は、現在の私たちの議論の筋を踏み外さないように、欲張らず自制を利かせたいと思います。そこで、今しばらくの間はこの問題を措いていただきたいのです〔本講、本書上巻、三七三―三七四頁参照〕。そして事実上、この克服されてしまったはずの欲望が、夢の引き起こし手であるという証拠が挙がってくるのを認めたということでよしとしましょう。そしてこれ以外の悪しき欲望もまた、同じく過去からの由来を示すのかどうかを、さらに探究することにいたしましょう。

主として夢見る人の際限のないエゴイズムに帰すことのできた、人を亡き者にしようとするあの欲望についていましばらく考えましょう。この欲望は、夢の形成者として非常にしばしば証拠が挙がるものです。誰であれ、私たちの生活を邪魔しにくる者がいると、そしてそういうことはこの複雑な人生の諸関係の中ではしばしば起こらざるを得ないのですが、そういうときにはたちまち、それが父であろうが母であろうが兄弟姉妹であろうが配偶者その他の人であろうが、夢は抹殺する用意をしてしまうのです。私たちは、人類の本性のこの邪悪さを十分に訝しく思い、このような結果に至る夢解釈の正しさをすんなりとは受け入れたくないという気持ちになりました。しかし、こうした欲望の起源を過去に求めるという方向に舵を切ってみると、私たちはたちまち、身近な人々へのこのようなエゴイズムと欲望の蠢きとが何ら驚きに値しない、個人の過去の時代を発見することになります。まさに、あの健忘で覆われている人生の初めの何年かの時期にある子どもは、このエゴイズムをしばしばその極に迫るまでに示すものであり、しかし通例は、そちらに向かう明白な端緒や紛うかたなきその残渣を覗かせているのです。子どもというものは、まず初めは自分自身を愛し、然る後にやっと他人を愛し、自分の自我のなにがしかを他人に差し出すことを学ぶのです。また、子どもは初めから人々を愛しているように見えますが、自分が彼らを必要としており、なくてはやっていけない人だからこそ、その人たちを愛しているのであって、つまりはやはりエゴイスト的な動機から愛しているのです。やっと後になってから、愛の蠢きはエゴイズムから独立します。子どもは、実際、エゴイズムにおいて、愛することを学んだのです。

この関連において、兄弟姉妹たちに対する子どもの態度を、両親に対する子どもの態度と較べてみることは、教えられるところが多いものです。小さな子どもは自分の兄弟姉妹を必ずや愛するというわけではありませんし、しばしばはっきりと愛さなかったりします。子どもが兄弟姉妹の中に競争者を見つけて憎むというのは疑いようがありません。そしてこの態度が長い年月を経て成熟の時期にまで、さらにはもっと後まで切れることなく持続するという事態がいかに多いか、これはもうお馴染みのことであります。このような態度がやがて情愛深い態度に道を譲る、あるいはこう言ったほうがよければ、情愛深い態度によって上から覆われるということは、十分にしばしば見受けられはしますが、敵対的な態度のほうが情愛深い態度よりも早期のものであるように見えることが通例であります。この敵対的な態度は、新しい兄弟姉妹が家にやって来たときの、二歳半から四、五歳までの子どもたちにおいて最も易々と観察することができます。新参者はほとんどの場合、非常に非友好的な扱いで迎えられます。「こんなもの要らない、コウノトリが連れて帰ってしまえばいい」というような言葉が聞かれることは、真に普通なのであります。それゆえこの新参者の価値を貶めるためにあらゆる機会が利用されますし、新参者を傷つけようとする試みや、直接に危害を加えることさえ、決してないことではありません。年齢差が僅かであれば、集中的な精神活動が目覚める以前に、すでに競争者を傍に持つことになり、その存在にも馴れてしまうことがあるでしょう。年齢差が大きければ、新しい子どもは、初めから何か面白い対象として、一種の生きた人形として、一定の共感を引き起こしたりもするでしょう。そして八歳あるいはそれ以上の年齢差があれば、ことに女の子たちの間では、世話を焼いてやるような母親的な蠢きが早くも活動を始めることがあり得るでしょう。しかし、率直に申しますが、兄弟姉妹の死を求める欲望を夢の背後に発見したとしても、それが不可思議だと思わなければならないことはごく稀なのでして、そうした欲望の原型が、早期の幼年期に、また十分にしばしば、一緒に過ごしたその後の年月の中にあることは容易に証明されるところです(8)。

多分、激烈な不和をその同居人たちの間で経験しなかった子ども部屋というものは存在しないでしょう。不和の動機は、両親の愛をめぐる、共同の所有物をめぐる、そして居住空間をめぐる競争です。敵意の蠢きは、年下の同胞たちに限らず年上の同胞たちにも向けられます。たしかバーナード・ショウが、こんなことを言っていましたね。「英国娘が自分の母親にもまして憎む人があるとすればそれは自分の姉だ(9)」。しかしこの発言は、私たちにとって違和感もあります。同胞への憎しみと同胞との競争は、どうしてもとなれば私たちにも分からないわけではないですが、しかし娘と母、両親と子どもたちの間の関係に、どうして憎しみの感覚が入り込んでこなければならないのでしょうか。

両親との関係となれば、子どもの側から見ても、疑いなく、兄弟姉妹との関係よりも良きものであるはずでしょう。それは、私たちの期待するところでもあります。兄弟姉妹の間で愛が欠けている場合よりも、両親と子どもたちの間で欠けている場合の方が、不都合に感じられるものです。私たちは、兄弟姉妹の間にある愛を世俗のものとしておいて、こと親子の間の愛となると、それをいわば神聖化してきたのです。しかしながら、日々の観察を通して分かることですが、両親と成長した子どもたちとの間の感情関係は、社会が唱道している理想からどれほどしばしば遅れをとってしまっていることでしょうか。また、慈しみや情愛深い蠢きという付随物によって差し止められていなかったら、どれほど多量の敵愾心が隙あらば噴出しようと機を窺っていることでしょうか。敵愾心の動機は一般的によく知られたもので、同性同士を、つまり母から娘を、息子から父を引き裂くような傾向を示します。娘は母親の中にある権威を見て取ります。それは彼女の意志を制限するものであり、また、性的自由を諦めさせるという社会の要請に基づく使命を託されたことに発する権威です。また場合によっては、母親の中に、そうした抑圧に抗して戦う競争者を見て取ることもあります。これと同じことがもっと派手な形で息子と父親の間で反復されます。息子にとっては、意志に反して耐えねばならぬ社会的強制のすべてが父親の中に体現されています。父親は、息子が意志を行使することを妨げ、早期の性的享楽を阻み、共通の家族財産がある場合はその享受を妨害する者となります。王冠の後継者の場合には、父親の死を待つ焦燥は、悲劇的なものに踏み込むほどの高みにまで増大します。(10) 父親と娘、そして母親と息子の関係は、そこまで危険に晒されているわけではありません。この後者の関係は、どんなエゴイスト的な下心にも妨げられることのない、変わらぬ情愛の最も純粋なる例証を提供するのです(11)。

何のために、私はこのような、陳腐で一般的に分かりきったことをお話ししているのでしょうか。それは、こうしたことの人生における意味を否認して、社会的に要請された理想を実際よりもはるかに成就されたものとして唱道する傾向が、見逃しようもなくずっと続いて来ているからです。心理学者は、真理を告げるという課題を皮肉屋だけに任せておかずに、自分でも買って出るほうがいいのではないでしょうか。ついでながら、こういう否認傾向は、現実の人生にのみ関わっています。文芸とか劇作では、そういった理想が障害されたところから湧き上がるモティーフを自由気ままに使い続けているのです。

こういうわけですから、大多数の人間においては、両親、ことに同性の親を片付けてしまおうという欲望を夢が明かしているとしても、なんら怪訝に思う必要はないのです。私たちは、そんな欲望が覚醒生活においてもやはり存在しており、他の主題によって仮面を被ることができるなら、すなわち先の例(三)の夢を見た人の場合のように〔第一二講、本書上巻、三二九―三三〇頁〕、父親の無益な苦しみへの同情によって仮面を被ることができたりするなら、ときどき意識的にもなると仮定してよいのです。ひたすら敵愾心だけが関係を支配していることは稀であり、むしろより頻繁には、敵愾心は情愛深い蠢きの背後に退き、その蠢きによって抑え込まれていて、夢が言わば分離してくれるのを待たざるを得なくなっています。こうした分離の結果、夢は過大な大きさで何かを示すことがあるわけですが、そうしたものは、私たちによる解釈の後で人生の脈絡の中に組み込まれたならば、再びまた縮んでしまいます(H・ザックス)(12)。私たちはこの夢欲望を、それが人生において何の拠り所も持っていないような場合にも、また成人が覚醒生活ではそうした欲望を持っていると決して認めないような場合にも見出すことができます。このことは、最深のそして常住不変の、特に同性の人物同士の間での疎外のモティーフが、すでに早期の幼年期には通用するようになっているということの中に、その根拠をもっております。

私は、愛の競争が、性の性格によるはっきりとした強調を受けていると考えます。息子は、小さい子どものときに、母親を自分専用と見なして、特別な情愛深さを向けるようになり、父親を、母親の専有権をめぐって争う競争者として受け取るようになります。同様に、小さい娘は、母親の中に、父親に向かう自分の情愛深い関係を邪魔する人物を見て、自分が占めてもよかったはずの場所を、この人物が占有しているのだと見なします。こういった態度がどれほど早い年月にまで遡るか、人はそれを、観察からきっと学び知ることになります。この態度を、私たちはエディプスコンプレクスと名づけるのです。というのも、あの伝説は、父を殺し母を妻に娶るという、息子の状況から発生した二つの極端な欲望を、ほんのかすかな減弱を加えるだけで、実現化させているからです。私はエディプスコンプレクスが子どもと両親の関係のすべてを尽くしているとは主張しません。この関係は、それよりもはるかに複雑なものになりうるからです。そしてまた、エディプスコンプレクスが強く形成されていることも、それほどではないこともありますし、裏返しになっていることさえありますが、それでもこのコンプレクスは、子どもの心の生活にとってのたいそう規則的で重みのある因子であることには変わりなく、その影響力やそこからの発展の影響力を過大評価するよりも、過小評価する危険の方が大きいのです。ちなみに子どもたちは、両親から与えられる刺激に対しても、しばしばエディプス的態度でもって反応しています。両親は愛情選択に際して子どもの性別に引きずられやすいものであって、父は娘を、母は息子を贔屓《ひいき》にしたり、結婚が冷めてきた場合は価値の無くなった愛の対象の代替物にしたりもするからです[13]。

　エディプスコンプレクスの発見を受けて、世界は精神分析研究に大いに感謝することになった、と広言したいところですが、そうはいきません。その反対に、この発見は大人たちを強力に逆撫ですることになりました。そして、忌避されあるいはタブー化されたこの感情関係の否認の大合唱に乗り遅れた人々の中には、このコンプレクスの解釈をねじ曲げてその価値を奪うことによって、乗り遅れの落ち度の言い訳にしようとする者さえ出てきたのです。[14] 私の変わることなき確信に従えば、ここには否認すべきものも美化すべきものもあるはずはないのです。ギリシアの言い伝えそのものによって避けがたい宿命として認められたこの事実に、皆さんも親しんでいただければと思うばかりです。また、実生活から追い出されたエディプスコンプレクスが、文芸活動に委ねられ、いわば自由に羽ばたいているさまは、なかなか見応えがあるものです。O・ランク[15]がその周到な研究の中で示しておりますが、まさにエディプスコンプレクスこそが、劇作品に、数限りない変容、中和、偽装のもとで――それは、私たちがすでに検閲の仕事として認めてきた歪曲と同じものです――豊かな動機を与えているのです。このようなわけですから、私たちはエディプスコンプレクスを夢見る人たちに帰しても宜しいのではないでしょうか。そうした夢見る人たちは、幸いにも、後の人生で両親との葛藤から免れることができたのです。また私たちは、エディプスコンプレクスが、私たちが去勢コンプレクスと呼んでいるところのもの[16]と堅く結び付いていることを見出しています。このコンプレクスは、父親から来るとされる、性的禁止の脅し、ないしは早期幼児期の性的活動の阻止に対する反応であります。

子どもの心の生活の研究のこれまでの踏査によりまして、私たちはいまや、禁じられた夢欲望のもう一方の構成要素の由来、すなわち過剰な性的な蠢きの由来についても、同様の解明の道を見出すことができると期待して宜しいのではないでしょうか。こうして私たちは、子どもたちの性生活の発達を研究しようという目論見を抱き、それ以来、いくつかの源泉から次のようなことを学び知っております。子どもには性生活はないとして、性は思春期に性器の成熟とともに初めて始まると想定してしまうことは、ことに支持できない誤りです。子どもは、むしろ反対に、そもそもの初めから、豊かな性生活を持っています。ただしそれは、後に正常に機能するようになる性生活からは、多くの点において懸け離れています。私たちが大人の生活において「倒錯」と名づけていますもの、これは正常なものとは、次のような点によって違っています。一つ目は、種の間の垣根（人間と動物の間の溝）を取り払ってしまうこと、二つ目は、嫌悪感による垣根を越えてしまうこと、三つ目は、インセストの垣根（近い血縁者に性的満足を求めることの禁止）を踏み越えること、四つ目は、同性同士という垣根を踏み越えること、五つ目は、性器の役割を、身体の他の場所の器官に転移させること、です。これらの垣根はすべて、最初から存在しているというわけではなく、発達と教育に伴って初めて、徐々に構築されていくものです。小さな子どもはそういった垣根からは自由なのです。子どもは人間と動物の間の深い溝をまだ知らず、人間が自分を動物から分け隔てる際に持つ尊大さは、後の成長に連れて初めて現れるものです[17]。子どもは、初めのうち排泄物に対して嫌悪を示さず、そうした嫌悪は教育の圧力のもとでゆっくりと習得されます。子どもは性の違いなどには特別な価値を置かず、むしろ両性が同じ性器の造りをしているのだと仮定しています。子どもは自分の最初の性的欲情と好奇心とを、自分に最も近く、他の根拠からして愛を感じる人物たち、つまり両親、兄弟姉妹、世話する人々に向けます。そして最後に、次のようなことが分かってきます。つまり、後年に愛情関係の高みにおいて再び勃発することになることとですが、子どもは性的な身体部位から快を得ようとするだけでありません。多くの他の身体部位も同じ感覚を持つことができる、つまり同様な快の感覚を媒介することができ、したがって性器の役割を果たすことができるのです。ですから子どもは「多形倒錯」である、と言うことができます。そして、子どもがこれらの蠢きをかすかに痕跡を見せるようにしか発動させていないとしたら、それは一方では、人生の後の時期に較べればその強度が低いことから来ているのであり、他方では教育が子どものあらゆる性的表出をたちまち強力に抑え込んでしまうことによるのです。この抑え込みは、いわば理論となって持続します。というのも、大人たちは、子どもの性的表出のある一部分を見ないふりをして通り過ぎ、別の一部分の性的性質を歪めて解釈してそれを偽装することに努め、ついには性的表出をきれいさっぱり否認してしまうところにまで至り着いてしまうからです。まったく同一の人たちが、子ども部屋において、子どもたちのどんな性的素行も厳しく叱りつけたかと思えば、さて書き物机に向かうと、同じ子たちの性的な穢れなさを褒め上げたりすることが、しばしばあります。子どもたちは、一人で放っておかれたり、誘惑の影響下に晒されたりすると、しばしば、まったくもって堂々と、倒錯的な性的所業にいそしむようになるものです。大人たちがこれを「子どもっぽいこと」とか「子どものいたずら」として重大視しないのは、むろんそれなりに正しいことです。なぜなら子どもは、公序良俗の法廷に引き出されようと、法律の前に立たされようと、十全に責任能力があると判断されることはないからです。しかしそれでも、これらの事柄は存在しているのです。それらは、もって生まれた体質の指標としてのみならず、後の発達の原因かつ促進要因としての意義を有しており、子どもの性生活についての、かつそれゆえに人間の性生活全般についての解明の鍵を、私たちに与えているのです。したがって、私たちの歪曲された夢の背後に、こうしたあらゆる倒錯的な欲望の蠢きが再発見されるとしても、それはただ、この領域においても夢は、幼児期の状態への遡行を果たしているということを意味するに過ぎないのです。

これらの禁じられた欲望の中でも、インセスト的な、つまり両親や兄弟姉妹との間の性交に向けられた欲望は、やはり特筆しておくに値します。人類の共同体の中で、このような性交に対してどれほどの嫌悪が抱かれているか、あるいは少なくとも口にされているか、そしてまた、それを禁じることに向けてどれほどの力点が置かれているかは、皆さんご存じのところです。このインセスト嫌悪を説明しようとして、これ以上はないと言えるほどの莫大な努力が払われてきました。ある人々は、好ましい交配というものへの自然の配慮が、この禁止を通じて心的に表現されているのであろう、と論じました。すなわち同血統交配は民族の質を劣化させるから、というわけです。また別の人々は、早期の幼年時代から共に過ごすことによって、性欲は、当該の人々から逸れて行くのだと主張しました。どちらの場合でも、インセスト回避は自動的に確保されると考えているわけですが、これでは、問題になっている厳格な禁止がいったい何のために必要であるのか、かえって分からなくなるではありませんか。厳格な禁止というのは、そこに強い要求があり、それに向けられているということを暗に前提としているはずだからです。精神分析の探究によって、インセスト的な愛情選択は、むしろ第一の、そして決まって起こる選択であって、それに対する抵抗がその後にようやく設定されるということが、しっかりと判明しました。(18) その抵抗がどこからもたらされるのかを個人心理学から引き出すのは無理というものです。

子どもの心理学に深入りしましたが、これが夢の理解にもたらしたものを、ここでまとめてみましょう。私たちは、忘れられた幼年期経験の素材が、夢にとっては接近可能になっているということのみならず、エゴイズムやインセスト的愛情選択などのさまざまな特性をもった子どもの心の生活が、夢にとって、そして無意識において、ずっと存続しているということ、そしてまた、夢は夜ごとにこの幼児期の段階に私たちを連れ戻すということを、見てきました。心の生活の無意識とは幼児期のものだということは、私たちにとっては、確たるものになりました。人間にはかくも多量の悪しきものがはびこっているのかという不審な印象は、緩み始めました。この度はずれて悪しきものは、単純に、心の生活の初発的なもの、原始的なもの、幼児的なものであって、私たちはそうしたものが実際に子どもにおいて動いているのを見出すことができます。私たちはそれを、一つには子どもがまだおちびさんだからということで大目に見て、また一つには、子どもに高度な倫理を要求するのはお門違いだからということで重大視しないのです。夢はこの段階へと退行しますので、私たちにおける悪を前景にもたらすことになります。しかし、それはただ人を欺く見せかけで、私たちはそれを怖れていたのです。私たちは、夢の解釈から想定しようとしたほどには邪悪ではないのです。

夢における邪悪な蠢きが幼児的な諸作用に過ぎないのだとすれば、すなわち、夢は単に私たちを思考と感情において子どもへと戻すだけなのだから、それは私たちの倫理的発達の初発期への回帰に過ぎないのだとすれば、理性的に考えれば私たちはこれらの夢を恥じる必要はないことになります。ところが、理性的なものというのは心の生活の一部に過ぎず、心の中には他にもまだ、理性的ではない様々なものが行き来しているのです。ですから、私たちが非理性的に、やはりこれらの夢を恥じるということが起こります。私たちはこうした夢を夢検閲のもとに服させますが、もしこれらの欲望の一つが、例外的に、それを認知せねばならないほどに歪曲されない形で、意識に押し入ってくるのに成功したりすれば、私たちはそれを恥じ入り憤慨します。いや、場合によっては、歪曲されている夢にさえ、あたかも自分がそれを理解しているかのように、恥じ入ることがあります。あの「愛の奉仕」の夢を見た上品な年配の女性が自分自身の夢に対して、解釈もなされていないのに、あれほど憤激して判断を下していたことを考えてくださるだけでよいでしょう〔第九講、本書上巻、二三八－二四〇頁〕。ですから問題はまだ片付いてはいないのです。さらに、夢における悪について考察を巡らすことによって、私たちは別の判断を下し、人間の本性についてまた別の評価へと到達するという可能性がまだ残されているのです〔第二一講、本書下巻、一六三頁〕。

探究全体の成果として、私たちは二つの洞察を獲得したことになりますが、しかしそれらの意味するところは、新たな謎、新たな疑念の端緒であるに過ぎません。一つ目の洞察はこうです。夢工作の退行は、形式的な退行であるのみならず、素材の退行でもあります。退行は、私たちの思考を原始的な表現様式に翻訳するというだけでなく、私たちの原始的な心の生活の諸特性をもう一度呼び醒ますのです。その諸特性というのは、自我の古風な優位や、私たちの性生活の初発期の蠢きであり、そう、もし私たちが象徴関係を知的な財産と見なしてよいならば、私たちの古い知的財産もそこに入ります。そして二つ目の洞察はこうです。この古い幼児的なものすべては、かつては支配的であり独裁的なものだったのですが、私たちは今日ではそれらを無意識に数え入れなければなりません。その無意識というものについて、私たちの考え方は変化し拡張されているのです。無意識というのは、もはや、その時に潜在的であるものに対する形容ではありません。無意識とは、独自の欲望の蠢きと、独自の表現様式と、ふだんは力を揮うに至っていない固有の心の機制を備えた、特別な心の領域です。しかし、私たちが夢解釈を通して推定している潜在的夢思考は、この領域からやって来ているものではありません。それはむしろ、私たちが覚醒生活の中で考えることができたとしてもおかしくないようなものなのです。それでもやはり、潜在思考は無意識であります。ではこの矛盾は、どうやったら解けるのでしょうか。私たちは、ここでなにがしかの区別がなされねばならないと感じ始めます。私たちの意識的な生活から発生し、その性格を分有している何か――私たちはそれを日中残渣と呼びます――、それがこの無意識の領域から来る別の何かと一緒になって、夢形成へと向かうのです。この二つの部分の間で、夢工作が営まれるのです。日中残渣が、合流してくる無意識によって受ける影響の中に、きっと退行への条件が含まれているのでしょう。これは、私たちが次の心の領域に踏み込む前に、夢の本性に関してここで触れておくことのできる、最も深い洞察です。しかし、この潜在的夢思考の無意識的性格を、あの幼児的なものの領域から来る無意識と区別し、別の名前を着せてあげるという時が、まもなくやってくるでしょう〔第一四講、本書上巻、四〇〇―四〇二頁〕。

私たちはむろん、睡眠中の心的活動をそのような退行へと向かわしめるものは何なのか、という問いを立てることができます。なぜ睡眠中の心的活動は、退行なしでは、睡眠を妨げる心の刺激を片付けられないのでしょうか。そして、夢検閲をかいくぐるために、古くて今や理解し難い表現型による偽装を纏わなければならないとしても、今では克服されてしまったかつての心の蠢きや欲望、性格特徴までをも甦らせること、つまり形式的退行に加えての素材上の退行というものは、睡眠中の心的活動にとっていったい何の役に立つのでしょうか。私たちにとって満足のいく答えがただ一つあるとすれば、それは、このようにしてのみ夢は形成可能であり、これ以外のやり方では力動論的に夢刺激を取り払うことは不可能なのだ、という答えです。しかし差し当たっては、私たちにはこのような答えを与える権利がないのです。

第一四講　欲望成就

皆さん、私たちがこれまで辿ってきた道を、今一度ご一緒に振り返ってみることにいたしましょう。私たちは、精神分析の技法を適用してみた折に、夢歪曲にぶつかりました。そしてまずはこれを回避しながら、夢の本性についての決定的な消息を、幼児たちの夢から引き出したのでした〔第八講〕。そして、この探究の結果に意を強くして、今度は夢歪曲に直接立ち向かい、それを一歩一歩克服していくことができたと思っておりますす。しかしいま私たちは、ある時はこちらの道から、また別の時はあちらの道から見つけてきた物事が全部すっきり嚙み合っているわけではない、と言わざるを得ません。そこで、この二つの結果を照合し、互いに平衡が取れるようにしていくことが課題となっているのです。

双方の側から判明してきたのは、夢工作というのは本質的に、思考を幻覚的体験に転化させるものだということです。どのようにしてこれが生起しているかは謎のままですが、それは一般心理学の問題でありますから、関わり合わないことにいたしましょう。他方、子どもたちの夢からは、夢工作は睡眠を妨げる心の刺激のあれこれを、欲望成就を通じて片付けることを目指すものなのだということを学び知りました。歪曲を受けた夢たちについては、それらを解釈できるようになる前には、このようなことは何も言えませんでした。しかし、私たちは当初から、歪曲を受けた夢についても、幼児の夢と同じように、この視角の許に引き入れることができるであろうという期待をもって進み始めたのです。この期待が満たされると、私たちはたちまち、そもそもすべての夢は子どもの夢である、すなわち幼児期の素材と幼児の心の蠢《うごめ》きと機制とで作動している、という洞察を手に入れることになりました。夢歪曲がこのように克服できたと考えている以上、私たちは、歪曲を蒙っている夢もやはり欲望成就として妥当するのかどうか、探究していかねばならないわけです。

私たちは一連の夢に差し当たりの解釈を施しましたが〔第一二講〕、そこでは、欲望成就についてはまったく触れませんでした。私は、皆さんの胸中に、次のような疑問が繰り返し胚胎していたに違いないと思っております。つまり、夢工作の目標と言われていたあの欲望成就とやらは、いったいどこに行ってしまったのだろうか、と。この問いは、意味深いものです。というのも、それこそまさに、精神分析に対して外部的批判を行う人たちの問いであったからです。ご存じのように、人間というものは、知的な新奇性に対しては、本能的に防衛すべく身構えるものであります。このような構えの表れの一つとして、知的な新奇性を、きわめて小さい範囲内に押し込めてしまい、できれば何らかのレッテルを貼り付けて蓋をしておく、というやり方があります。新しい夢学説に対しては、欲望成就がこのレッテルとして使われるようになってしまったのです。外部の人たちは尋ねてきます。「では欲望成就はどこにあるのだい？」と。夢が欲望成就であるという説を耳にすると、たちまちそうなさるのです。そして、そういった問いを立てることによって、すでに否定で答えておられるのです。彼らの頭には、自分自身の見た無数の夢の経験がすぐに思い浮かんでいるはずです。その中では、不快から大きな不安までが夢に結び付いていることでしょう。そしてそれゆえに、精神分析の夢学説が主張することは、まさに本当らしくないものに感じられてくるのです。彼らに対して、次のように答えるのは簡単です。すなわち、歪曲されている夢においては、欲望成就は明々白々というわけにはいかないため、まずは捜すしかないではありませんか、だから夢が解釈される前には欲望成就を述べたりすることはできません、と。あるいは、これらの歪曲を蒙った夢は、禁じられた、検閲によって拒まれた欲望であることが分かっていて、そういう欲望の存在がそもそも夢歪曲の原因であり、夢検閲の介入を招く元になっていたわけです、と。しかし、外部的批判者には、夢を解釈する前にはその欲望成就を問うことはできないということを、簡単には納得してもらえません。彼はそのことを、何遍でも忘れてしまうのです。欲望成就理論に対する彼の拒否的な姿勢は、そもそも夢検閲の一つの帰結以外のものではありません。つまり、こういう姿勢そのものが、あの検閲された夢欲望を拒否するということの代替物であり流出物なのです。

もちろん私たちも、苦しい内容の夢がたくさん存在すること、とくに不安夢というものが存在することを説明する必要に迫られています。その際、私たちは初めて夢の情動という問題にぶつかります。この問題は、それ自体で研究の価値を持つものですが、今ここでそれをすることは残念ながらできません。夢が一つの欲望成就であるならば、夢の中に苦痛な感覚などありえないはずではないでしょうか。それこそ、先ほどからの外部批判者たちが論拠を置く点であるわけです。しかし、彼らが考えに入れていない、三重になった複雑な事情がここで視野に入ってくるのです。

第一に、夢工作は、いつも完全にうまくいくとは限らないではありませんか。つまり、夢工作が欲望成就を生み出すところまでいかない場合には、その結果、夢思考に属する苦しい情動のうちの一部が、顕在夢の中に残存することになるのです。そうした場合は分析によって、それらの夢思考が、そこから作られた結果である夢よりも、さらにずっと苦しいものであったということが示されるに違いありません。その辺りまでのことは、いつでも証明されます。こんな時、私たちは、夢工作が、その目的を達することができなかったのだと認めます。それはちょうど、喉の渇きの刺激を受けて見る、水を飲む夢が、渇きを解消するという意図を果たせず、人は依然として喉が渇いたままであり、飲むためにはやはり目覚めなければならないのと同じことです〔第八講、本書上巻、二三一―二三二頁〕。しかし、夢とはまさにこういうものであり、この時も夢は自分の本性から何も放棄してはいないのです。私たちは、こんな風に言わなくてはなりません。いわく「《たとえ力量は及ばざるも、その志は褒むべきなり》(1)」。明確に認識される意図は、少なくとも褒めるに値する、ということです。このような不成功の例というのは、まったく珍しい出来事ではないわけです。ここには、夢工作にとって情動の意味を変えることは、内容の意味を変えるよりも、はるかに難しいという事情も共に働いています。情動は、ときに非常に抵抗力が強いのです。このような次第で、夢工作は夢思考の苦しい内容を欲望成就に作り替えたけれども、苦しい情動の方は変わらないままに残り続けるという事態が生じてきます。こうした夢では、情動は内容に一致しません。ですから私たちの批判者たちも、夢は欲望成就などであるはずはなく、夢では無害な内容さえも苦痛に感じられることがあるほどだ、と言うことができるわけです。こうした訳の分かっていない評言に対して、私たちは、このような夢においてこそ、夢工作の欲望成就傾向は、分離されて前景に出てきているだけに最も明白であると異議を唱えましょう。神経症について識らない人は、内容と情動の結合を、あまりにも緊密なものとして考えてしまいがちです。ですから、内容が変わっても、内容に属する情動表出がそれに連れて変わらない場合があること(2)が理解できません。そこから、誤りが生じるのです。

第二の、はるかに重要でより意味深い、やはり一般の人に見逃されている契機があります。欲望成就は確かに、快をもたらすものでなくてはならないはずです。しかし、誰にとっての快なのか、という問いが持ち上がるということです。もちろん、欲望を持っている人にとっての快ではあります。ところが、夢見ているその人について、私たちには、彼が自分の諸々の欲望との間に、まったく特殊な関係を結んでいるということが分かっています。彼は、それらの欲望を棄却したり、検閲したりします。手短かに言うと、彼はそれらの欲望が、お気に召さないのです。その欲望が成就されても、彼にもたらされるのは、決して快ではなくて、むしろその反対のものです。そこで経験が示してくれるところによると、この反対のものというのは、いまだに解明を要することではありますが、不安の形をとって現れて来ます。ですから、夢見る人は、自分の夢欲望への関係でいうと、まさに強い共通性で結ばれた二人の人物を合成したようなものになってしまっているのです。くどくどと説明する代わりに、よく知られた一つの童話を皆さんに想い出していただきましょう。そこにはこれと同じ関係が見出せるでしょう。善良な妖精が、ある貧しい人間の夫婦に、これから三つの欲望を叶えて差し上げましょうと約束してくれます。(3) 夫婦は喜んで、その三つの欲望を注意深く選ぼうとします。ところが、妻の方は、隣の小屋から流れてくる焼きソーセージの匂いについ乗せられて、そのソーセージが二本ばかり欲しいと思ってしまいます。ソーセージがすかさずそこに飛んできます。これで最初の欲望成就です。これに怒った夫は、腹立ち紛れに、そんなソーセージは妻の鼻面にぶら下がってしまえ、と思ってしまう。これも叶えられて、ソーセージは鼻先という新しい場所を得て、どうしてもそこから離れなくなってしまいます。これで二つ目の欲望成就ということになります。しかしこの欲望は夫の欲望です。この欲望成就は、妻にとってははなはだ不快なものです。皆さんは、童話がこの先どう進むかご存じですね。基本的に一体のものであるこの二人、つまり夫婦は、第三の欲望を言わねばなりません。それは、ソーセージが妻の鼻先から取れてくれるように、ということですね。この童話は、別の文脈に置けば、さらに何度でも役に立ってくれそうですが、ここで私たちにとっては、二人が互いに一つのものになっていないときは、一人にとっての

欲望成就が、もう一人にとっての不快になりうるという可能性を示す絵解きの役目をしてくれています。(4)

さてここまでくれば、不安夢をより良く理解することが、それほど難しいことではなくなってきました。私たちは、もう一つ観察を活用して、それによって多くのことが言えるようになるような一つの仮定を導き入れる決心をしさえすればよいのです。その観察とは、不安夢はしばしば、完全に歪曲なしで済ませており、いわば検閲をすり抜けてきたような内容を持っているということです。不安夢というものは、しばしば、一つの隠れなき欲望成就なのですが、むろんそれは、認められた欲望の成就ではなく、棄却されていた欲望の成就です。検閲の代わりに、不安の増長が発生しているのです。幼児の夢は、許された欲望の公然たる成就であると言うことができ、普通の歪曲された夢については、抑圧された欲望の偽装された成就だと言うことができますが、不安夢に向いているのは、抑圧された欲望の公然たる成就である、という言い方でしょう。不安は、抑圧された欲望が検閲よりも強いものであること、そしてその欲望が検閲を破ってしまった、あるいは今まさに破ろうとするところである、ということの指標となっています。抑圧された欲望にとって欲望成就であるようなことは、夢検閲の側に立っている私たちにとっては、まさしく苦痛の感覚と防衛への契機となるだろうということは、よく理解できるではありませんか。その際に夢の中に現れて来ている不安は、そうお望みなら、ふだんは抑止されている欲望の強度への不安であると言えます。どうしてこの防衛が不安の形で現れなければならないのか、それは夢の研究からだけでは推測することができません。明らかに私たちは、別の場所で不安の研究をしなければならないのです〔第二五講〕。

歪曲されていない不安夢に関して妥当したのと同じことがらを、私たちは、部分的に歪曲を蒙った不安夢とか、普通に見られる不快な夢で、その苦痛な感じがおそらくは不安への接近に対応していると思われる夢に関しても、仮定してよいと思います。不安夢は、普通は、覚醒させる夢でもあります。私たちは、抑圧された夢の欲望が、その完全な成就を検閲に抗して貫徹してしまう前に、睡眠を中断することを常としています。この場合には、夢の作業は挫折するわけですが、だからといって夢の本性が変化したわけではありません。私たちは、夢を、夜警や眠りの番人になぞらえました。夢が私たちの眠りを、妨害から護ってくれるからです〔第八講、本書上巻、二二三頁〕。その夜警が、妨害や危険を自分一人で追い払うには力が足りないと感じたときには、眠っている人を起こしに来たって構わないではありませんか。それでも時には、夢の雲行きが怪しくなり不安に向かい始めたときにさえ、眠りを確保し続けることができます。私たちは眠りながら、自分にこう言うのです。「これはただの夢じゃないか、だからもっと寝ていよう」。

では夢欲望が検閲を圧倒してしまうという事態は、どんな時に生起してくるのでしょうか。その条件は、夢欲望の側から満たされることもあれば、夢検閲の側から満たされることもあります。私たちには知られていない何らかの根拠で、欲望の方が強くなり過ぎることもあるでしょうが、それよりもしばしば、夢検閲の行動が、どうも力関係の遷移に責任があるという印象を受けます。すでにお聞きになったように〔第九講、本書上巻、二四九頁〕、検閲は、個々の場合に応じて、違った強度でもって仕事をします。要素ごとに、厳重さの段階を変化させて扱うのです。ここでこんな仮定を付け加えてみたいと思います。すなわち、そもそも検閲は、まことに可変的なものであって、同じ攪乱要素に対して、どんな場合も等しい厳格さで応じるとは限らないという仮定です。不意を襲った何らかの夢欲望に対して、どうやら分が悪いとなったら、そのとき夢検閲はいつもの歪曲の代わりに、自分に残された最後の手段を使います。それが、不安の増長のもとで、睡眠状態を放棄するということなのです。

この際、私たちにとって気になるのは、そもそも私たちは、どうしてこういう邪悪で棄却された欲望が、まさに夜間に蠢いて、眠っている私たちの眠りを妨げるのかを知らないということです。その答えがあるとすれば、睡眠状態の本性に基礎を置いた仮説の中に、それを求めるほかないはずです。昼間は、これらの欲望には検閲の重圧がのしかかり、欲望はどういう作用であれ、おいそれとは表出できません。夜になると、この検閲は、おそらくは他のあらゆる心の生活の関心と同じように、睡眠という唯一無二の欲望に席を譲って引き揚げられてしまうか、少なくとも非常に手薄になってしまいます。こうした夜間の検閲の減衰のおかげをもって、禁じられた欲望は、もう一度蠢き出せるようになるわけです。眠れなくなった神経質症の患者さんがよく、不眠は、初めは自分から眠らないでおこうとしたことから始まった、と告げてくれます。彼らは、自分自身の夢を怖れたから、すなわち検閲のこうした弱体化の結果を怖れたから、眠りに入る勇気が出なくなったのです。だからといってこの検閲の引き揚げが、何の見通しもなく闇雲に行われるものではないことは、簡単に洞察していただけることと思います。睡眠状態は、私たちの運動機能を麻痺させます。よって私たちの邪悪な意図は、たとえ動き始めても、まさに夢を作り出すこと以外には何もできないのです。そして夢は実際問題として無害です。あの高度に理性的な、眠る人自身の言葉は、安静にさせてくれるこの事情を想い出させてくれるものなのです。その言葉は確かに夜のものではありますが、必ずしも夢生活に属するものではありません。いわく、「これはただの夢じゃないか」。こうして私たちは、夢をそのままにしておいてやり、眠り続けることにするのです。

第三に、自分の欲望に逆らっている夢見る人は、何らかの形で密接に繋がっていながらも別人である二人の人物が合体したものになぞらえられる、というあの理解を、今一度皆さんに想い出していただけるなら、ここから甚だ不快な何かが欲望成就を通じて実現するという可能性が出てくることに気が付いてくださるでしょう。その不快な何かというのは、すなわち懲罰です。ここでは、あの三つの願いの童話が、再び説明役をしてくれるかもしれません。お皿の上にいきなりソーセージ、これは第一の人物、つまり妻の欲望成就そのままですね。彼女の鼻にソーセージがぶら下がってしまうというのは、第二の人物、つまり夫の欲望成就であり、同時に妻の愚かな欲望に対する懲罰でもあります。童話ではあと一つだけ、まだ欲望が残されているわけですが、私たちはこの第三の欲望への動機を、神経症の場合にも再発見することになります。(5) このような懲罰への傾向性は、人間の心の生活のうちには、たっぷり存在しているのです。この傾向性はとても強く、一部の苦痛な夢に責を負うべきものだと考えてよいと思います。(6) ひょっとしたらここで皆さんは、こうおっしゃるかもしれません。「あの有名な欲望成就説も、こんなことを言うに至っては、自分で自分の首を絞めているようなものだな」と。しかし、よくよく目を凝らしていただければ、それは間違いであることが分かっていただけると思います。夢とは何かということについては、まだ数え上げねばならない多様性があり、それに較べれば——多くの著者たちも同意見なのですが——、欲望成就－不安成就－懲罰成就という解決は、まったくもって限定的なものでしかありません。ここにはさらに、不安は欲望の直接の反対物であるということや、反対物同士は連想においてはとりわけ近くにあるもので、すでにお話ししましたように〔第一一講、本書上巻、三一〇頁以下〕、無意識においては合体してしまうものだということを付け加えておかねばなりません。さらには、懲罰というものは、もう一方の人物、つまり検閲をする側の人物にとっては、やはり欲望成就であるということもあります。

ですから、全体として私は、欲望成就理論に対する皆さんの異議に、どんな歩み寄りもしておりません。そうすると私たちは、どの任意の歪曲された夢においても欲望成就を立証するという義務を負うことになりますが、その務めから引き下がるつもりは毛頭ありません。すでに解釈をしておいた、一フローリン五〇クロイツァーで三枚の悪い席の巻、という夢にまた戻ってみましょう〔第七講、本書上巻、二一〇頁以下〕。私たちはあの夢で、すでに多くのことを学びました。あの夢のことはまだ想い出していただけることと期待しております。ある御婦人に、昼の間にその御主人がこんな話をしました。彼女よりも三カ月だけ若い、彼女の友人のエリーゼさんが婚約したそうだ、と。すると彼女は、夜になってこんな夢を見たのでした。彼女は夫と一緒に、劇場に座っています。

一階席の半分は、ほとんど空席です。夫が彼女に言います。エリーゼさんとそのいいなずけも劇場に来たかったのだが、来られなかった。なぜなら、三席分で一フローリン五〇クロイツァーという悪い券しか手に入らなかったからだ、と。彼女は、そんな席だからといって、そこまで不運というほどではなかっただろうに、と思います。私たちは、ここでの夢思考が、あまりに早く結婚してしまったという憤懣と、自分の夫への不満とに結び付いていると推測しました。さて私たちが知りたくなるのは、この暗鬱な思考が、どういう具合に欲望成就に作り替えられていったのか、そして顕在内容のどこに、その欲望成就の痕跡が窺えるのか、ということでしょう。さて皆さんがもうご存じのように、「あまりに早くに、せっかちに」という要素が、検閲によって、夢から除外されてしまっていました（第九講、本書上巻、二四三頁）。一階席が空席だらけだというのは、その要素への言及になっていました。謎めいた「三席分で一フローリン五〇クロイツァー」ということについては、あれ以後私たちが学んできた象徴の助けを借りると、今度はより良く理解できます。*3「三」は、実際に、夫を意味するのです。ですから、顕在要素は容易に翻訳できます。それは、持参金で夫を買うということです（「私の持参金なら、十倍も良い夫を買うことができたのに」）。(7) 明らかなように、結婚は劇場の内部へ入ることでもって代替されています。「劇場への入場券を、あまりに早いうちに手配する」（第七講、本書上巻、二一一―二一二頁〕というのは、直截に、あまりに早く結婚することの代わりになっています。ところが、この代替作用こそ、欲望成就のなせる業なのです。夢を見たこの御婦人は、友人の婚約の報せを聞いた日には、自分の早かった結婚に対して不満足でしたが、いつもそれほどに不満足が続いていたわけではなかったのです。彼女は、かつては自分の早い結婚のことを誇りに思い、自分が友人に対して優位に立ったと感じてもいました。まだ無邪気な娘さんたちは、婚約が整いますとしばしば、自分がまもなく、今まで禁じられていたあの作品この作品を観に劇場の内部に入って行き、すべてをこの目で見てもよくなるのだという喜びを、私たちに洩らしてくれるものではありませんか。視ることの快、あるいは好奇心が、ここでは前景に出てきます。それは確かに、起源においては、性的な視ることの快であったわけで、それは、性生活、とくに両親の性生活の方に向けられていたものでした。それがやがて、娘さんたちを早い結婚に駆り立てる強い動機となっていったのでした。このような事情があって、観劇に来ていることが、結婚していることを手近に暗示する代替物となったのです。ご自分の早かった結婚への現在の憤懣は、早い結婚がむしろ欲望成就に他ならなかったあの時代へと、彼女を連れ戻したのです。というのも、その時代は彼女にとって、視ることの快を満たせた時代だったのですから。そして彼女は、この古い欲望の蠢きに導かれるままに、結婚を、劇場の内部に入ることでもって代替したのです。

隠された欲望成就の証拠として、私たちは必ずしも最適の例を探し出してきたわけではありません。私たちはさらにもっと、他の歪められた夢にも、同じ方法をもって当たっていかなくてはならないでしょう。ただそれを皆さんの前で進めていくわけにはまいりませんから、端的に、私の確信を表明させてください。そもそもそれは、うまくいくのです、と。とはいえ、理論のこの地点に、今しばらく足を留めてみましょう。私の経験から申しますと、この点は夢学説全体の中で最も攻撃を受けやすいところであって、多くの反論や誤解がこの点に結び付いているのです。しかも、ひょっとしたら皆さんも、私が自分の主張をすでにいくぶんか後退させているという印象を、いまだに持っておられるかもしれません。それは、夢は成就された一つの欲望であると言っておきながら、夢はその反対物、つまり不安や懲罰の具体化であるとも申し上げたからです。そして皆さんは、この辺で、私に大風呂敷を広げるのをやめさせたい、と思っておられるかもしれません。また、私自身には明白であると見えるような事柄について、私のお話の仕方があまりにもあっさりしていて、十分に説得的には聞こえないという苦情も、私の耳に届いております。

夢解釈においてここまで私たちと歩みを共にし、夢解釈がもたらすことのすべてを受け入れた人においてもなお、欲望成就となると立ち止まり、次のような疑問を呈するというのは稀ではありません。すなわち「夢がいつでも意味を持ち、その意味が精神分析技法で露わになることは認めても、しかしその意味を、どんなに反対のことが明らかになっていても、それを押し切ってまでやはり欲望成就の型にはめ込まれなければならないのはいったいなぜなのか。この夜の思考の意味は、なぜ昼間の思考の意味と同じく多様であってはならないのか、すなわち、夢というものは、ある時には成就した欲望に相当し、別の時にはあなた自身がおっしゃったようにその反対物、つまり怖れの実現に対応するということではなぜいけないのか、さらにはまた、夢が何らかの決意とか、警告とか、賛成か反対かの熟慮とか、何かの非難とか、良心の戒めとか、目の前の仕事に取りかかろうとする準備とか、そういうものを表現していてはなぜいけないのか。なぜ、それはいつでもまさしく一つの欲望であるか、たかだかその反対物でしかないということになるのか」。

他のところで一致しているなら、この点での相違は大したことではないじゃないか、という声も聞こえてきそうです。夢の意味と、それを識る道とを見出しただけで十分であるし、もしその意味をあまりに狭く決めつけてしまったらそれこそ逆戻りになるのだから、というわけです。しかし、そういうわけにはいかないのです。この点での誤解は、私たちの夢の認識の本質に関わってくるものですし、また、神経症の理解にとっての夢の価値を危険に晒すものであるからです。それに、商人の世界では「愛想」の一環として評価されるあの一種の迎合は、学問的な営みの中では場違いでありますし、むしろ有害なものになるからです。

夢がどうして、語られた意味の通りに多義的であってはいけないのか、という問いに対する私の最初の答えは、こうした場合の常として次のようになります。「なぜそうであってはいけないのかを、私は知りません。私は、夢が多義的であることに反対しているのとは違います。そうであってもらっても、私はいっこうにかまわないのです。ただ、そのような、より広くてより便利な夢の捉え方には、小さなひっかかりがあります。それはつまり、現実には、そんなに都合良く多義的であるはずはなかろう、ということです」。二番目の答えとして、私は、夢が多彩な思考形式と知的操作とに対応しているという仮定は、私自身にとっても、別段余所余所しいものには感じられないということを強調しておきます。私はかつて、ある病歴の中で一つの夢を報告しました。その夢は、三晩に亘って続けて現れ、その後は全然現れなくなりました。私は、こういう夢の振舞いを、夢は一つの決意に対応していて、その決意が遂行された後では、その夢はもう現れる必要がなくなったのだ、ということで説明しました(8)。その後私は、一つの告白に対応するような夢を発表したりもしました。(9) それでいながら私は、やはり異を唱え、夢は成就した欲望である、と主張するのです。それはなぜでしょうか。

私がそのように主張しますのは、ある浅薄な誤解を許容するわけにはいかないからです。その誤解を許せば、夢をめぐる私たちの努力の成果がそれだけで潰え去ってしまう可能性があります。それは、夢と潜在的夢思考とを取り違える誤解、そして夢について、もっぱら潜在的夢思考にのみ属しているようなことを口走る類いの誤解です。すなわち、夢が、先ほど数え上げておいた決意や警告、熟慮、準備、課題解決の試みなどといったすべてを代表することができ、また、それらで代替されうるというのは、まったくもって正しいのです。しかし、正しく目を凝らしていただければ、皆さんには、こうしたことのすべてが、潜在的夢思考に該当しているだけだということがお分かりになるはずです。こういうものたちが、転変を蒙って夢へと変えられていくのです。皆さんは、人間の無意識の思考が、こういった決意や準備や熟慮などといったものに従事していること、そしてそこから夢工作が夢を作り上げていくのだということを、諸々の夢の解釈から学んでおられます。もし皆さんが、この際に夢工作には関心をお持ちにならず、人間の無意識の思考作業のみに非常に関心をお持ちになったとすれば、皆さんは夢工作というものを除外してしまって、夢とは警告、決意、その他諸々のことに対応しているのだと、実際的にはまったく正しいことをおっしゃることになるでしょう。精神分析という営みにおいてさえ、そういうことがまま見られるのです。すなわち、夢という形になっているものを毀《こわ》してしまい、夢がそこから成った潜在思考を、夢の代わりに脈絡のなかに引き入れることが追求されたりするのです。

　すると私たちは、ことのついでながら、こうして潜在的な夢思考の方を大事にしてゆくと、先ほどから名前を挙げているような高度に複雑化した心の行為は、すべて無意識に動くことがありうるということを思い知るのです。まことに大したものではありますが、同時に惑乱させるような結果ではないでしょうか！

　しかし、元の地点に立ち戻ることにしましょう。皆さんは、省略した語り方をなさったのだということをはっきりしておいてくださるなら、そして、先ほどから挙げられている多様性を、夢の本性に関係づけなければならないなどと思うことさえなさらなければ、正しいのです。皆さんが「夢」のことを口になさるときには、皆さんは顕在夢のことを、すなわち夢工作の産物のことを考えておられるのか、たかだか夢工作そのもののことを、すなわち潜在的夢思考から顕在夢を形成するあの心的過程のことを考えておられるのか、そのどちらかでなくてはなりません。それ以外の言葉の使い方は、概念の混乱ですから、不幸な結果を作り出すおそれがあるのです⑽。もし皆さんが、ご自身の主張でもって、夢の背後の潜在思考のことを指しておられるのでしたら、どうぞ直截にそうおっしゃって、皆さんのお使いになるその緩い表現の仕方によって夢の問題を覆い隠したりしないでください。潜在的夢思考という材料をこねくり回して、夢工作はそれを顕在夢へと作り替えていくのです。どうして皆さんは頑固に、材料と、材料に形を与える工程とを取り違えたりなさるのでしょうか。そんなことでは、夢工作の産物に過ぎないものしか識らず、その産物がどこから来てどのように作られたのかを解き明かせないまだったかの時代の人々と、選ぶところがないではありませんか。

夢にとって唯一的に本質的であるもの、それは、思考材料に作用を加えてゆく夢工作なのです。たとえある種の実践的な状況において、夢工作を考慮に入れずによい場合があるとしても、理論においてこれを知らない振りして通り過ぎるなどという権利は、私たちにはありません。分析的な観察も示している通り、夢工作はあれらの思考を、皆さんもご存じの太古的なあるいは退行的な表現様式に翻訳することに限られるものではないのです。そうではなくてむしろ、夢工作は、昼間の潜在的思考には属していないながらも夢形成の本来的発動力であるような何ものかを決まってそこに加えてくるのです。この不可欠な付加物というのは、やはり同様に無意識である欲望です。その欲望の成就に向けてこそ、夢内容は作り変えられていくのです。皆さんが、夢の代表する思考のみを考慮に入れておられる限り、夢は、警告、決意、準備その他どんなものでもあり得ます。しかし、皆さんが夢を夢工作の結果として見てくださるなら、それは何と言っても一つの無意識の欲望の成就なのであり、夢はただただ、それに尽きるのです。したがってまた夢は真っ直ぐに決意であったり警告であったりすることは決してなく、常に、無意識の欲望の力を借りて太古的な表現様式に翻訳され、かつこの欲望の成就へと姿を変えた決意等々なのです。この一つの性格、つまり欲望成就が、恒常的な性格です。そして他の性格〔決意、警告、熟慮、準備、課題解決の試みといった心的行為の諸性格のそれぞれ〕は変わりうるのです。他の性格もそれなりには欲望でありえますから、夢は日中の潜在的な欲望を、無意識の欲望の助けを借りて、成就されたものとして呈示しているのです。

私はすべてをよく理解しておりますが、皆さんにも理解してもらえることに成功したかどうかは分かりません。また私は、それを皆さんに証明することにも困難を感じています。一方では、それは多くの夢の周到な分析なしではうまくいかないからであり、他方では、私たちの夢理解のこの最も扱いにくく最も意味に満ちた論点は、後に述べることとの関連なしでは、説得的に呈示して差し上げることができないからです。すべての事物が内密に連関している場合、ある一つの事物の本性に深く入り込んでいくのに、他の同様の本性をもった諸々の事物をまったく手がけぬままにできるなどと、そもそもお考えになるでしょうか。私たちは、夢の最も近い親戚である神経症症状についてまだ何も知らないのですから、ここでも再び、今までに到達できたところで安んじておかざるを得ないのです。私はただ、皆さんにまた一つの例を説明し、新しい所見を述べてみたいと思います。

もう何回も登場してもらったあの夢を、もう一度、取り上げてみることにいたしましょう。一フローリン五〇クロイツァーで三枚の劇場の券、というあの夢です。私は、初めに何かの意図を持ってこの夢を例として拾い出したのではないことを、皆さんに保証しておきます。この夢の潜在的夢思考については、皆さんご存じです。夢を見た彼女は、自分の友達が婚約したという情報を聞いた時、自分は結婚を急ぎすぎたという憤懣を抱いたのでした。また、待っていさえすればもっと良い夫が手に入ったのにという、自分の夫への過小評価もあります。こうした思考からあの夢を作った欲望がどんなものかも、私たちはすでに知っています。それは、劇場に来ることができるという視ることの快です。そして、それはきっと、結婚すればどんなことが起こるのかをいつかは見てやるぞという、あの古い好奇心から肢《わか》れて出てきたものでしょう。よく知られているように、この好奇心は、子どもたちにあっては両親の性生活に向けられるのが常であり、ここでの好奇心もやはり幼児期のものであって、それが後年になっても存在しているのですから、これは深く幼児的なものに根ざした、欲動の蠢きであるということになります。しかし、昼間に彼女が夫から聞かされた情報は、この視ることの快が喚起されたことに関して、何もきっかけを与えていません。ただ憤懣と後悔のきっかけになっただけです。こうした欲望の蠢きは、当初は潜在的夢思考に属していませんでした。それで私たちは、夢解釈の結果を、その蠢きを考慮に入れないまま分析として組み上げることができたのです。憤懣の方もまた、それ自体では夢を作る力のあるものではありません。というのは、こういうことです。こんなにも早く結婚したのは馬鹿げていたという〔憤懣の〕思考があり、この思考から、結婚するとどんなことが起こるのかをいつかは見てやるぞという古い欲望が喚起されたことで、初めて夢が成り立ってきたのです。その後に、この欲望は、結婚を劇場の内部へ入ることで代替し、夢内容を作りました。そうすることで夢内容に、昔の欲望成就という形式を与えたのです。つまり、「さあ、私は劇場の中へ入って、すべての禁じられたものをこの目で見ることができるのよ、でもあなたはだめなの。私はもう結婚しているのだからね。あなたは待たなくてはならないの」というわけです。こういう風にして、現在の状況は、その反対物へと転化したのです。つまり、直近の敗北に代わって、古い凱旋が置かれたのです。そのついでに、視ることの快の満足が、エゴイスト的な競争心の満足に混じり合ってきています。そしてこの満足が、今度は顕在的夢内容を決定するのです。実際、夢の状況はこうなっています。いわく、彼女は劇場に座っているが、友人は入場させてもらえない、と。この満足状況には、ぴったりとこない分かりにくい修正として、夢内容のあの〔枚数と金額の〕部分がさらに被せられてきます。そしてその背後に、潜在的夢思考は、なおも身を隠しているのです。夢解釈はまず、欲望成就の呈示として役立っているものをかいくぐり、そういった暗示から出発して、苦しい潜在的夢思考を再び作り上げなければならないのです。

ここで私は、一つの考察をお話ししようと思います。それは、今や前景に押し出してくることになったこの潜在的夢思考に、皆さんの注意を向けてもらいたいという意図からです。まず、以下のことをお忘れにならないようにしてください。第一に、潜在的夢思考は、夢見た人にとって無意識であること。第二に、潜在的夢思考は完全に理解可能で脈絡をもったものであるため、夢のきっかけとなった出来事に対する了解可能な反応として理解できるということ。そして第三に、潜在的夢思考は心の任意の蠢きや、知的な操作などの価値をもちうるものだということです。私は今この思考を、より厳密に「日中残渣」と名付けてみます。夢見た人は、それを話してくれることも、話してくれないこともあります。そして今度は、日中残渣と潜在的夢思考とを区別しておこうと思います。これまでの用法に従って、私は夢の解釈に際して学び知ることになるすべてのものを潜在的夢思考と呼びますが、それに対して、日中残渣は、潜在的夢思考の一部に過ぎないことになります。こうして、私たちの理解は次のようなところへと進みます。すなわち、日中残渣には何かが付け加わるのですが、その何かとは、やはり無意識に属している、強度は高いが抑圧された欲望の蠢きであって、これだけが夢形成を可能にしたのだという見解です。この欲望の蠢きから日中残渣へと及ぼされる作用が、潜在的夢思考のさらなる部分、もはや必ずしも合理的ではなく、覚醒生活から了解できるわけでもない部分を構成していくのです。

日中残渣と無意識の欲望との関係については、私は、一つの喩えを用いたことがありますので、(12)それをここで繰り返させていただきます。どんな起業の企てにも、必要資金を出す資本家と、着想を持ちそれを遂行する術を心得た起業家とが必要です。夢形成にとって、資本家の役割を果たすのは常に、無意識の欲望のみです。無意識の欲望が、夢形成に必要な心的エネルギーを供出してやるからです。起業家は日中残渣です。日中残渣が、その支出の用途を決めます。また、資本家が自ら着想と専門知識を有していることもあれば、起業家が自分で資本を所有していることもあります。そういう場合、実際に物事を動かす時には話が簡単になってよろしいでしょうが、理論的な理解は難しくなります。国民経済では、一人の人物を、いつでも資本家としての側面と起業家としての側面に再分解して、私たちの喩えがそこから出発している基本状況を、もう一度はっきりさせています。夢形成でもこれと同じようないろいろな場合が生じてきますが、その場合分けをこれ以上追究していくことは皆さんにおまかせします。

ここでさらに進み続けるわけにはいかないでしょう。というのは、皆さんの心の中にはもうだいぶ前から、きっとある疑念が頭をもたげているはずであり、それに耳を傾けておかないわけにはいかないからです。皆さんはこうお尋ねになることでしょう。無意識の欲望が、日中残渣を夢へと成らしめるべく付け加わってくるというが、それではそもそも、日中残渣は、無意識の欲望と同じ意味で無意識だと言っていいのか、と。良いところに勘付いておられます。そこには、ものごと全体が湧いて出てくる点があるのです。日中残渣は、〔無意識の欲望と〕同じ意味で無意識ではありません。夢欲望は、それとは違う無意識に属しており、こちらの無意識は幼児期に由来し、特別な機制で形作られているものとして、私たちの認識するところとなっています〔第一三講、本書上巻、三七一頁〕。これら二つの様式の無意識は、異なった呼び名をつけて、互いに区別しておくことがまったくもって適切でしょう。しかし私たちは、神経症という現象の領域に馴染むようになるまで、それをもう少し待ってみようと思うのです。なにしろ、一つの無意識についても、空想的だとしてお叱りを受けている状況ですから、もし私たちがここで、二種類の無意識でもって初めてやりくりしていけるのだなどと告白しようものなら、何を言われるか分かったものではありませんから(13)。

この辺りでお話を終えておきます。皆さんはまたもや、不完全なことのみをお聞きになったことになります。とは申しますものの、この知にはまだ続きがあり、私たち自身や後に続く人たちがその続きを明らかにしていくのだと考えることは、希望を感じさせてくれるのではないでしょうか。そして私たち自身はといえば、新しくて驚くようなことを十分に学び知ったのではないでしょうか。

＊3　子どもを持っていない女性におけるこうした「三」には、別の分かりやすい解釈もあるが、ここでは触れない。ここでの分析例は、その別の解釈への素材を提供していないからである〔第一〇講、本書上巻、二八八頁参照〕。

第一五講　不確実な点と批判

皆さん、夢の領分を離れる前に、ここまでの私たちの新しい提起や理解の仕方にまとわりついてくる、最もよく見られる疑問や不確実な点を取り扱っておくことにいたします。注意深い聴き手の皆さんにおかれましては、その辺りをめぐる幾分かの素材が、おのずからもう集められていることであろうと思われます。

（一）私たちの夢の解釈作業の結果は、技法を正しく維持したとしても相当に多くの不確実な点を残しているため、顕在夢から潜在的夢思考への確実な翻訳は、それによってどうしても毀損されるであろうという印象を、皆さんはお持ちかもしれません。それについて皆さんは、まず第一に次のようにおっしゃるでしょう。ある一定の夢の要素を、本来の意味において理解すべきか、象徴的に理解すべきであるのかは決して知ることができない。なぜなら象徴として使用された事物も、それによって、そのもの自身であることを已《や》めたわけではないからである。にもかかわらず、これを決定するのに何らの客観的な手掛かりもないとしたら、この点における解釈は夢解釈者の恣意に委ねられたままになる、と。次にこうおっしゃるでしょう。夢工作にあたって反対物が一致するという問題があるために〔第一一講、本書上巻、三一〇頁〕、ある特定の夢要素が肯定的な意味にとられるべきか否定的な意味にとられるべきか、それ自身としてとられるべきかその対立物としてとられるべきか、ということがその都度未決定なままに放置される、これもまた解釈者の恣意の活躍する機会になってしまう、と。さらに三番目に、夢においてはどんな種類の逆転もあれほど任意に起きるという事実のおかげで〔第一一講、本書上巻、三一三—三一四頁〕、解釈者は、夢の中の任意の場所で、このような逆転を企てる自由があることになってしまう、とおっしゃるでしょう。最後に皆さんは、見出された夢の解釈が唯一可能なものであるという確信はめったにもてない、という話を聞いたことがあるという点を持ち出されるでしょう。ならば同じ夢に対して完全に許容可能な重層解釈が見逃される危険があるではないか、というわけです〔第一一講、本書上巻、三〇三頁〕。こうした事情のもとで皆さんは、解釈者の恣意に対して自由裁量の余地が容認されているままだとすると、その幅は、解釈結果の客観的確実性とは相容れないように思われる、と結論なさることでしょう。あるいはまた、こうした欠陥は夢に問題点があることから来ているのではなく、むしろ、私たちの夢解釈の不十分さは、私たちの理解や仮定の不正確さに帰せられるのだ、と想定されるかもしれません。

皆さんが素材にしておられる論点は、すべて非の打ちどころなく適切なものです。しかし、だからと言って、私たちが従事している夢解釈が恣意性に委ねられてしまっているとか、結果がついてこずに私たちの手続きの妥当性は疑問に晒されているとか、そういう二つの方向での皆さんの結論は、正当化できるものではありません。もし皆さんが、夢解釈が解釈者の恣意性に委ねられている、と言う代わりに、解釈者の熟練度に、とか、経験に、とか、あるいは理解力に、とおっしゃるのでしたら、私にも賛成できるところがあります。こういう個人的な要因を避けて通ることができないのは、ことに夢解釈という困難な課題にあたっては当然のことでありますから。とはいえ、これは他の諸々の科学的な営みにあたっても、他人事ではないわけです。ある人がある特定の技法を、別の人よりも下手に扱ったり、上手に活用したりすることがあるとしても、それを予防する手立てといったものはないのです。そうではなくて、たとえば象徴解釈においてどうしても恣意として見えるものがあると言われるのでしたら、それは次のようにすれば取り除かれることでしょう。つまり、夢思考同士の関連や、夢見た人の生活と夢との関連や、夢がはめ込まれている全体的な心的状況などを考慮することによって、通例、様々に与えられた解釈可能性の中から一つを選び出すことができるようになり、その他の可能性は使えないものとして却下されるのです。夢解釈が未完成であることをもって私たちの理論構成自体を不正であると結論づける向きもありますが、夢の多義性ないし不決定性が、むしろ必然的に予測されるべき夢の一特性であることを検証することによって、その結論の力は失われます。

夢工作は、原始的で絵文字になぞらえられるような表現様式によって、夢思考の翻訳を企てるということを申しましたが〔第一一講、本書上巻、三〇六頁以下〕、そのことを想い出してください。これらの原始的な表現系のすべては、そういった不決定性や二義性を背負い込んでいるものでした。だからといって、それが使用に耐えうるものであることを疑う権利は、私たちにはありません。皆さんご存じのように、夢工作における対立物の融合は、最古の言語におけるいわゆる「原始語のもつ逆の意味」に類比的です〔第一一講、本書上巻、三一一―三一二頁〕。私たちはこの観点を、言語学者のK・アーベル〔一八八四年〕に負っておりますが、彼は私たちに、これほど両価的《アンビヴァレント》な言葉の助けをもってある人から別の人へとなされてゆく伝達は、さぞかし両義的なものであったことだろうと考えたりしないようにと求めています。むしろ、談話の文脈における語調や所作のおかげで、二つの対立物のうちのどちらを話し手が伝達しようと意図しているのかについては、まったく疑いが生じていなかったに違いありません。所作が使えない書き言葉の場合でしたら、所作に代えて、発音されない付加的な絵記号を用いていました。その一例が、投げやりにうずくまっていたり、逞しく立ち上がっていたりする小さな男の絵ですが、これによって、ヒエログリフの両義的な ken という語が、それぞれ「弱い」という意味と「強い」という意味になったのです。このようにして、音声や記号の多義性にもかかわらず、誤解は回避されていたのです。

たとえばこのような最古の言語の書字に見られる、古い表現系は、今日の書き言葉では許容されないであろうと思われる多数の不決定性を、私たちに認めさせてくれます。同様に、いくつかのセム語族(1)の書き言葉では、語の子音だけが表記されます。これを読む人は、自らの知識と文脈から、書かれていない母音をはめ込んでみなければなりません。まったくこれと同じというわけではないにせよ、実によく似た形で書かれているのが、ヒエログリフ文字なのです。そのために古代エジプト語の発音は、私たちには知られないままになっています。エジプト人たちの聖なる文字は、さらに他の不決定性も見せています。たとえば、絵文字を右から左に並べるか左から右に並べるかということも、書き手の恣意に任されていたのです。読むことができるためには、人物や鳥などの顔に向かって読むという規則に従わなくてはなりません。書き手はしかしさらに、絵文字を垂直に並べることもできましたし、比較的小さい対象物への書き込みの際には、見てくれの良さとか空間の詰まり具合とかの都合で、記号の並びをさらに別様に変化させたりもしたのでした。ヒエログリフの書字において最も厄介なことはやはり、この書字が、語と語の間の切れ目というものを用いていないことでしょう。絵文字どうしは、頁を越えたりもしながら互いに等しい間隔を空けて並んでいます。ですから一般的には、一つの文字が前の語に属しているのか、それとも次の語の始まりにあたるのかを言うことができません。これに対して、ペルシアの楔形文字では、斜めに書かれた楔が「語を分かつもの」の役目を果たします。

抜きんでて古く、今も四億の人々が話し、かつ書いている言語があります。それは中国語です。私がこの言語をちょっとでも理解できるなどとは思わないでください。私が夢の不決定性の類同物を見つけたいと希望していたので、それについて人から教えてもらう機会があったというだけのことです。そして、私の期待は裏切られませんでした。中国語はこのような不決定性に満ちており、驚愕を覚えさせるほどのものだったのです。知られている通り、中国語は多数の音節からなり、それらは単独または二つの組み合わせで発音されます。主たる方言のうちの一つは、およそ四百のこうした音を備えています。ところで、この方言の語彙はおよそ四千を数えますから、それぞれの音は平均して十の異なる意味を有することになります。そのうちの幾つかは十よりも少ないのですが、その他の幾つかはその分だけ多いことになります。そういうわけで、文脈からのみでは、話し手が聴き手にその音の十の意味のどれを伝えようとしているのかを察することができないので、多義性を避けるために多くの手段が存在します。その中には、二つの音を繋いで複合語にする方法、そしてそれらの音節がどのように発音されるのかを四つの異なった「声調」で使い分けるという方法があります。私たちの行っている〔夢との〕比較という点から見て、さらに興味深い事態があります。それは、この言語には、ほとんど文法らしい文法が無いということです。それぞれの一音節の語が、名詞なのか動詞なのか形容詞なのかを言うことはできません。そして、性、数、語尾、時制、話法を識別させてくれる語形変化というものも全く備わっていません。ですからこの言語は、いわば生の素材だけから成り立っているのでして、それはちょうど、私たちの思考の言語が、夢工作によって関係表現を取り去られて生の素材へと解体されるのによく似ているのです。中国語では、あらゆる不決定性の場面で、決定は聴き手の理解力に委ねられるのです。聴き手はその際、文脈に導かれています。私はここに、中国の諺の一つをメモしておきました。それは言葉通りに翻訳すればこう読めます。

少ない　もの　見る　多い　もの　不可思議な。

これを理解することは難しくありません。たぶんこうでしょう。「人は見てきたものが少ないほど、不可思議なものをたくさん見つける」。あるいは「見てきたものが少ない人にとっては、不可思議なものがたくさんある[2]」。この文法的に異なるにすぎない二つの翻訳のどちらにすべきかといったことは、当然ながら、問題にならないわけです。このような不決定性にもかかわらず、中国語が優れた思考表現の手段であることは私たちにとって確実です。ですから不決定性が必ずしも多義性を導くとは限らないのです。

　これらの古い話し言葉や書き言葉のどれと比較しても、夢の表現系の場合にはなおさら好ましくない事情があるということを、もちろん私たちは認めざるを得ません。というのも、これらの言語はなんといっても基本的には伝達することに向かって定められている、つまりどういうやり方でどのような補助手段で理解に繋げられるべきであるかが常に考慮に入れられているからです。まさにこういう性格が、夢には欠けているのです。夢は誰にも、何かを言おうなどとはしていません。夢は伝達の道具ではありません。夢はその反対に、理解されないままになることを狙っています。ですから、夢における多くの多義性や不決定性が、決定を受け付けないことが判明したとしても、そのことで不審に思ったり困惑したりする筋合いはありません。これまで比較を行ったことの収穫として、次のような洞察が私たちの手許にあります。それは、私たちの夢解釈の信頼性を揺るがすと考えられていたあの諸々の不決定性は、むしろあらゆる原始的表現系にとっての通常の性格であるということです。

夢の理解が実際にどこまで進みうるかは、ただ実践と経験によってのみ確かめられます。(3) 私自身は夢の理解は非常に遠くまで推し進められるものだと思いますし、正しく訓練された分析家のもとで現れてくる結果を比較総合しましても、私の見解は確認されるところです。何らかの科学的業績に困難な点や不確かな点があると、専門外の大衆は、自ら科学に携わっている人々であっても、激しい懐疑を振りかざすのを好むものです。不当なまでにそうだと私は思います。知っておられる方は一部に過ぎないかもしれませんが、バビロニア-アッシリアの碑文の解読の歴史の中でも、似たようなことが起こったのでした。世論が、楔形文字の解読者たちを空想主義者だと呼び、この研究全体を「いかさま」呼ばわりした時代があったのです。しかし一八五七年に、王立アジア協会(4)がこれに決着をつけるべく一つの実験を試みました。協会は、声望ある四人の楔形文字研究者、ローリンソン、ヒンクス、フォックス・タルボット、そしてオペール(5)に対して、新たに発見された碑文の翻訳を、それぞれ独立に、封印をした封筒に入れて送り届けるようにと要請しました。そして四人の解読を比較した結果、協会は、それらが十分な程度に一致していて、これまでの成果が信じるに足るものであり、更なる進歩が見込まれるという宣言を出すに至ったのです。これ以後、専門外の識者たちからの嘲弄は次第に鳴りを潜め、楔形文字の文書の解読はそれ以来目覚ましく精確さを増すようになっていったのでした。

（二）疑念の二つ目のグループは、皆さんもやはりそこから自由になっておられないであろう、あの印象に根差しています。すなわち、夢解釈の際に私たちが押し付けられた多くの解決は、強制されたものであり、わざとらしいものであり、こじつけられたものであり、つまり無理強いであり、もしくはそれ自体が滑稽で機知を弄しているように見える、という印象です。こうした意見表明は非常にしばしば聞かれるものですので、ごく最近に知らせてもらった例を、ちょうどいい機会ですのでここでお話しさせていただこうと思います。それは次のようなものです。自由の国スイスで、最近ある師範学校の校長先生が、精神分析に関わったという理由でその地位を逐われました。その先生は異議を申し立て、ベルンのある新聞において、彼に対する学校当局の意見が公表されました。その記事から、精神分析に関連のあるいくつかの文を抜き出してみます。「さらに驚かされるのは、多くの例に見られる、作為とわざとらしさである。それらの例は、引用されているチューリヒのプフィスター博士[6]の本にも見られる。……それゆえ、師範学校の校長ともあろう者が、これらすべての主張や見せかけの証拠を、批判もなしに受け入れるということは、そもそも驚くべきことであろう」。この文章は、「冷静に判断する人」の結論として打ち出されているものです。私はむしろ、そんな冷静さこそ「わざとらしい」と考えます。私たちとしては、多少の熟考と多少の専門知識があっても、冷静な判断をするのに何らの支障もなかろうという期待を持ちつつ、これらの意見を、さらに詳しく調べてみることにしましょう。

深層心理学の手のかかる問題について、人は第一印象に基づいてどれほど迅速に迷いなく判断を下すことができるのかを目にすると、真に目の覚める思いがするほどです。解釈は、そういう人にとっては作為的で強制的なものに見え、彼らの気に入りません。したがって、解釈はまやかしで、解釈の仕事なんぞ何の役にも立たない、となるわけです。彼らは、他の可能性には一度たりとも、かすかに考え及ぶことすらありません。可能性として、こうした別の解釈も十分な根拠があって現れてきたものに違いなく、そしてそこには、十分な根拠とは何なのかというさらなる問いが結び付いているはずだ、などといったことには目もくれないのです。

ここで考慮している事情は、本質的に、遷移というものの結果に関連付けられます。

240

遷移については、皆さんは、夢検閲の最も強力な手段としてすでに識っておられるところです。遷移の助けによって、夢検閲は、代替形成をやってのけるのでした。これを私たちは仄めかしなどと呼んでおきました。しかし、この仄めかしたるや、そのものとしては、簡単に仄めかしだと分かってはいけないものでした。そこから本来のものへの戻り道は簡単には見つからず、仄めかしとその本来のものとの繋がりは、極めて独特で尋常ならざる表面的な連想関係によって保たれています〔第一一講、本書上巻、三〇五頁参照〕。これらすべての例において問題になっているのは、秘されるべく定められた事物たちを隠さなければならないということです。まさにこれこそ、夢検閲が成し遂げようとしていることでした。とはいえ、その隠された何かは、そのものの位置、それにふさわしい場所に見つかるというわけではありません。今日任に就いている国境監視人たちは、この意味でスイスの学校当局よりも巧妙です。書類やメモを捜索する際、彼らは鞄や紙入れの中を見るだけでは満足しません。スパイや密輸人がそうした禁制品を、本来そんなものを入れるはずのない、衣服の最も奥まった場所、たとえば長靴の二重底に入れて持ち運ぶ可能性があることをも考慮に入れるのです。はたしてそこに秘められたる物品が見つかったなら、わざわざそこまでするなんてご苦労様、しかしわざとが過ぎてわざとらしくて見つかった、ということになるわけです。(7)

私たちは、潜在的夢要素とその顕在的代替物との間には、常軌を逸した極めて独特な、滑稽でもあれば機知を含んでいるようにも見える結び付きがあるということを、可能なこととして承認しているわけですが、それは私たちが、通例自力では解決を見つけられなかった多くの実例にあたって、豊かな学びの道を辿っているからなのです。このような解釈を私たち自身の一存でやってしまうのはしばしば不可能で、普通の人なら常識が邪魔をして、今ここで問題になっているような結び付きを言い当てることはできないでしょう。夢見た人が、私たちに翻訳を与えてくれるのです。その場合、直接の思い付きで一撃のもとに、ということもあります。実際、この代替物形成が為されたのは、当の夢見た人においてなのですから。あるいは、夢見た人が非常にたくさんの素材を出してくれて、特別な勘の鋭さのようなものはもう不要になり、そこまで出ればもうこう解決するしかなかろう、というところにまで来ることもあります。夢見た人がこのどちらのやり方でも私たちを助けてくれないとしたら、その時には当該の顕在的要素は、私たちにとって永遠に理解不能のままに留まることになってしまいます。最近私が経験した例を、お話ししても宜しいでしょうか。私の女性患者の一人が、治療中に、お父さんを亡くされました。彼女はそれ以来、父親を夢の中で生き返らせるために、あらゆるきっかけを活用しました。そうした彼女の夢の一つでは、父が何か特に重要性のあるわけではない文脈の中で現れて、こう言います。十一時十五分です、十一時半です、十一時四十五分です。この奇妙さへの解釈としては「父は成長した子どもたちが、家族そろっての食事に時間通りに来てくれるのを好んでいた」という思い付きが生じただけでした。これは確かに、夢要素にぴったりと適合する話です。しかし、この夢要素がどこから来たのかについて、推論させてくれるものではありません。この治療のその時点での状況からして、この夢には、愛されかつ敬われている父親に向けられた、入念に抑え込まれた批判的な反抗心が関与していたのではないか、ということが十分に察せられました。夢見た人の思い付きをさらに辿っていくと、見たところどんどん夢から離れてしまっているのですが、こんな話をしてくれました。前日のことですが、彼女の居るところで人々の会話が心理学的なことで盛り上がったそうです。そしてある親戚が、こう言ったそうです。「原人〔ウーアメンシュ〕が、私たちみんなの中で生き続けている」と。さてこれで私たちにも理解できてきましたね。この発言こそ彼女にとって、死んだ父を再び生かすための、またとない機会となったのでした。こうしたわけで彼女は夢の中で父を時計人間〔ウーアメンシュ〕に仕立て上げ、父はそれに合わせて、正午の前の時刻を十五分ごとに告げる人になったのでした[8]。

この例については、皆さんもやはり、機知との親近性を拒むわけにはいかないでしょう。夢見る人の機知が、解釈する人の機知だと見なされてしまったということも、実にたびたび起こっています。それに、機知を相手にしているのか夢を相手にしているのかがにわかには決めがたい例もあるのです。同じ種類の決められなさは、言い違いという失錯行為の場合にも現れます〔第三講、本書上巻、六七頁参照〕。ある男性が、叔父の自動車《アウト》[9]の中で一緒に座っていると、叔父が彼にキスをした、という夢を見ました。彼は自ら、非常に素早く解釈を付け加えました。この意味は、自動車《アウト》のエロティシズムつまり自体性愛〔アウトエロティスムス〕ということです、と[10]（自体性愛という用語はリビード理論からのもので、余所からの対象がないままに満足があることをいいます）。さて、この男の人は、私たちに冗談を言ってやろうと思って、思い付いた機知を夢に振り当ててみたのでしょうか。私はそうは思いません。彼はこれをそのまま夢に見たのでしょう。では、こんなあきれるような〔夢と機知との〕親近性は、いったいどこから来るのでしょうか。かつてこの問いは、私をいささか本来の道から外れさせました[11]。つまり私は已むに已まれず、機知それ自体[12]を詳しく研究することになったのです。その際、機知の発生については、前意識的な思路がしばしの間、無意識による加工に委ねられ、そこから浮かび上がる時に機知となるということが判明したのでした。無意識の影響力のもとで、前意識的な思路は、無意識を支配している機制、つまり縮合と遷移から作用を受けます。

すなわち前意識的な思路は、私たちが夢工作において関与していることを見出した過程と同一の過程から作用を受けるわけです。機知と夢との類似性が明らかになってくる場合、それはこの共通性に帰せられるのです。しかし、機知のような快の獲得を、意図されざる「夢機知」のほうは、まったくもたらすことがありません。それがなぜかということについては、機知の研究を深めれば皆さんも学ばれるかもしれません。「夢機知」は、まずい機知のように見えます。それは私たちを笑わせてくれず、寒い思いをさせるのです[13]。

しかし、ここで古代の夢解釈の足跡を辿っておくことにしましょう。そこでは多くの使い物にならない例のほかに、そこここに優れた夢解釈の例が残されています。こういうものを超えることは私たち自身にもできません。私は皆さんに、歴史的な重みをもった一つの夢をお話ししてみます。それはアレクサンダー大王に関して語られたもので、若干の異同はあるものの、プルタルコスにもダルディスのアルテミドロスにもあります[14]。大王が、頑強な守りを続けるテュロスの町の包囲攻撃に取り組んでいた時（紀元前三二二年）、夢の中で彼は、サテュロスが踊っているのを見ました。軍の中にいた夢解釈者のアリスタンドロス[15]が、王にこの夢を解釈して進ぜました。彼は「サテュロス〔Satyros〕」という言葉を《サ・テュロス〔σα Τύρος〕》と二語に分解し（「テュロスは汝のもの」という意になります)、この町への勝利を約束しました。アレクサンダーはこの解釈によって包囲攻撃の続行を決意し、ついにはテュロスを手中に収めたのでした。この解釈はこじつけもいいところではないでしょうか。しかし、疑いもなくそれこそが正しい解釈だったのです。

(三) すでにかなり長いこと精神分析家として夢の解釈に携わってきた人物から、私たちの夢の理解に反対する異論が出されていると聞けば、皆さんには何か特別な印象が生じるのではないかと存じます。この理論ほどに、たっぷりと新たな誤謬への刺激を抱えたものも珍しいのに、その刺激が使われないままになっていたとしたら、それこそおかしな話だったでしょう。こうしていまや、概念的な取り違いや正当化されない一般化を通じて、医学的な夢理解にその不当さの点で勝るとも劣らない主張がいろいろと芽生えてきたのです。すでに皆さんはその一つをご存じです。その主張はこう言明していま す。夢は、現在への適応の試みと、未来への課題を解決する試みに携わっている、したがってそれは「前方視的傾向」に従うのである、と(A・メーダー)[16]。私たちがすでに論じたことですが(第一四講、本書上巻、三九四頁)、この主張は、夢と潜在的夢思考との取り違いの上に成り立っており、夢工作を無視することがその前提になっています。こうした主張は、潜在的夢思考が属している無意識の精神活動の特徴として見た場合、一方では目新しいものではなく、他方では論ずべきことを論じ尽くしたものでもありません。無意識の精神活動は、未来への準備にとどまらず、他の多くのことにも携わっているからです。[17]また、どんな夢の背後にも「死という条項」が書かれていると保証するがごとき主張は、これよりもさらに良からぬ取り違いを基礎としております。[18]この定式化がいったい何を言わんとしているのか、私には量りかねるところがありますが、ともあれこの定式化の背後には、夢と夢見る人の人格全体との取り違いが隠れているのではないかと思うのです。

また、どの夢も二つの解釈を許し、その一つは私たちが示してきたような精神分析的な解釈で、もう一つは欲動の蠢《うごめ》きから懸け離れてより高い心の作業の呈示へと向かわんとする、いわゆる天上的な解釈である、とするような命題がありますが（H・ジルベラー）、これはいくつかの都合の良い例から、正当化できない一般化が行われてしまったものと言えるでしょう。[19]そのような夢もあるにはありますが、皆さんがこのような理解を多くの夢に拡大適用してみようとなさっても、それは無駄な骨折りとなるでしょう。また、すべての夢が、男性的と名付けるべき流れと女性的と名付けるべき流れの合流として、両性的に解釈できるというような主張（A・アードラー）は、これまで皆さんがお聞きになったことすべてに照らせば、およそ理解できないものに聞こえるでしょう。[20]個々の例を見れば、もちろんこういう夢もあります。そしてそういった夢は、ある種のヒステリーの症状(21)のようにして組み立てられていることを、皆さんは後ほどお知りになるでしょう。私がこういった新たな夢の一般論的性質とされるものに言及しましたのは、それらに対して皆さんが警戒の念を怠らないようにしていただくため、少なくとも、私がそれらをどのように考えているかについて、皆さんに疑念を残しておかないようにするためです。

(四) 精神分析治療を受けている患者たちは、自分の夢を主治医のお気に入りの理論に従って方向づけるものであり、ある人々は主に性的な欲動の蠢きを、他の人々は権力の追求を、さらに別の人々は生まれ直しを夢に見るのだというような観察(W・シュテーケル)から、夢研究の客観的価値が疑問に付されるように見えたことも一時はありました。ただ、夢を様々な方向へと向けうる精神分析技法が存在する以前から、人間はずっと夢を見ていたという点、そして今精神分析技法で治療を受けている人々も、治療に入る前から夢を見ていたに違いないという点を熟慮すれば、このような観察の重みは小さくなってきます。この観察は新しいことを言っているようですが、それはそもそも自明であり、夢理論にとっては些細なことでしかないというのがほどなく分かってくるのです。覚醒生活においての強い関心事からは、夢の引き起こし手となる日中残渣が、夜にも残ってくるものです。もしも医師による談話や彼が与える刺激が、分析を受けている人にとって意味あるものとなったならば、それらは日中残渣の域に入り込んできて、他の感情的に片づけられていない昼間の関心事と同じく、夢形成のために心的刺激をもたらすものとなるでしょう。そしてそれらは、睡眠中に身体的刺激が眠る人に働きかけるのと同じように作用します。こうした他の夢の引き起こし手と同じように、医師によって引き起こされた思路もまた、顕在的夢内容の中に現れたり、潜在的夢思考の中でその存在を指し示されたりするのです。そう、夢は実験的に作り出すこともできます。より正確に言えば、夢の素材の一部分を、夢の中に導き入れることができるのです。ですから、精神分析家が患者にこのような影響を与える時に演じる役割は、被験者の四肢を何らかの位置に置いてみたムルリ・ヴォルドのような実験者〔第五講、本書上巻、一四二頁〕が演じた役割と異なるものではないのです。

夢見る人に対して、何についての夢を見るべきかという点に働きかけることは、しばしば可能ですが、何を夢見るのかを左右することは決してできません。夢工作の機制と無意識の夢欲望とは、余所からのどんな影響も受けつけないのです。私たちは、身体的な刺激の夢を考察した際にすでに、夢生活の独自性と独立性は、与えられた身体的な、ないしは心の刺激に対して、夢がどのような反応でもって答えるかというところにあることを見ておきました。夢研究の客観性を疑問に付そうとする問題の主張の元にあるのは、またしても、夢を夢の素材と取り違えるということなのです。(22)

皆さん、夢の問題について私が皆さんにお話ししておきたかったことは以上です。皆さんは、私が多くのことを省略してきたのをお感じになっておられると思いますし、また、私がほとんどあらゆる点で不完全であらざるを得なかったということを察しておられるかと存じます。しかしこれは、夢現象と神経症現象が連関し合っているという事実から、やむを得ずそうなっているのです。私たちは夢を神経症学説への導入として研究しましたが、それは間違いなく、その逆を行うよりも正しい選択でした。夢は神経症の理解にとって前置きとなってくれますが、しかし他方では、夢の正しい評価は神経症性の現象を理解した後でしか得られないのです。(23)

私は、皆さんがこのことをどうお考えになるかは分かりません。しかし私は、夢という問題にこれほどの関心を向けていただき、また私たちに与えられた時間をここまで割いてきたことに、断じて悔いはありません。他の対象をもってしては、精神分析の浮沈を決定するような主張の正しさについて、これほどまでに素早く確信を得ていただくことは決してできないのです。神経症的な疾患の症例に現れた諸症状が、意味を有しており、何らかの意図に役立っており、そしてその症状に悩んでいる人物の運命から発生してきているという事情を示そうとすれば、幾年月《いくとしつき》にも亘る苦心惨憺の仕事が必要になります。それに対して、わずか数時間の努力をすれば、ほとんど理解不能な錯乱した夢の出来上がり具合に関して、同様の事情を示すことに成功しますし、またそれによって、精神分析の諸前提、つまり心の過程の無意識性、それらの過程が従っている特別な諸機制、そしてそれらの中で表現されている欲動の力などをすべて確認することができるのです。もし夢の組み立てと神経症症状の組み立ての間の一貫した類同性と、夢見る人が目覚めて理性的な人間へと変身する際の早業とを突き合わせてみるならば、私たちは、神経症というものもまた、心の生活の諸力の間の変化した関係のあり方に根差しているに過ぎないという確信を得るに至るでしょう。(24)

訳注

注本文に［SE］マークのあるものについて、マーク以下の個所はSE（英語版全集、巻頭凡例参照）の注を翻訳引用したものである。翻訳引用部分中の〔　〕で括った部分は訳者による補足を示す。［SE］マークのない注は訳者による注である。また注本文に、とくにことわりなく「全集」とある場合は、岩波書店刊行の日本語版『フロイト全集』（全二十二巻・別巻一、二〇〇六―二〇年）を指す。なお『日常生活の精神病理』の参照個所については、岩波文庫版（高田珠樹訳、二〇二二年刊）の頁番号等もあわせて示した。

第一部　失錯行為

第一講　緒言

（1）［SE］『素人分析の問題』の冒頭近くの一節〔全集第十九巻、一〇九―一一〇頁〕にこれと似た記述があり参照されたい。

（2）ディオドロス、プルタルコス、アッリアノスはいずれも古代のギリシア人の歴史家で、それぞれ紀元前一世紀、紀元一世紀から二世紀、紀元二世紀に活躍した。アッリアノスには『アレクサンドロス東征記』がある。
（3）ニムロドは『旧約聖書』の「創世記」に出てくる族長のひとりで、神に挑みバベルの塔を建造させたとされる。
（4）［SE］十九世紀前半のドイツではシェリングの汎神論的な「自然哲学」が大きな影響力を持っていたが、その信奉者たちを指す。
（5）［SE］この「皆さん」に該当する原語はSie（あなたがた）であり、ドイツ語の各版でも当初はSieと印刷されていた。ところが、その後のドイツ語の著作集成〔Gesammelte Schriften〕や全集（GW）では語頭のsが小文字で印刷されており、これでは「彼ら」の意味になるが、おそらく誤植であろう。〔なお、その後のドイツ語の各版でもSieと訂正されている。〕
（6）［SE］論文「無意識」I節〔全集第十四巻、二一二―二一八頁〕がこの問題について詳しく論じている。
（7）［SE］性欲動は第二〇講〔本書下巻、一〇九頁以下〕で主題として取り上げられている。
（8）［SE］文化と欲動の諸力との対立については『文化の中の居心地悪さ』〔全集第二十巻〕で詳細に論じられている。

第三講　失錯行為

(1)［SE］失錯行為という概念は、一般的な概念としては、フロイト以前の心理学にはなかったようである。英訳ではこれをparapraxisと訳すが、これは「失錯行為（Fehlleistung）」の訳語として考案されたものである。『日常生活の精神病理』は、全編で、失錯行為を論じている。本書を含め初学者向けの著述では、フロイトは、自分の理論への入門に最適の素材として失錯行為を好んで用いた。実際、失錯行為は、彼自身の心理学研究の最も早い時期の主題群のひとつである。

(2) たとえば「言い違う」や「聞き違う」を意味するドイツ語の原語は、versprechen, verhörenで、これはそれぞれ「話す」、「聞く」を意味するsprechen, hörenという動詞にver-という前綴りが付いたものである。ver-という前綴りには様々な意味があり、また必ずしも何か具体的な意味として説明しきれない場合も多いが、この前綴りが付加されることによって、誤りや、徒労、はかなさといったニュアンスを持つことが多い。

(3)［SE］ここの「広い」という言葉は、一九二二年の第四版以後、削除されている。

(4)［SE］これはフロイト自身の経験だった。『日常生活の精神病理』〔全集第七巻、二一八頁〔文庫、四八—四九頁〕〕の中でそれに言及している。

(5) ミュンヒェンで発行されていた週刊の風刺雑誌。一八四五年に創刊され、一九四四年までほぼ百年間、続いた。

(6)［SE］フロイトは、ほかのところで、様々な機能は意識的に注意していないときのほうが正確に行われることを示唆している。たとえば『日常生活の精神病理』第六章の記述〔全集第七巻、一六二頁〔文庫、二三二—二三三頁〕〕を参照。〔SAは、おおむねSEのこの注をほぼ踏襲した上で、次のように続けている。「注意を向けることで、機知の理解に一定の役割を果たす自動的な過程に妨害的な影響が及ぶ例が、『機知――その無意識との関係』B部、V節〔全集第八巻、一六五―一八七頁〕でいくつか挙げられている。」〕

(7)〔SE〕『日常生活の精神病理』〔全集第七巻、一五九―一六一頁〔文庫、二二九―二三〇頁〕〕でも「誤植の悪魔」への言及がある。

(8) ジャンヌ・ダルクを題材とするシラーの戯曲。初演は一八〇一年。

(9)〔SE〕ここにはどうやら若干、誤解があるらしい。シラーの戯曲で(第一幕、第二場)、実際に司令官の離反を告げるのは国王自身である。

(10)〔SE〕これら三つの例はいずれも『日常生活の精神病理』〔全集第七巻、六五―六六頁〔文庫、一〇〇頁〕〕で紹介されている。

(11)〔SE〕以上二つの例も『日常生活の精神病理』〔全集第七巻、六六頁〔文庫、一〇〇頁〕、八二―八三頁〔文庫、一二三頁〕〕で紹介されている。

(12)〔SE〕以上二つの例も『日常生活の精神病理』〔全集第七巻、八五頁〔文庫、一二六頁〕、九六頁〔文庫、一四二頁〕〕で紹介されている。

(13)〔SE〕この例は『日常生活の精神病理』〔全集第七巻、七二頁〔文庫、一〇八―一〇九頁〕〕で紹介されている。またフロイトの最晩年の著作のひとつで未完に終わった「精神分析初歩教程」〔全集第二十二巻、二五七―二五八頁〕でも、この例が挙げられている。

(14)〔SE〕「リーデルとボイテル」は、ウィーンの有名な洋装品店の名前であり、「ジーメンスとハルスケ」も、もちろん偉大な電気技術者である。〔「ジーメンスとハルスケ社」は、エルンスト・ヴェルナー・フォン・ジーメンス（一八一六―九二年）とヨーハン・ゲオルク・ハルスケ（一八一四―一九〇年）によって一八四七年に設立され、現在のジーメンス社はここから発展したもの。ハルスケは、設立後、二十年あまりで会社の経営から離れている。直前で「場合によっては実に不都合なところ」と言われているのは、ハルスケがジーメンス社から離れていったのに、この名前を披露宴で言ってしまったことを念頭に置くのかもしれない。〕

（15）「失錯行動」の原語はFehlhandlungである。ただし、本講義ではフロイトは「失錯行為Fehlleistung」という言葉を用いている。おそらくフロイト自身、これら二つの言葉について厳密な区別を考えていなかったと思われる。

（16）［SE］以上二つの例は『日常生活の精神病理』〔全集第七巻、一〇六―一〇七頁［文庫、一五四頁］、八五頁［文庫、一二七頁］〕で紹介されている。

（17）三十年戦争のカトリック側の武将ヴァレンシュタインを主人公とするシラーの戯曲。『日常生活の精神病理』第五章の編訳注（全集第七巻、三六一頁、編注（75）［文庫、五〇六―五〇七頁、訳注（39）］）参照。

（18）［SE］『ヴァレンシュタイン』と次の『ヴェニスの商人』の例は、『日常生活の精神病理』〔全集第七巻、一一七―一二〇頁［文庫、一六八―一七二頁］〕でも続けて紹介されている。

（19）［SE］O・ランク「言い違いの詩的利用の一例」（『精神分析中央誌』第一巻、一九一〇年、一〇九頁）。

(20)〔SE〕フロイトは、リヒテンベルクの作品が好きで、彼の風刺詩を『機知――その無意識との関係』〔全集第八巻〕で数多く取り上げている。アガメムノンに関するこのエピソードは第四講〔本書上巻、一一五頁〕でも言及され、また『日常生活の精神病理』〔全集第七巻、一三八頁〔文庫、二〇一頁〕〕でも紹介されている。同書でもやはりゲーテがリヒテンベルクについて述べた言葉〔同巻、二六八頁〔文庫、三八一頁〕〕が紹介されている。

第三講　失錯行為（続き）

(1)〔SE〕「本人が自ら話してくれるよ〔Er sagt es ja selbst〕」は、『フィガロの結婚』の第三幕にあって六重唱で繰り返される言葉。原文のイタリア語ではQue a te lo dirà となる。フロイトはこの歌劇の標準的なドイツ語訳から引いている。〔SEの注は簡素だが、ここで『フィガロの結婚』としてその表題が挙がっているのは、ボーマルシェによる戯曲ではなく、それを基にしてダ・ポンテが台本を書きモーツァルトが作曲したオペラのほうである。第三幕、第五景でフィガロが自分の腕に彫られた紋章様の瘢痕を見せたことで、フィガロとの結婚を望んでいた女中頭のマルチェリーナは、フィガロこそが、かつて自分と、今は伯爵の侍医となっているバルトロとのあいだに生まれながら、誘拐されて行方不明になっていた我が子であることを知る。遅れて駆け込んできたスザンナが、フィガロとマルチェリーナが抱き合っているのを見て、フィガロが心変わりして自分を見捨てたと誤解したのに対して、「これは僕の母だ、そしてそちらは僕の父だ、本人が君に話してくれるだろう」と言うのである。訳文中で「本人が自ら話してくれるよ」と訳した部分は、ダ・ポンテの原文では未来形であり、戸口幸策氏による対訳（『名作オペラブックス1 モーツァルト フィガロの結婚』音楽之友社、一九八七年）では「彼もそう言うだろう」（同書、一五七頁）、小瀬村幸子氏による対訳（『オペラ対訳ライブラリー モーツァルト フィガロの結婚』音楽之友社、二〇〇一年）では「あの人から君にそう言うはずだ」と訳されている（同書、一二八頁）。フロイトが引く一般的なドイツ語訳の訳文ではこれを現在形で訳しており、また「君に」に該当する語は抜けている。ドイツ語では近接する未来の事柄を現在形で表現するのが普通で、台詞のドイツ語訳そのものに不具合があるわけではないが、フロイトがそれを引用するとき、「これから本人が君にそのことを話してくれるだろう」という原文の趣旨から離れ、「本人自身がそう言っているのだ」という一般論としての性格を持つことになる。なお、台詞そのものには現れないが、文脈から考えると母子相姦を連想させかねない場面の台詞をフロイトが引用しているのは、おそらく偶然であろうが興味深い。〕

（2） begging the question とは、まだ得られていない解答を前提として問題を解決したかに見せることを指す。

（3）［SE］この例は『日常生活の精神病理』〔全集第七巻、九六頁［文庫、一四二頁］〕で紹介されている。

（4）［SE］この例も『日常生活の精神病理』〔全集第七巻、七〇頁［文庫、一〇六－一〇七頁］〕で言及されている。

（5）［SE］この例も『日常生活の精神病理』〔全集第七巻、六九頁［文庫、一〇五頁］〕で言及されている。

(6)［SE］講義が行われた当時は第一次世界大戦中であった。

(7)［SE］これらの例も『日常生活の精神病理』〔全集第七巻、一〇〇頁〔文庫、一四七―一四八頁〕〕で言及されている。

(8)［SE］次に紹介される比喩は『日常生活の精神病理』〔全集第七巻、二九頁〔文庫、四九―五〇頁〕〕でも言及されている。

(9)［SE］この困難についてフロイトは、最晩年の論稿のひとつである「分析における構築」〔全集第二十一巻〕で長い議論を行っている。

(10)［SE］「コンコルディア」とはウィーンのジャーナリスト協会の名称。この一件については『日常生活の精神病理』〔全集第七巻、一〇七―一〇八頁〔文庫、一五五頁〕〕でも言及されている。この話は、もともとマックス・グラーフによって伝えられたものだった。

(11)［SE］カール・グスタフ・ユング『早発性痴呆の心理学について』一九〇七年、ハレ、五二頁。〔この例は『日常生活の精神病理』〔全集第七巻、三三頁〔文庫、五五―五六頁〕〕でも挙げられている。〕

(12)［SE］引用されているのはハイネの『拾遺』に収められた「海の墓穴から」の第四詩の最初の行にある句で、詩の中で繰り返される。〔老婆がひとりの男を呪い、その男のいたことが世間の記憶から消え去ることを願って口にするもの。〕

(13)［SE］アブラハム・A・ブリル『精神分析――その諸理論と実践的応用』フィラデルフィア、ロンドン、一九一二年、一九一頁。〔この例は『日常生活の精神病理』でも言及されている（全集第七巻、二七三頁〔文庫、三八九―三九〇頁〕）。〕
(14)〔SE〕こういった状況は、第四講〔本書上巻、一一八―一一九頁〕でさらに論じられている。
(15) 同様のことが『日常生活の精神病理』（全集第七巻、一八七―一八九頁〔文庫、二六四―二六五頁〕）でも指摘されている。
(16)〔SE〕ショウの戯曲のこの個所については『日常生活の精神病理』のひとつの原注〔全集第七巻、一八九頁、原注(47)〔文庫、二八一頁、原注(35)〕〕でも言及されている。
(17)〔SE〕この例は『日常生活の精神病理』〔全集第七巻、二五四―二五五頁〔文庫、三六二頁〕〕でも紹介されている。
(18)〔SE〕この例は『日常生活の精神病理』〔全集第七巻、一七二―一七三頁〔文庫、二四七―二四八頁〕〕で紹介されている。
(19) 以下、SEにより、それぞれの出典を示す。A・メーダー「日常生活の精神病理学への新論稿」（『心理学論集』第七巻、一九〇八年、一四八頁）。A・A・ブリルについては、本講の訳注(13)参照。E・ジョーンズ「日常生活の精神病理学」（『アメリカ心理学雑誌』第二十二巻、一九一一年、四七七頁）。J・シュテルケ「日常生活より」（『国際医療精神分析雑誌』第四巻、二十一号、一九一六年、九八頁）。この個所の原文ではそれぞれの人名のあとにengl.やfranz.というように形容詞の省略形が表示されている（メーダーのあとにはfranz., ブリルとジョーンズのあとにはengl., シュテルケのあとにはholland. とある）。ジョーンズはもともとイギリス人で、当該の論文も英語で書かれており、engl. というのを、「英国在住の」ないし「英国人の」という意味にも「英語で書かれた」という意味にも取れようが、ブリルはオーストリア出身で後にアメリカに渡っており、またメーダーは、もともとドイツ語圏のスイス人で、ドイツ語とフランス語の両方の言語に通じているため、engl. と franz. とは、それぞれ「英語で書かれた」、「フランス語で書かれた」という意味であろう。ただ最後のシュテルケは、オランダ人ながら、当該の論文タイトルはドイツ語であることから、ここは「オランダ人」ないしは「オランダ出身」と解される。ただ、元の表記や趣旨が大雑把であることから、それぞれ仏、英、英、蘭と表記した。

(20)［SE］この例と次の例も『日常生活の精神病理』〔全集第七巻、二八二頁〔文庫、四〇二―四〇三頁〕〕で紹介されている。

(21)［SE］この例も『日常生活の精神病理』〔全集第七巻、二八一頁〔文庫、四〇一―四〇二頁〕〕で紹介されている。

(22)［SE］この例も『日常生活の精神病理』〔全集第七巻、二五〇頁〔文庫、三五五―三五六頁〕〕で紹介されている。

(23)［SE］以上の二つの例も『日常生活の精神病理』〔全集第七巻、二五〇頁〔文庫、三五五、三五六頁〕〕で紹介されている。

(24)　この例も、『日常生活の精神病理』〔全集第七巻、二四九―二五〇頁〔文庫、三五五頁〕〕でフロイトの知人の話としてではなく一般論として右の三つの具体例に先立って挙げられている。

第四講　失錯行為（結び）

（1）〔SE〕症状行為と偶発行為は『日常生活の精神病理』第九章〔全集第七巻、二三五頁以下〔文庫、三三五頁以下〕〕の主題である。

（2）この例は『日常生活の精神病理』〔全集第七巻、一四八頁〔文庫、二一四－二一五頁〕〕でも紹介されている。ただし、ここで新聞（Zeitung）となっているところは、『日常生活の精神病理』ではWochenblatt（週刊誌、週刊新聞）となっている。

（3）この例は『日常生活の精神病理』〔全集第七巻、一一六頁〔文庫、一六六－一六七頁〕〕で、国民党の代議士ラットマンの言い違いとしてもう少し詳しく紹介されている。

（4）ドロミーテン山塊のある南チロル地方は、当時オーストリア領で、第一次世界大戦後、イタリアに帰属することになった。

（5）〔SE〕この逸話は『日常生活の精神病理』〔全集第七巻、七八－七九頁〔文庫、一一七－一一八頁〕〕でも紹介されている。ただし、同書のこの部分は、一九一七年に追加されたもので、時期的にはむしろ本講義のほうが早い。

（6）〔SE〕第二講の冒頭〔本書上巻、三六－三七頁〕を参照。ちなみに、そこで語られるのは失錯行為に「三つのグループ」があるということであり、一方ここまでの個所〔本書上巻、一〇三－一一〇頁〕で論じられているのは、言い違いに対して言い違った本人がそれをどう思うかに関して「三つのグループ」があるということであって、全く別の話だから両者を混同してはならない。

（7）〔SE〕この例は『日常生活の精神病理』〔全集第七巻、一四〇頁〔文庫、二〇三頁〕〕でも紹介されている。ただし、同書のこの例は、一九一七年に追加されており、本講義での紹介のほうが時期的に早い。

(8)〔SE〕フロイト自身の体験した具体的な例が『日常生活の精神病理』〔全集第七巻、一三九頁〔文庫、二〇二頁〕〕で紹介されている。

(9)〔SE〕「対抗意志」の概念は、フロイトのごく初期の、精神病理学に関するいくつかの著作、たとえば「催眠による治癒の一例——「対抗意志」によるヒステリー症状の発生についての見解」〔全集第一巻〕では際立った役割を果たしている。『日常生活の精神病理』でも、いくつかの個所でこれが顔を覗かせている。

(10)〔SE〕本講の前出個所〔本書上巻、一一八頁〕参照。〔当該個所の「失錯行為の研究から二つの点について新たなことが分かります」という記述を受けている。〕

(11)〔SE〕この逸話は後に『日常生活の精神病理』〔全集第七巻、四三頁〔文庫、六九頁〕〕の第二版（一九〇七年）に採録された。〔オルヴィエトは、イタリア、ウンブリア地方の都市であるが、当時、イタリアは、いわゆる「未回収のイタリア」の奪還を目指して、第一次大戦で連合国側に付いてオーストリアやドイツと戦争状態であった。オルヴィエトは、フロイトが愛する町のひとつで、『日常生活の精神病理』第一章（全集第七巻、五—一一頁〔文庫、一四—二三頁〕）では、最初にこの町の聖堂のフレスコ画を描いた画家シニョレッリの名前を自分が想い出せなかった事例を取り上げている。〕

(12)〔SE〕フロイトは『夢解釈』ではこの原理のことを「不快原理」と呼んでいる（たとえば〔全集第

五巻、四〇三―四〇八頁〕）。ところが、その後は、ほぼ一貫してこれを「快原理」と呼んできた。本講義の第二二講〔本書下巻、一八九―一九一頁〕でも、やはり「快原理」と呼んでいる。

(13)〔SE〕幼児期健忘については第一三講〔本書上巻、三五一―三五三頁〕で議論される。ものを忘れるということ全般に関しては、『日常生活の精神病理』の第二版（一九〇七年）に追加された長い原注〔全集第七巻、三三五頁、原注(87)〔文庫、四八三頁、原注(70)〕〕を参照されたい。

(14)〔SE〕ダーウィンの自伝の該当個所全体が『日常生活の精神病理』の原注〔全集第七巻、一八三頁、原注(44)〔文庫、二七九頁、原注(32)〕〕で紹介されている。〔邦訳では、『ダーウィン自伝』八杉龍一・江上生子訳、筑摩書房（ちくま学芸文庫）、二〇〇〇年、一五三―一五四頁参照。〕

(15)ほぼこれに該当すると思われる例が、『日常生活の精神病理』〔全集第七巻、二七六頁〔文庫、三九三頁〕〕で紹介されている。

(16)これは、フロイト自身が、一九〇八年九月に兄をイギリスに訪ねていく途中に体験したものであり、『日常生活の精神病理』〔全集第七巻、二七七―二七九頁〔文庫、三九五―三九七頁〕〕で詳しく紹介されている。

(17)〔SE〕この例も『日常生活の精神病理』〔全集第七巻、二七二頁〔文庫、三八七―三八八頁〕〕で紹介されている。

(18)〔SE〕この逸話は『日常生活の精神病理』の一節〔全集第七巻、二一四頁〔文庫、三〇五―三〇六頁〕〕をそのまま採録したものである。

第二部　夢

第五講　種々の困難と最初の取りかかり

(1)〔SE〕強迫神経症の患者の有する不確かさと曖昧さへの傾向について、フロイトは「強迫神経症の一例についての見解〔鼠男〕」Ⅱ章、b節〔全集第十巻、二五七頁以下〕で議論している。また、この神経症の形式については第一七講〔本書下巻、四一頁以下〕の記述も参照。

(2) この夢解釈は、「テュロス」と「サテュロス」の間の音韻的な連関に因ったものである。第一五講（本書上巻、四一九―四二〇頁）および『夢解釈』第二章の原注(29)（全集第四巻、一三七頁）にもこの例が挙げられており、そこでは「サテュロス」はSatyrnではなくSatyrosと表記されている。

(3) アルテミドロスの本については、『夢解釈』第二章の原注(28)（全集第四巻、一三五頁）においていくぶん詳しく述べられている。

(4) いわゆるローマ帝国「五賢帝」の三番目（在位一一七―一三八年）。帝国を最大領土にまで拡大したトラヤヌス帝（在位九八―一一七年）の跡を継いだ。

(5)〔SE〕現今「ビンゴ」として知られているものの類い。〔原語はLotto.〕

(6)〔SE〕C・ビンツ『夢について』ボン、一八七八年、三五頁。〔GWでは「一八七六年」となっているが、SE、SAに従い訂正した。〕

(7)〔SE〕L・F・A・モーリ『睡眠と夢』パリ、一八七八年（初版は一八六一年）、五〇頁。

(8)[SE]L・シュトリュンペル『夢の本質と発生』ライプツィヒ、一八七七年、八四頁。〔フロイト『夢解釈』第五章（全集第四巻、二九〇頁）にもこの比喩が引用されている。〕
(9)[SE]W・ヴント『生理学的心理学大要』ライプツィヒ、一八七四年。
(10)[SE]F・ヨードル『心理学教本』シュトゥットガルト、一八九六年。
(11)[SE]J・M・ヴォルド『夢について』全二巻、O・クレムによるドイツ語訳、ライプツィヒ、一九一二年。
(12)アリストテレスの夢論については、『夢解釈』第一章（全集第四巻、一五頁）を参照。
(13)[SE]精神生理学者フェヒナー（一八〇一—一八七年）は、フロイトの理論に大きな影響を与えた（『みずからを語る』（全集第十八巻、一二二頁）を参照）。ここで触れられている論点については、『夢解釈』第一章（全集第四巻、七二頁）および第七章（全集第五巻、三二四—三二五頁）を参照。
(14)モーリ、前掲『睡眠と夢』。この実験については、『夢解釈』第一章（全集第四巻、四三頁）を参照。
(15)[SE]ヒルデブラント『夢と、人生にとっての夢の活用』ライプツィヒ、一八七五年。〔以下の三つの夢は『夢解釈』第一章（全集第四巻、四六—四八頁）でも紹介されている。〕
(16)[SE]この夢は、『夢解釈』第五章（全集第四巻、三〇二頁）で、より詳しく述べられている。
(17)[SE]K・A・シェルナー『夢の生活』ベルリン、一八六一年。
(18)この夢は『夢解釈』第五章（全集第四巻、二九五頁）でも紹介されている。
(19)[SE]ケルントナー通りは、ウィーンの中心的なショッピング街。

(20) この夢については、『夢解釈』第五章〔全集第四巻、二四四―二四五頁〕で解釈がほどこされている。
(21)［SE］この点については、第六講〔本書上巻、一七九―一八〇頁〕で修整が加えられる。
(22)［SE］空想《ファンタジー》と芸術創造の関係に関するフロイトの議論の主なものは、本入門講義以前の次の二著作に見られる。「詩人と空想」、「ヒステリー性空想、ならびに両性性に対するその関係」〔いずれも全集第九巻〕。フロイトはこの主題に第二三講の終盤〔本書下巻、二二三―二二五頁〕で立ち戻っている。〔空想と夢との関係について、フロイトは『夢解釈』第六章「夢工作」の「二次加工」の個所で詳しく説明している〔全集第五巻、二六五―二八九頁〕。〕

第六講　解釈の前提と技法

(1)［SE］「初歩」という語句は、出版に際して省かれた。
(2)「王子様のために編集して差し上げたラテン文集といったような」にあたる原語は、ラテン語で in usum Delphini.「皇太子御用達」の意。ルイ十四世が古来の文書を皇太子用に校訂して編纂させたことに由来する。
(3)「持ち込んで来ようと」の原語は übertragen. 精神分析用語として「転移させる」の意を持つ語でもある。
(4)「形容矛盾」の原語はラテン語で contradictio in adjecto.
(5) 第一八講〔本書下巻、七一―七二頁〕でも、ベルネームの催眠について触れられている。

（6）「持ち込んでくること」の原語は Übertragung．精神分析用語として「転移」の意を持つ語でもある。
（7）「持ち込んでみること」の原語は Übertragung．前注参照。
（8）［SE］これに関してフロイトは、一九一九年に『夢解釈』第五章に原注〔全集第四巻、二四一頁、原注(68)〕を追加している。
（9）［SE］いくつかの範例が『日常生活の精神病理』第一二章、A〔全集第七巻、二九三頁以下〔文庫、四一九頁以下〕〕で挙げられており、この話題はそこでより詳しく議論されている。
（10）「アルビーネ Albine」は、「アルビーノ Albino」の女性形。なお、生物学では、変異により色素脱失した白い個体を「アルビノ」と呼ぶ。
（11）［SE］パリスはヘレナ（ヘレーネ）と駆け落ちする。パリスは一時期、イーダ山で羊飼いをしており、ここで彼は、三人の女神たちの競争に判定を下した。〔ジャック・オッフェンバック（一八一九－八〇年）のオペラ『美しきヘレナ』については、『夢解釈』第六章（全集第五巻、二六六頁）で言及されている（同所に付された編注(443)も参照）。〕
（12）リュジニャン家はフランスの旧家。アルベール侯（一八四八－一九二二年）はモナコ大公（在位一八八九－一九二二年）であり、海洋学者としても知られていた。
（13）モンテ・カルロはモナコ公国の一地区で観光保養地。ピエモンテはイタリア北部の州。アルバニアはバルカン半島南西部で、一九四六年にイタリアから独立して共和国となる。モンテヴィデオは南米ウルグアイの首都。コリコはイタリア北部の都市。モンテネグロはバルカン半島中西部の共和国。

(14)「アルバニア Albania」には、ラテン語の「白」を意味する albus と重なる綴りがあり、「モンテネグロ Montenegro」には、ラテン語の「黒」を意味する niger やイタリア語の「黒」を意味する negro と重なる綴りがある。この白と黒の対比により、フロイトの思路の中ではアルバニアはモンテネグロへと交代した。これを受けて、三行後（一九一頁一行目）にある「初めの四つは」の「四つ」は、アルバニアの代わりにモンテネグロを代入して数えられている。なお「代替の名前」の第一番に「モンテ・カルロそのもの」が来ているが、これは、「モンテ・カルロ」はヴァチカンと同様に都市名であると同時に国名でもあるかもしれないというとりあえずの思いつきから出てきたものと考えられる。

(15)〔SE〕このエピソードは『日常生活の精神病理』第五章〔全集第七巻、六七頁〔文庫、一〇二―一〇三頁〕〕でも短く記述されている。

第七講　顕在的夢内容と潜在的夢思考

(1) この段落は、第一講（本書上巻、三〇―三二頁）における、意識と無意識の区別の議論を引き継ぎ、さらに、第一三講（本書上巻、三七三―三七四頁）での無意識についての議論へと続くものであり、第一三講では「無意識は、その時に潜在的であるものにとどまらない」という方向へと議論が展開する。

(2) 第八講（本書上巻、二一七頁以下）の主題である「子どもたちの夢」が念頭に置かれている。

（3）［SE］フロイトはこの「分析の根本規則」に、第一九講〔本書下巻、八六―八七頁〕で立ち戻っている。

（4）［SE］「抵抗」という主題は、第一九講〔本書下巻、八五頁以下〕で本格的に扱われる。

（5）［SE］夢解釈に対する抵抗圧の高低の影響を、フロイトは「夢解釈の理論と実践についての見解」Ⅱ節〔全集第十八巻、一七六―一七七頁〕で論じている。

（6）［SE］これについては、次の第八講を参照。

（7）原文はフランス語で Du sublime au ridicule il n'y a qu'un pas. OCでは、ジュール・ミシュレ（一七九八―一八七四年）の、以下のような同様の言葉を参照させている。Michelet: Il n'est qu'un pas du sublime au ridicule.

（8）原文はフランス語で Oui, le pas de Calais.

（9）英仏海峡は、各国語で呼び名が違う。英語では「ドーバー海峡」と言うが、フランス語では対岸の港町カレーの名を取って、「ル・パ・ドゥ・カレー le pas de Calais」と言う。pas は「歩み」と「海峡」の意をもつ語だが、フランス語には「海峡」を意味する語として他に manche という語もある。この manche の最も一般的な意味は「袖」である。ドイツ語では英仏海峡のことを Ärmelkanal というが、この Ärmel という語も「袖」の意である。

（10）［SE］この夢の例（b）は、一九一九年に『夢解釈』第七章に原注〔全集第五巻、三〇三、三〇五頁、原注（213）〕としてそのまま再録された。

（11）「ティッシュラー Tischler」は、文字通りには「家具職人、指物師」の意。ティッシュ Tisch

は「机」もしくは「テーブル」の意。

(12)「ひきだす」の原語は hervorziehen,「ひいき(＝贔屓)」は Vorzug. 動詞 ziehen は「引く」の意、それに接頭辞 vor の付いた動詞 vorziehen は「好む、ひいきする」という意味であり、名詞 Vorzug はこの動詞の名詞化である。なお、この夢の事例は、一九一四年に『夢解釈』第六章〔全集第五巻、一六六頁〕に追加されたものである。

(13)「戸棚」の原語は Schrank,「制限する」は einschränken で、どちらも schränk という綴りを含んでいる。ein には「中へ」という意味があるため、この夢は einschränken という語を、「戸棚に収まるように自分の分をわきまえる」という具合に工作して使ったことになる。なお、この夢(e)は一九〇九年に『夢解釈』第六章〔全集第五巻、一六四頁〕に追加されている。

(14) この夢(f)は、一九一一年に『夢解釈』第六章〔全集第五巻、一六四頁〕に追加されているが、そこでは「ある知人」ではなく「兄弟」と記されている。また、ここで「「展望」という名の雑誌の発行人」という意味で用いられている「展望する人」という表現は『夢解釈』には見られない。

(15)〔SE〕この点についての議論は、『機知――その無意識との関係』C部、Ⅵ節〔全集第八巻、一八八頁以下〕にある。また、本講義の第一五講〔本書上巻、四一七－四一九頁〕も参照。

(16)〔SE〕この夢は、『夢解釈』第六章〔全集第五巻、一七三－一七四頁〕で、はるかに簡略化された分析と共に収録されている。また、「夢について」Ⅶ節とⅧ節〔全集第六巻、三五六－三五七頁、三六〇頁〕でも論じられている。フロイトは本入門講義においても、幾つかの点でこの夢に立ち

戻っている。第九講〔本書上巻、二四三頁〕、第一一講〔本書上巻、三〇九―三一〇頁〕、第一四講〔本書上巻、三八八―三八九頁、三九八―四〇〇頁〕。

(17)　第一〇講〔本書上巻、二八八―二八九頁〕の夢の象徴作用の解説で述べられるが、「三」という数字は、実際に男性性や夫、すなわちファルスの象徴として機能する。

第八講　子どもたちの夢

(1)〔SE〕『夢解釈』では、子どもたちの夢を独立させて扱った章はないが、第三章〔「夢は欲望成就である」、全集第四巻、一六五頁以下〕の中で扱われており、この第八講でも、そこに出ている例がいくつか再録されている。

(2)「ヘ（ル）マン」の原語はHe(r)mannで、この男の子の名前である。フロイトには実際にヘルマンという名の甥がいた。『夢解釈』第三章〔全集第四巻、一七六頁〕および同所に付された編注(10)を参照。

(3)『夢解釈』第三章〔全集第四巻、一七四―一七五頁〕に同じ例が挙げられている。

(4)〔SE〕北オーストリアのザルツカンマーグート地域にある。〔なお、「エヒェルンタール Echerntal」はGWでは「エシェルンタール Escherntal」となっているが、SEに従い訂正した。〕

(5)〔SE〕ここで述べられる二つの「主たる特徴」、あるいは「最も一般的な夢の性格」は、先に第五講〔本書上巻、一四三頁以下〕で言われていた二つの「どんな夢にも共通していること」とは違うものであることに注意しておこう。

(6)『夢解釈』第三章(全集第四巻、一七六頁)、および同所に付された原注(43)(同巻、一七九頁)を参照。SEによれば、それぞれハンガリー、ユダヤの諺。

(7)『夢解釈』第三章(全集第四巻、一七五頁)に同じ例が挙げられている。「アンナ・F」は、フロイトの末娘アンナ・フロイトの名前、「エルトベーア」は苺、「ホーホベーア」もフロイトの当該個所での説明によれば苺の類であり、「アイアーシュパイス」はオムレツなどの卵料理、「パップ」は粥。

(8)オットー・ノルデンシェルド(一八六九―一九二八年)。スウェーデンの地質学者、地理学者、探検家。

(9)[SE]デュ・プレル『神秘主義の哲学』ライプツィヒ、一八八五年、二三二頁。

(10)マンゴ・パーク(一七七一―一八〇六年)。スコットランドの探検家。

(11)フリードリヒ・フォン・デア・トレンク(一七二六―九四年)。プロイセンの軍人、冒険家。

(12)ジョージ・バック(一七九六―一八七八年)。英国の海軍軍人。北極を探検。

(13)[SE]これらの二つの引用は、『夢解釈』第三章に一九一二年に追加された原注(全集第四巻、一七七―一七九頁、原注(42))でもなされている。

(14)フロイト自身の見たこの種の夢とその分析が、『夢解釈』第三章(全集第四巻、一六六―一六八頁)にある。

(15)[SE]O・ランク「夢のきっかけとしての現実の性興奮」(『精神分析中央誌』第二巻、一九一二年、五九六頁)。

(16)〔SE〕この点に関しては、『夢解釈』第六章〔全集第五巻、一五八―一五九頁〕で、より詳しい議論が行われている。
(17)『夢解釈』第三章（全集第四巻、一六八頁）でその一例が挙げられている。
(18)モーリッツ・フォン・シュヴィント（一八〇四―七一年）。ドイツのロマン派の代表的画家。童話の挿絵なども多い。
(19)「妖精」の原語はGnom. 地中の宝を守るという地の精で、しなびた醜い老人姿のこびととして描かれる。

第九講　夢検閲

(1)〔SE〕夢工作についての議論は、第一一講〔本書上巻、二九八頁以下〕を参照。
(2)〔SE〕H・フォン・フーク＝ヘルムート「おのずから解釈される夢」（『国際医療精神分析雑誌』第三巻、一九一五年、三三頁）。〔フォン・フーク＝ヘルムート博士については、「ヘルミーネ・フォン・フーク＝ヘルムート博士宛　一九一五年四月二十七日付書簡」（全集第十四巻）および同巻の「解題」（四二四頁）を参照。〕
(3)〔SE〕これは、一九一四年から一八年の大戦の間のことである。この婦人の息子の一人は、戦場に赴いていた。
(4)〔SE〕「愛の奉仕」は、第一義的には、「愛のためになされる奉仕」つまり「無報酬の奉仕」を意味するが、それとは別の、あまり上品ではない意味を帯びることがありうる。

（５）〔SE〕この夢は一九一九年に『夢解釈』第四章に原注〔全集第四巻、一九二―一九三頁、原注（48）〕として追加された。
（６）「性向」の原語はTendenz. SEには、この原語に統一的な英語の訳語を充てるのが必ずしも容易ではない旨が注記されており、日本語でも同様である。本巻でも、「性向」、「意向」、「傾向性」などの語によって訳し分けてある。
（７）「夢は、絶対的にエゴイストである」（『夢解釈』第六章（全集第五巻、五九頁））。ただしSEとSAが指摘するように、フロイトは、一九二五年に『夢解釈』第五章の原注（全集第四巻、三五三頁、原注（109））に追加した記述で、夢は徹底的にエゴイストだという見解に制限をつけている。
（８）「聖なるエゴイズム」の原語はsacro egoismo. 引用符が付されており、フロイトは何らかのイタリア語文献を念頭に置いていると思われるが、不詳。
（９）SEの編者はここで、本講の訳注（３）の記述に改めて注意するよう促している。夢の中で「愛の奉仕」は将校と兵士を問わず分け隔てなく与えられることになっているが、夢を見た婦人の息子も、当時出征中であった。この情報と夢とを合わせて考えると、この分け隔てのなさは、実は「息子であろうが他の男性であろうがお構いなし」という意味の分け隔てのなさであるという解釈が可能である。
（10）「不条理へと」の原語はラテン語でad absurdum.
（11）〔SE〕シャルコーの句は以下の通りである。「理論、それは結構です。しかし現実がこうであることは変えられないのです〔La théorie, c'est bon, mais ça n'empêche pas d'exister〕」。フロイトはこの句を繰り返し引用している。「J・M・シャルコー著『サルペトリエール火曜講義（一八八七─八八年）』翻訳への注解抜粋」〔全集第一巻、一二七九頁〕、「シャルコー」〔同巻、三八〇頁〕、「あるヒステリー分析の断片〔ドーラ〕」〔全集第六巻、一五一頁〕。

(12)〔SE〕このプラトンの句についての言及は、『夢解釈』第一章〔全集第四巻、九五頁〕にもある。〔これは、おそらくプラトンの『国家』第九巻の冒頭の部分への言及である。〕

(13)〔SE〕人間の本性の破壊的な面についてのフロイトの最も強力な告発は、「文化の中の居心地悪さ」V節〔全集第二十巻、一一八頁以下〕、VI節〔同巻、一二八頁以下〕においてなされている。

第一〇講　夢における象徴作用

(1)〔SE〕フロイト自身が述べているように〔『夢解釈』第六章〔全集第五巻、九二─九三頁〕〕、彼は比較的後期になってから、夢の象徴作用の重要性をはっきり認識するようになった。それに当ってはヴィルヘルム・シュテーケル〔『夢の言葉』ヴィースバーデン、一九一一年〕の影響が大きい。『夢解釈』の第四版〔一九一四年〕になって初めて、象徴の問題のために一節が設けられることになった。その節〔第六章、E節〔同巻、九二頁以下〕〕は、この第一〇講を別にすれば、フロイトの象徴作用についての主たる議論を構成している。むろんこの話題をフロイトは、『夢解釈』のそれ以外の個所においても、他の著作においても、生涯に亘りここかしこに登場させる。そしてこの講義でも、それらの著作への参照がある。とはいえ、この第一〇講は、象徴作用に関するフロイトの書き物の中で、最も重要と見なされるだけの理由を持っている。

(2)〔SE〕ここで言われているのは、転移が無意識において生じることによって、自由連想が途絶してしまう場合のことである。「転移の力動論にむけて」〔全集第十二巻、二一四頁以下〕や、本講義の第二七講〔本書下巻、三一八頁以下〕を参照。
(3)〔SE〕K・A・シェルナー『夢の生活』ベルリン、一八六一年。〔なおシェルナーの説についてはすでに第五講（本書上巻、一五八頁）で言及されている。〕
(4)「比較のための第三項」の原語はラテン語で Tertium comparationis.
(5)「王子様のための特別な」の原語はラテン語で in usum delphini. 第六講（本書上巻、一七一頁）および同所に付された訳注(2)参照。
(6)〔SE〕P・フェーデルン「二つの類型的な夢の感覚について」（『精神分析・精神病理学研究年報』第六巻、一九一四年、八九頁）。
(7)〔SE〕J・M・ヴォルド『夢について』全二巻、O・クレムによるドイツ語訳、ライプツィヒ、一九一二年、第二巻、七九一頁。
(8)〔SE〕宝石箱の象徴作用は、「あるヒステリー分析の断片〔ドーラ〕」の「第一の夢」の分析において〔全集第六巻、七八頁以下〕、主要な役割を演じた。
(9)〔SE〕これらの三種の小さき者は、それぞれ夢の中で、男性器の象徴にも女性器の象徴にもなり得るという意味である。
(10)〔SE〕帽子の象徴作用について、フロイトは論文「ある象徴と症状の関係」〔全集第十六巻〕で論じている。

（11）[SE]『夢解釈』第六章〔全集第五巻、九九―一〇〇頁〕では、フロイトは「男」Mann と「外套」Mantel との間の音韻の共通性にこの説明を求めている。この象徴については、さらに『続・精神分析入門講義』第二九講〔全集第二十一巻、二八頁〕で論じられる。

（12）花の象徴が大変豊富に出てくる夢の報告が、『夢解釈』第六章〔全集第五巻、五四―五五頁、九〇―九二頁〕でなされている。

（13）「古い家」の原語は altes Haus,「屋根に」は aufs Dachl,「上の小部屋」は Oberstübchen,「肉体の門」は Leibespforten.

（14）「ヒュレー」の原語は *ὕλη*.

（15）「マデイラ」の原語は Madeira,「マテリア」は materia,「マーテル」は mater.『夢解釈』第六章〔全集第五巻、九九頁〕でも言及されている。

（16）[SE]O・ランク『英雄誕生神話』ライプツィヒ―ウィーン、一九〇九年。

（17）古代メソポタミアの都市国家アッカド朝の創設者。フロイトは、オットー・ランクを参照しながら、Sargon von Agade と書き、紀元前二八〇〇年頃の王としている。アッカドのサルゴン大王のことであろうと思われるが、サルゴン大王は、『日本大百科全書』によれば、紀元前二三五〇―二二九五年頃の人とされている。

（18）[SE]フロイトは、この子どもの「神話の正しい解釈」を、『モーセという男と一神教』〔全集第二十二巻〕の中で、論拠として採用している。

（19）「トラベラーも（…ない）」の原語は英語で no traveller.

(20) シェイクスピア『ハムレット』第三幕、第一場への言及。同じ言及が、『夢解釈』第五章（全集第四巻、三三一頁）でもなされている（当該個所の編注(176)も参照）。
(21) 「古い箱」の原語は alte Schachtel.
(22) 「ペトロの第一の手紙」三・七。
(23) [SE]旧約聖書「ソロモンの雅歌」における性的象徴についての言及は、『夢解釈』第六章（全集第五巻、八九頁）にもある。
(24) チェコの都市ブルノの旧名。
(25) [SE]L・レヴィ「聖書とタルムードの性象徴」（『性科学雑誌』第一巻、一九一四年、二七四―三一八頁）。〔タルムードはユダヤ教の口伝の集大成で、市民生活百般に関する律法とその注解である。二―三世紀頃のミシュナと四―五世紀頃のゲマラの二部から成る。〕
(26) ペリアンドロスはギリシアの僭主（前六二七―五八五年）。伝説によれば、妻を熱愛して嫉妬により殺害し、死姦した。
(27) 「『アントロポピュテイア』に関するフリードリヒ・S・クラウス博士宛書簡」（全集第十一巻）を参照。
(28) ドイツ語では「部屋」を Zimmer といい、「女、女性、婦人」を Frau という。Frauenzimmer は、したがって「女」と「部屋」を合わせた言葉だが、「女の部屋」という意味ではなく、「女」という意味しかもたない（ただし蔑称的ニュアンスが少し入る）。つまり、女性の部屋をもって女性を表現しているのである。日本語の「女房」という言葉も、同様に「女―部屋」という意味であるから、ここでフロイトが指摘している通りの象徴作用に基づいて作られているが、ドイツ語のFrauenzimmerには、「妻」という限定は加わらない。
(29)「高い門」のフロイトによる原語はHohe Pforte. 英語版では、フランス語由来のSublime Porteという英語をあてている。この語について、SEの注は下記の説明を載せている。［SE］文字通りには玄関口を表し、一九二三年以前のコンスタンチノープルのオスマントルコ宮廷を示す外交上の用語で、トルコ語の名称からフランス語を経由して伝わった。
(30)［SE］G・H・フォン・シューベルト『夢の象徴作用』バンベルク、一八一四年。〔定本GWの本文では一八六二年となっているが、SEならびに『夢解釈』(全集第四巻・第五巻)巻末の文献表に基づき一八一四年に訂正した。〕
(31) こうした領域の一つにフロイトが筆を進めた作品として、「火の獲得について」(全集第二十巻)がある。
(32) いうまでもなく「三位一体」(日本式ならば「三種の神器」)などのことが念頭に置かれている。
(33) ちなみに、徳川家の「葵の御紋」は、自然界では二つであるところを、あえて三つの葉から構成したものとなっている。
(34) 紋章に用いられる植物の代表格である。フランス王家の紋章ともなっている。
(35)「トリスケレス」の原語はTriskelesで、「三本脚」の意。
(36)「魔除け」の原語はApotropaea.
(37)「ファルス・インプディクス」の原語はPhallus impudicusで、「みだらなペニス」の意。和名

「スッポンタケ」。幼菌は四－五センチの卵状、成長したキノコは長さ一〇－一五センチの円柱状。

(38)「女のあとからのぼる」の原語は den Frauen nachsteigen,「老いたのぼり屋」は ein alter Steiger.「あとからのぼる nachsteigen」には「(女の)尻を追いかけ回す」の意があり、「のぼり屋 Steiger」は「好き者」の意である。

(39)「歩行」の原語は la marche,「老いた歩行者」は un vieux marcheur であり、後者は熟語で「女の尻ばかり追いかけている老人」の意になる。「精神分析療法の将来の見通し」(全集第十一巻、一九三－一九四頁)、および『夢解釈』第六章に一九一一年に追加された原注(155)(全集第五巻、一〇一頁)で同様の例が挙げられている。

(40)「われわれの諸国には、手淫の行為を表す下品な言い回しがある。一本抜くとか、一本引きちぎるとかいうのである」(『夢解釈』第六章(全集第五巻、一四〇頁))。

(41)「基本の言葉」の原語は Grundsprache.［SE］これは、その回想録をフロイトが分析した控訴院議長シュレーバーのことである。「自伝的に記述されたパラノイアの一症例に関する精神分析的考察(シュレーバー)」(全集第十一巻、一一七頁)参照。

(42)［SE］H・シュペルバー「言語の発生と発展に及ぼす性的契機の影響について」(『イマーゴ』第一巻、一九一二年、四〇五頁)。

(43)［SE］『イマーゴ』誌は、一九四一年に終刊を迎えた。同様の狙いをもった『アメリカン・イマーゴ』が一九三九年にボストンでハンス・ザックスにより刊行されている。

第一一講　夢工作

(1)［SE］『夢解釈』では、その第六章〔全集第五巻〕（作品全体のおよそ三分の二）が、「夢工作」に充てられている。

(2)［SE］縮合については、『夢解釈』第六章、A節〔全集第五巻、四頁以下〕において、豊富な例とともに論じられている。

(3)［SE］フロイトは何度か、縮合の結果をフランシス・ゴールトンの合成写真になぞらえている（『夢解釈』第四章〔全集第四巻、一八六頁〕）。

(4)［SE］『機知――その無意識との関係』A部、Ⅱ節の最初の段〔全集第八巻、一二頁以下〕において、多くの例とともにこの技法が論じられている。

(5)　アルノルト・ベックリン（一八二七―一九〇一年）。スイスの画家。代表作に『死の島』。

(6)［SE］このことは、『夢解釈』のいくつかの場所で指摘されている。たとえば、第七章、A節〔全集第五巻、三〇九頁〕。こうした第二の解釈の例は、第四章〔全集第四巻、一九九―二〇〇頁〕に見られる。

(7)［SE］遷移は、『夢解釈』第六章、B節〔全集第五巻、三七頁以下〕の主題である。ただしこれは『夢解釈』の多くの個所で議論されている。

(8)［SE］機知における仄めかしの説明は、『機知――その無意識との関係』A部、Ⅱ節〔全集第八巻、八七頁以下〕で多くの例と共に述べられている。機知が理解しやすい必要があることについては、同書のB部、Ⅴ節〔同巻、一七八頁〕で述べられている。

(9)〔SE〕これはフロイトのお気に入りの小咄で、十年前に発表された『機知――その無意識との関係』〔全集第八巻、二四五頁〕の中で、また後に『自我とエス』〔全集第十八巻、四四頁〕の中でも言及している。

(10)〔SE〕この点についての主要な議論は、『夢解釈』第六章、C節〔全集第五巻、四二頁以下〕にある。

(11)「所有すること」の原語は Besitzen,「その上に座ること」は Daraufsitzen.「座る」の意である sitzen を共通に持つ。〔SE〕「ある五歳男児の恐怖症の分析〔ハンス〕」の夢の中で〔全集第十巻、四三頁〕、「跨る〔Draufsetzen〕」が「ものにする〔Besitzergreifen〕」の表現になっている例がある。

(12)『夢解釈』第六章〔全集第五巻、一六六頁〕に、「夢見る男の人は、ある別の人物の骨折《クノッヘンブルッフ》の治療をする。分析によって、この「折れること《ブルッフ》」は「婚姻が折れること」、つまり「離婚《エーエブルッフ》」云々の呈示であることが分かってくる」という夢の例が挙げられている。

(13)〔SE〕こうした「前夢」と「主夢」に分かれた夢の例が、『夢解釈』第六章〔全集第五巻、四九頁、九〇―九二頁〕にある。

(14)〔SE〕『夢解釈』第六章、C節〔全集第五巻、七三―七五頁〕参照。

(15)〔SE〕文献学で「二重語」というのは、英語で fashion と faction が同じ factio というラテン語起源をもつように、同じ語源をもつ二つの異なった語のことをいう。

(16)〔SE〕夢における不条理は、『夢解釈』第六章、G節〔全集第五巻、一八六―二〇九頁〕で論じられている。

(17)［SE］『夢解釈』第七章〔全集第五巻、二九八－三〇〇頁〕参照。また、強迫神経症の症状としての疑念については、第一七講〔本書下巻、四二－四三頁〕を参照。

(18)［SE］フロイトは、このアーベルの研究論文「原始語のもつ逆の意味について」への長い報告を書いた〔「原始語のもつ逆の意味について」〔全集第十一巻〕〕。ここで彼が述べていることの多くは、その報告から凝縮されて引かれている〔同巻、二一一－二一二頁参照〕。本講義の第一五講〔本書上巻、四〇七頁以下〕でもこの問題に立ち戻っている。

(19)［SE］ドイツ語 wieder は「再び」の意であるが、これは wider, つまり「反して」と発音が同じである。

(20)［SE］「退行」という主題は、第二二講〔本書下巻、一六四頁以下〕で詳しく論じられる。

(21)［SE］「二次加工」は『夢解釈』第六章、I節〔全集第五巻、二六五頁以下〕の主題である。

(22)［SE］別の個所でフロイトは、「二次加工」を夢工作から除いたりもしている。「証拠手段としての夢」〔全集第十三巻、一六三頁〕、および同所に付された編注(12)を参照。〔ただし、フロイトは同個所で「二次加工は別格に置かれてはいるが、これが夢工作の一部だという見方については、何ら変更すべき点はない」と結論づけている。〕

(23)［SE］夢の中の会話については、『夢解釈』第六章〔全集第五巻、一七六頁以下〕を参照。

(24)［SE］夢の中の計算については、『夢解釈』第六章〔全集第五巻、一七二頁以下〕を参照。

(25)［SE］機知の組み立てに関する第一五講の議論〔本書上巻、四一七－四一九頁〕を参照。

(26)［SE］ウィーンの地区。

第一二講　夢の例の分析

(1)〔SE〕この主要な例として、「あるヒステリー分析の断片〔ドーラ〕」における二つの夢〔全集第六巻〕、それから、「ある幼児期神経症の病歴より〔狼男〕」の幼年期の夢〔全集第十四巻〕が挙げられる。後者については、本入門講義の時点ですでに書かれてはいたが、出版はその後になった。

(2)〔SE〕O・ランク「おのれ自身を解釈する夢」（『精神分析・精神病理学研究年報』第二巻、一九一〇年、四六五頁）。

(3)〔SE〕以下に引かれる夢の諸例は、二つ〔六番と七番〕を除いて、ここだけで例示されている。ここで引かれていない夢の例の大部分、とりわけフロイト自身の夢については、『夢解釈』〔全集第四巻・第五巻〕にて報告と分析がなされている。

(4)〔SE〕この論点は、第一三講の最後〔本書上巻、三七二―三七四頁〕でさらに展開される。

(5)〔SE〕ここに出てきた夢は、すでにフロイトが報告している夢と、同じではないとしても非常に似ている。それは『夢解釈』第六章〔全集第五巻、一九一―一九二頁〕と「心的生起の二原理に関する定式」〔全集第十一巻、二六六―二六七頁〕に記されている。

(6)　女の子からはペニスが失くなってしまっている、という幼児期の性理論の中での言葉遣い。

(7)〔SE〕子どもたちにおける性の探究については第二〇講〔本書下巻、一三〇―一三三頁〕を参照。

(8)〔SE〕この夢は、もともとB・ダットナーによって公刊されたものである。『夢解釈』第六章〔全集第五巻、一一二―一一三頁〕に、ごく僅かな字句の違いはあるが、収録されている。

（9）「ヴィーナスの山」の原語はラテン語でMons Veneris.

（10）〔SE〕この夢は、『夢解釈』第六章〔全集第五巻、一一〇頁〕に、ほぼそのまま収録されている。

（11）〔SE〕この点について、『夢解釈』第六章〔全集第五巻、九三―九四頁〕に言及がある。

（12）一八七三年のウィーン万博の際にパビリオンとして建造された、円蓋のある、大きな円形の建物。一九三七年に焼失するまであった。

（13）〔SE〕フロイトはここで、〔上記の「黒い」トランクに対応させるべく〕「黒い〔schwarz〕」という語を用いている。〔この「黒い」が肌の色のことなのか社会的身分のことなのかは曖昧である。〕

（14）〔SE〕ウーラントの詩「カール王の航海」において、カール王は十二人の騎士と共に、聖なる土地に向かう航海の途上で嵐に巻き込まれる。十二人の騎士は順番に自分の不安を表明するが、王一人は平然と舵のもとに坐して、安全になるまで船を操舵する。〔ヨハン・ルートヴィヒ・ウーラント（一七八七―一八六二年）は、ドイツ後期ロマン派の詩人・政治家。〕

（15）〔SE〕この言い回しは、悪い機知の例として、『機知――その無意識との関係』に一九一二年に追加された原注〔全集第八巻、一六六―一六七頁、原注（7）〕で引用されている。

（16）〔SE〕この象徴は本講義では触れられていないが、『夢解釈』第六章〔全集第五巻、九八頁〕で、一連の部屋を通り抜けて行くことは売春宿もしくはハーレムの夢であり、結婚の（反対物による）呈示としても用いられる、と論じられている。

第一三講　夢の太古的特徴と幼児性

(1)〔SE〕幼児期健忘についてのより詳しい議論については、『性理論のための三篇』第二篇〔全集第六巻、二二二頁以下〕を参照。

(2)〔SE〕「遮蔽想起」については、『日常生活の精神病理』第四章〔全集第七巻、五五頁以下〔文庫、八五頁以下〕〕と、独立した論文としてそれよりも先に出された「遮蔽想起について」〔全集第三巻、三二七頁以下〕を参照。

(3)〔SE〕この夢は、『夢解釈』第一章〔全集第四巻、三三頁〕で述べられている〔同所に付された編注(20)も参照〕。また、ここで言われている事故それ自体については、『夢解釈』第七章〔全集第五巻、三五五頁〕で言及されている。

(4)〔SE〕この事実へのフロイトの気付きは、一八九八年三月十日付のフリース宛の書簡で述べられている。〔「夢の生活は例外なく生涯の先史的な時期（一―三歳）の残滓に由来するように僕には思われます」（ジェフリー・ムセイエフ・マッソン編、ミヒァエル・シュレーター＝ドイツ語版編『フロイト　フリースへの手紙――一八八七―一九〇四』河田晃訳、誠信書房、二〇〇一年、「手紙一六〇」（三一九頁）。〕

(5)〔SE〕この夢は、『夢解釈』第四章〔全集第四巻、二〇六―二〇七頁〕でより詳しく述べられ、さらに第五章〔同巻、三二三頁〕でも取り上げられている。ところで、この夢での娘の年齢は『夢解釈』ではいずれも「十五歳」（アルファベットで書かれている）となっている。ここでは「十七歳」と数字を使って書かれているが、おそらくこちらがミスプリントである。

(6)〔SE〕夢との関係でなく「取りそこない」との関係で論じられたものではあるが、よく似た話が『日常生活の精神病理』第八章〔全集第七巻、二二八—二三一頁〔文庫、三二四—三二六頁〕〕に非常に詳しく述べられている。

(7) 自分の小さな甥が棺桶の中に寝かされているという若い娘の夢について、それは甥への死の欲望を意味していたわけではなかったという例が、『夢解釈』第四章〔全集第四巻、二〇三—二〇六頁〕にある。

(8)〔SE〕兄弟姉妹の間の関係は、『夢解釈』第五章〔全集第四巻、三二三—三三二頁〕で論じられている。

(9)〔SE〕『人と超人』〔一九〇五年初演〕の登場人物ジョン・タナーの台詞〔第二幕〕。〔邦訳として、倉橋健・喜志哲雄訳『人と超人／ピグマリオン〔ベスト・オブ・ショー〕』一九九三年、白水社。〕

(10) これらの論点は、『夢解釈』第五章〔全集第四巻、三三三—三三四頁〕で詳しく述べられている。

(11)〔SE〕この論点は、『続・精神分析入門講義』第三三講〔全集第二十一巻、一七五頁〕でもっと詳しく触れられている。

(12)〔SE〕H・ザックス「夢解釈と人間理解」〔『精神分析・精神病理学研究年報』第三巻、一九一二年、五六八頁〕。フロイトは『夢解釈』の一九一四年の改訂の際に、ザックスの論文〔五六九頁〕の言葉を同書のほぼ最後の頁〔全集第五巻、四二七頁〕に挿入している。

(13)〔SE〕エディプスコンプレクスについてのより長い議論は、第二一講〔本書下巻、一四九頁以下〕でなされている。

(14)〔SE〕これは言うまでもなく、ユングとアードラーによる離反への当てつけである。第二二講〔本書下巻、一七五頁〕および同所に付された訳注(4)も参照。
(15)〔SE〕O・ランク『詩と伝説の近親姦主題』ライプツィヒ―ウィーン、一九一二年。
(16)〔SE〕去勢コンプレクスについては、第二〇講〔本書下巻、一三二頁〕で詳しく説明される。
(17)〔SE〕この論点をフロイトは、同時期の論文「精神分析のある難しさ」〔全集第十六巻、四九―五〇頁〕において展開している。
(18)〔SE〕幼児の性の問題は、より詳しく第二〇講〔本書下巻、一〇九頁以下〕と第二一講〔本書下巻、一三五頁以下〕で再度扱われる。

第一四講　欲望成就

(1) 原語はラテン語で、Ut desint vires, tamen est laudanda voluntas. 出典はオウィディウス〔前四三―後一七年〕『黒海からの手紙』第三巻、第四歌、七九行。
(2)〔SE〕表象とそれに伴う情動との結び付きの緩さについて、フロイトは早くから主張していた。たとえば、「防衛―神経精神症」〔全集第一巻、四〇〇頁〕を参照。
(3) この「三つの願い」という童話は、OCによれば、アレマン語〔ドイツ西南部・アルザス・スイスのドイツ語〕によるバーゼル出身の作家、ヨハン・ペーター・ヘーベル〔一七六〇―一八二六年〕の作品である。
(4)〔SE〕この段落は、一九一九年に『夢解釈』第七章に原注〔全集第五巻、三八一頁、原注(237)〕として追加された。なお、この童話は、はなはだ異なった関連においてではあるが、「不気味なもの」〔全集第十七巻、四三頁〕にも引かれている。

(5)〔SE〕この一文の意図ははっきりしない。

(6)〔SE〕懲罰夢については、『夢解釈』第六章〔全集第五巻、二四八―二五〇頁〕、第七章〔同巻、三五二―三五三頁〕で議論されている。

(7)〔SE〕この「十倍」は「百倍」の書き違いであろう〔第七講、本書上巻、二一四頁を参照のこと〕。

(8)〔SE〕「あるヒステリー分析の断片〔ドーラ〕」における第一の夢〔全集第六巻、七八―一一九頁〕。

(9)〔SE〕「証拠手段としての夢」〔全集第十三巻〕を参照。

(10)〔SE〕「夢」という言葉の正しい使い方についてのさらなる議論が、『夢解釈』第六章に一九二五年に追加された原注〔全集第五巻、二八九頁、原注(209)〕、および一九一四年に第七章に追加された原注〔同巻、三七九頁、原注(236)〕に見られる。また、「夢とテレパシー」I節の終わり〔全集第十七巻、三二五―三二六頁〕も参照。

(11)〔SE〕「この欲望の〔dieser Wünsche〕」の「欲望」は、どのドイツ語の版でも複数であるが、〔直前の「無意識の欲望の力」の「欲望」は単数であるため〕これでは意味があいまいになる。手稿を参照すると、（必ずしも明白ではないものの）やはり単数(dieses Wunsches)として書かれた、あるいは書こうと意図したように読める。また、この〔夢の〕過程全体に関する、本質的には同じだがより短い説明が、「証拠手段としての夢」〔全集第十三巻、一六二頁以下〕にある。

(12)〔SE〕この喩えは、『夢解釈』第七章〔全集第五巻、三五六―三五七頁〕でやや詳しく記述されている。

(13)〔SE〕「無意識」という用語の問題は、フロイト理論の根幹に関わっていた。彼は本講義の随所（第七講〔本書上巻、一九四頁〕、第一二講〔同、三三三頁〕、第一三講〔同、三七三―三七四頁〕、第一四講〔同、四〇二頁〕、第一九講〔本書下巻、九七頁以下〕――そして最後に短く――第二七講〔同、三三〇頁〕でそれに触れている。しかしフロイトはすでにこの時点でこの問題に落ち着きの悪さを感じており、実際この話題全体の修正を『自我とエス』〔全集第十八巻所収〕で行う。『続・精神分析入門講義』第三一講〔全集第二十一巻、九二頁〕でもこの問題への新しい解決が説明されている。

第一五講　不確実な点と批判

(1) セム語族とは、アラビア半島から北アフリカにかけて居住するセム族系の民族の言語を指し、現在でも話されているものとしてはヘブライ語、アラビア語、アラム語、エチオピア語が挙げられる。

(2) もとの中国語は、「少所見、多所怪」であろうと考えられる。これは後漢時代末期の哲学者、牟融《ぼうゆう》（前一七〇年―?）の言葉である。牟融は幼少時から博覧強記・博学多才の人物としてたたえられ、種々の学問に広く通じた。著述に『理惑論』三七篇があり、儒教・道教および伝来してまもない仏教についての議論を展開する。「少所見、多所怪」は同書に見える表現。なお、本注記については阿辻哲次氏にご教示を賜った。ここに謝意を表したい。本注記に問題点があれば責は訳者に帰する。

（3）［SE］後年に書かれた論文「夢解釈の全体への若干の補遺」の「a、解釈可能性の諸限界」（全集第十九巻、二三五頁以下）を参照。

（4）「王立アジア協会」の原語は英語で the Royal Asian Society. 同協会は一八二三年に創立された（王立となったのは翌年）。

（5）ヘンリー・ローリンソン（一八一〇―九五年）はイギリスの政治家・東洋学者で王立アジア協会の長を務めた。エドワード・ヒンクス（一七九二―一八六六年）はアイルランドの東洋学者・自然学者。ウィリアム・ヘンリー・フォックス・タルボット（一八〇〇―七七年）はイギリスの写真術開拓者で楔形文字の解読者。ジュール・オペール（ユリウス・オッペルト）（一八二五―一九〇五年）は、ドイツ生まれのフランスのアッシリア学者。

（6）オスカー・プフィスター（一八七三―一九五六年）は、スイスのルター派の牧師であり、かつ医師ではない精神分析家。ブロイラーやユングのチューリヒのグループに属し、フロイトと良好な関係を保った。

（7）「わざとらしい」の原文には gesucht という語が用いられている。これは「捜す」という意味の動詞 suchen の過去分詞でもあり、ここでは二つの意味が懸けてある。

（8）「原人」の原語は Urmensch,「時計人間」は Uhrmensch で、綴りは違うが、発音は同じである。

（9）「自動車」の原語は Auto (mobil). Auto だけで「自動車」の意であるが、ここでフロイトは

mobilという語を補っている。

（10）［SE］この例は、『夢解釈』第六章〔全集第五巻、一六六頁〕に引用されている。

（11）［SE］この研究とは『機知――その無意識との関係』〔全集第八巻〕を指す。『夢解釈』第六章の原注〔全集第五巻、二九頁、原注（118）〕においてフロイトは、そこで報告された夢について「どうも夢見る人があまりに機知に富んでいるように見える」という（ヴィルヘルム・フリースからの）批判を受けて、機知の研究に乗り出したことを書いている。また『機知』それ自体の中でも〔全集第八巻、一八八頁〕、この辺りの事情に触れている。

（12）［SE］「前意識」については、第一九講〔本書下巻、九八―九九頁〕を参照。

（13）［SE］『機知――その無意識との関係』C部、Ⅵ節、特に〔全集第八巻、二〇四―二〇五頁、二一一―二一二頁〕を参照。なおこの論点はすでに第一一講〔本書上巻、三〇五頁〕でも述べられている。

（14）第五講〔本書上巻、一四〇頁〕および同所に付された訳注（2）参照。

（15）アリスタンドロスは紀元前三八〇年頃の生まれの占い師で、アレクサンダー大王のお気に入りであったといわれる。

（16）［SE］A・メーダー「夢の機能について」（『精神分析・精神病理学研究年報』第四巻、一九一二年、六九二頁）。

（17）［SE］メーダーのこの理論について、フロイトは『夢解釈』第六章、第七章に付された二つの原注〔全集第五巻、二八九頁、原注（209）、三七九頁、原注（236）〕で詳しく検討している。

(18)〔SE〕W・シュテーケル『夢の言葉』ヴィースバーデン、一九一一年、三四頁。

(19)〔SE〕この点は、『夢解釈』第七章〔全集第五巻、三〇九―三一〇頁〕にて詳論され、また「夢とテレパシー」〔全集第十七巻、三三七―三三八頁〕、「夢学説へのメタサイコロジー的補遺」の原注〔全集第十四巻、二六三頁、原注(2)〕でも議論されている。

(20)〔SE〕A・アードラー「生活と神経症における心的な両性具有」(『医学の進歩』第二十八巻、一九一〇年、四八六頁)。『夢解釈』第六章〔全集第五巻、一五〇―一五一頁〕を参照。

(21)　ヒステリー症状に関する両性性からの見方については「ヒステリー性空想、ならびに両性性に対するその関係」〔全集第九巻〕を参照。

(22)〔SE〕さらなる議論が「夢解釈の理論と実践についての見解」Ⅶ節〔全集第十八巻、一八〇頁以下〕でなされている。

(23)〔SE〕本講義の最終講の終わり近く〔本書下巻、三六五―三六七頁〕で、夢を振り返って参照しているところがある。

(24)〔SE〕フロイトは『続・精神分析入門講義』第二九講〔全集第二十一巻、六頁以下〕にて夢の問題に再び立ち返る。

精神分析《せいしんぶんせき》入門講義《にゅうもんこうぎ》（上）〔全2冊〕 フロイト著

2023年10月13日 第1刷発行

訳 者 高田珠樹《たかだたまき》 新宮一成《しんぐうかずしげ》
須藤訓任《すとうのりひで》 道籏泰三《みちはたたいぞう》

発行者 坂本政謙

発行所 株式会社 岩波書店
〒101-8002 東京都千代田区一ツ橋 2-5-5
案内 03-5210-4000 営業部 03-5210-4111
文庫編集部 03-5210-4051
https://www.iwanami.co.jp/

印刷 製本・法令印刷 カバー・精興社

ISBN 978-4-00-336422-2 Printed in Japan

読書子に寄す

――岩波文庫発刊に際して――

岩波茂雄

真理は万人によって求められることを自ら欲し、芸術は万人によって愛されることを自ら望む。かつては民を愚昧ならしめるために学芸が最も狭き堂宇に閉鎖されたことがあった。今や知識と美とを特権階級の独占より奪い返すことはつねに進取的なる民衆の切実なる要求である。岩波文庫はこの要求に応じそれに励まされて生まれた。それは生命ある不朽の書を少数者の書斎と研究室とより解放して街頭にくまなく立たしめ民衆に伍せしめるであろう。近時大量生産予約出版の流行を見る。その広告宣伝の狂態はしばらくおくも、後代にのこすと誇称する全集がその編集に万全の用意をなしたるか。千古の典籍の翻訳企図に敬虔の態度を欠かざりしか。さらに分売を許さず読者を繋縛して数十冊を強うるがごとき、はたしてその揚言する学芸解放のゆえんなりや。吾人は天下の名士の声に和してこれを推挙するに躊躇するものである。このときにあたって、岩波書店は自己の責務のいよいよ重大なるを思い、従来の方針の徹底を期するため、すでに十数年以前より志して来た計画を慎重審議この際断然実行することにした。吾人は範をかのレクラム文庫にとり、古今東西にわたって文芸・哲学・社会科学・自然科学等種類のいかんを問わず、いやしくも万人の必読すべき真に古典的価値ある書をきわめて簡易なる形式において逐次刊行し、あらゆる人間に須要なる生活向上の資料、生活批判の原理を提供せんと欲する。この文庫は予約出版の方法を排したるがゆえに、読者は自己の欲する時に自己の欲する書物を各個に自由に選択することができる。携帯に便にして価格の低きを最主とするがゆえに、外観を顧みざるも内容に至っては厳選最も力を尽くし、従来の岩波出版物の特色をますます発揮せしめようとする。この計画たるや世間の一時の投機的なるものと異なり、永遠の事業として吾人は微力を傾倒し、あらゆる犠牲を忍んで今後永久に継続発展せしめ、もって文庫の使命を遺憾なく果たさしめることを期する。芸術を愛し知識を求むる士の自ら進んでこの挙に参加し、希望と忠言とを寄せられることは吾人の熱望するところである。その性質上経済的には最も困難多きこの事業にあえて当たらんとする吾人の志を諒として、その達成のため世の読書子とのうるわしき共同を期待する。

昭和二年七月

《哲学・教育・宗教》〔青〕

- ソクラテスの弁明・クリトン　プラトン　久保勉訳
- ゴルギアス　プラトン　加来彰俊訳
- 饗宴　プラトン　久保勉訳
- テアイテトス　プラトン　田中美知太郎訳
- パイドロス　プラトン　藤沢令夫訳
- メノン　プラトン　藤沢令夫訳
- 国家　全二冊　プラトン　藤沢令夫訳
- プロタゴラス　—ソフィストたち　プラトン　藤沢令夫訳
- パイドン　—魂の不死について　プラトン　岩田靖夫訳
- アナバシス　—敵中横断六〇〇〇キロ　クセノポン　松平千秋訳
- アリストテレス　ニコマコス倫理学　全二冊　高田三郎訳
- アリストテレス　形而上学　全二冊　出隆訳
- アリストテレス　弁論術　戸塚七郎訳
- アリストテレース　詩学　ホラーティウス　詩論　松本仁助・岡道男訳
- 物の本質について　ルクレーティウス　樋口勝彦訳
- エピクロス　—教説と手紙　出隆・岩崎允胤訳
- 生の短さについて　他二篇　セネカ　大西英文訳
- 怒りについて　他二篇　セネカ　兼利琢也訳
- エピクテトス　人生談義　全二冊　國方栄二訳
- 人さまざま　テオプラストス　森進一訳
- マルクス・アウレーリウス　自省録　神谷美恵子訳
- 老年について　キケロー　中務哲郎訳
- 弁論家について　全二冊　キケロー　大西英文訳
- キケロー書簡集　高橋宏幸編
- 平和の訴え　エラスムス　箕輪三郎訳
- 方法序説　デカルト　谷川多佳子訳
- 哲学原理　デカルト　桂寿一訳
- 情念論　デカルト　谷川多佳子訳
- パンセ　全三冊　パスカル　塩川徹也訳
- スピノザ　神学・政治論　全二冊　畠中尚志訳
- 知性改善論　スピノザ　畠中尚志訳
- スピノザ　エチカ　(倫理学)　全二冊　畠中尚志訳
- スピノザ　国家論　畠中尚志訳
- スピノザ往復書簡集　畠中尚志訳
- デカルトの哲学原理　—附 形而上学的思想　スピノザ　畠中尚志訳
- スピノザ　神・人間及び人間の幸福に関する短論文　畠中尚志訳
- モナドロジー　他二篇　ライプニッツ　谷川多佳子・岡部英男訳
- 市民の国について　全二冊　ヒューム　小松茂夫訳
- 自然宗教をめぐる対話　ヒューム　犬塚元訳
- エミール　全三冊　ルソー　今野一雄訳
- 人間不平等起原論　ルソー　本田喜代治・平岡昇訳
- ルソー　社会契約論　桑原武夫・前川貞次郎訳
- 言語起源論　—旋律と音楽的模倣について　ルソー　増田真訳
- ディドロ　絵画について　佐々木健一訳
- 道徳形而上学原論　カント　篠田英雄訳
- 啓蒙とは何か　他四篇　カント　篠田英雄訳
- 純粋理性批判　全三冊　カント　篠田英雄訳
- カント　実践理性批判　波多野精一・宮本和吉・篠田英雄訳
- 判断力批判　全二冊　カント　篠田英雄訳
- 永遠平和のために　カント　宇都宮芳明訳

- プロレゴメナ — カント／篠田英雄訳
- 学者の使命・学者の本質 — フィヒテ／宮崎洋三訳
- シュライエルマッハー 独白 — 木場深定訳
- ヘーゲル 政治論文集 全二冊 — 金子武蔵訳
- 哲学史序論 —哲学と哲学史 — ヘーゲル／武市健人訳
- 歴史哲学講義 全二冊 — ヘーゲル／長谷川宏訳
- 法の哲学 —自然法と国家学の要綱 — ヘーゲル／上妻精・佐藤康邦・山田忠彰訳
- 学問論 — シェリング／西川富雄・藤田正勝監訳
- 自殺について 他四篇 — ショウペンハウエル／斎藤信治訳
- 読書について 他二篇 — ショウペンハウエル／斎藤忍随訳
- 知性について 他四篇 — ショーペンハウエル／細谷貞雄訳
- 不安の概念 — キェルケゴール／斎藤信治訳
- 死に至る病 — キェルケゴール／斎藤信治訳
- 体験と創作 全二冊 — ディルタイ／柴田治三郎・小牧健夫訳
- 眠られぬ夜のために 全二冊 — ヒルティ／草間平作・大和邦太郎訳
- 幸福論 全三冊 — ヒルティ／草間平作・大和邦太郎訳
- 悲劇の誕生 — ニーチェ／秋山英夫訳

- ツァラトゥストラはこう言った 全二冊 — ニーチェ／氷上英廣訳
- 道徳の系譜 — ニーチェ／木場深定訳
- 善悪の彼岸 — ニーチェ／木場深定訳
- この人を見よ — ニーチェ／手塚富雄訳
- プラグマティズム — W・ジェイムズ／桝田啓三郎訳
- 宗教的経験の諸相 全二冊 — W・ジェイムズ／桝田啓三郎訳
- 日常生活の精神病理 — フロイト／高田珠樹訳
- 純粋現象学及現象学的哲学考案 全二冊 — フッセル／池上鎌三訳
- デカルト的省察 — フッサール／浜渦辰二訳
- 愛の断想・日々の断想 — ジンメル／清水幾太郎訳
- ジンメル宗教論集 — 深澤英隆編訳
- 笑い — ベルクソン／林達夫訳
- 道徳と宗教の二源泉 — ベルクソン／平山高次訳
- 時間と自由 — ベルクソン／中村文郎訳
- ラッセル教育論 — 安藤貞雄訳
- ラッセル幸福論 — 安藤貞雄訳
- 存在と時間 全四冊 — ハイデガー／熊野純彦訳

- 学校と社会 — デューイ／宮原誠一訳
- 民主主義と教育 全二冊 — デューイ／松野安男訳
- 我と汝・対話 — マルティン・ブーバー／植田重雄訳
- アラン 幸福論 — 神谷幹夫訳
- アラン 定義集 — 神谷幹夫訳
- 天才の心理学 — E・クレッチュマー／内村祐之訳
- 英語発達小史 — H・ブラッドリ／寺澤芳雄訳
- 日本の弓術 — オイゲン・ヘリゲル述／柴田治三郎訳
- ことばのロマンス —英語の語源 — ウィークリー／寺澤芳雄・出淵博訳
- ヴィーコ 学問の方法 — 上村忠男・佐々木力訳
- 国家と神話 全二冊 — カッシーラー／熊野純彦訳
- 天才・悪 — ブレンターノ／篠田英雄訳
- 人間の頭脳活動の本質 他一篇 — ディーツゲン／小松摂郎訳
- プラトン入門 — R・S・ブラック／内山勝利訳
- 反啓蒙思想 他二篇 — バーリン／松本礼二編
- マキアヴェッリの独創性 他三篇 — バーリン／川出良枝編
- ロシア・インテリゲンツィヤの誕生 他五篇 — バーリン／桑野隆編

論理哲学論考　ウィトゲンシュタイン　野矢茂樹訳
自由と社会的抑圧　シモーヌ・ヴェイユ　冨原眞弓訳
根をもつこと　全二冊　シモーヌ・ヴェイユ　冨原眞弓訳
重力と恩寵　シモーヌ・ヴェイユ　冨原眞弓訳
全体性と無限　全二冊　レヴィナス　熊野純彦訳
啓蒙の弁証法　―哲学的断想　M・ホルクハイマー　T・W・アドルノ　徳永恂訳
ヘーゲルからニーチェへ　十九世紀思想における革命的断絶　全二冊　レーヴィット　三島憲一訳
統辞構造論　付『言語理論の論理構造』序論　チョムスキー　福井直樹　辻子美保子訳
統辞理論の諸相　方法論序説　チョムスキー　辻子美保子　福井直樹訳
快楽について　ロレンツォ・ヴァッラ　近藤恒一訳
古代懐疑主義入門　判断保留の十の方式　J・アナス　J・バーンズ　金山弥平訳
ニーチェ　みずからの時代と闘う者　ルドルフ・シュタイナー　高橋巖訳
フランス革命期の公教育論　コンドルセ他　阪上孝編訳
フレーベル自伝　長田新訳
旧約聖書　創世記　関根正雄訳
旧約聖書　出エジプト記　関根正雄訳
旧約聖書　ヨブ記　関根正雄訳

旧約聖書　詩篇　関根正雄訳
新約聖書　福音書　塚本虎二訳
文語訳　新約聖書　詩篇付
文語訳　旧約聖書　全四冊
キリストにならいて　トマス・ア・ケンピス　大沢章　呉茂一訳
聖アウグスティヌス　告白　全二冊　服部英次郎訳
アウグスティヌス　神の国　全五冊　服部英次郎　藤本雄三訳
新訳　キリスト者の自由・聖書への序言　マルティン・ルター　石原謙訳
キリスト教と世界宗教　シュヴァイツェル　鈴木俊郎訳
水と原生林のはざまで　シュヴァイツェル　野村実訳
コーラン　全三冊　井筒俊彦訳
エックハルト説教集　田島照久編訳
ムハンマドのことば　ハディース　小杉泰編訳
新約聖書外典　ナグ・ハマディ文書抄　荒井献　大貫隆　小林稔　筒井賢治　編訳
後期資本主義における正統化の問題　ハーバーマス　山田正行・金慧訳
シンボルの哲学　―理性、祭礼、芸術のシンボル試論　S・K・ランガー　塚本明子訳

ジャック・ラカン　精神分析の四基本概念　全二冊　ジャック＝アラン・ミレール編　小出浩之　新宮一成　鈴木國文　小川豊昭　訳
精神と自然　生きた世界の認識論　グレゴリー・ベイトソン　佐藤良明訳
人間の知的能力に関する試論　全二冊　トマス・リード　戸田剛文訳
開かれた社会とその敵　全四冊　カール・ポパー　小河原誠訳

《東洋思想》〔青〕

- 易経 全二冊 — 高田真治・後藤基巳 訳
- 論語 — 金谷治 訳注
- 孔子家語 — 藤原正 校訳
- 孟子 全二冊 — 小林勝人 訳注
- 老子 — 蜂屋邦夫 訳注
- 荘子 全四冊 — 金谷治 訳注
- 新訂 孫子 — 金谷治 訳注
- 荀子 全二冊 — 金谷治 訳注
- 韓非子 全四冊 — 金谷治 訳注
- 史記列伝 全五冊 — 司馬遷／小川環樹・今鷹真・福島吉彦 訳
- 春秋左氏伝 全三冊 — 小倉芳彦 訳
- 塩鉄論 — 曾我部静雄 訳註
- 千字文 — 小川環樹・木田章義 注解
- 大学・中庸 — 金谷治 訳注
- 仁学 ―清末の社会変革論 — 譚嗣同／西順蔵・坂元ひろ子 訳注
- 章炳麟集 ―清末の民族革命思想 — 西順蔵・近藤邦康 編訳
- 梁啓超文集 — 岡本隆司・石川禎浩・高嶋航 編訳
- マヌの法典 — マヌ／田辺繁子 訳
- ガンディー獄中からの手紙 — 森本達雄 訳
- ウパデーシャ・サーハスリー ―真実の自己の探求 — シャンカラ／前田専学 訳

《仏教》〔青〕

- ブッダのことば ―スッタニパータ — 中村元 訳
- ブッダの真理のことば・感興のことば — 中村元 訳
- 般若心経・金剛般若経 — 中村元・紀野一義 訳註
- 法華経 全三冊 — 坂本幸男・岩本裕 訳注
- 日蓮文集 — 兜木正亨 校注
- 浄土三部経 全二冊 — 中村元・早島鏡正・紀野一義 訳註
- 大乗起信論 — 宇井伯寿・高崎直道 訳注
- 臨済録 — 入矢義高 訳注
- 碧巌録 全三冊 — 入矢義高・溝口雄三・末木文美士・伊藤文生 訳注
- 無門関 — 西村恵信 訳注
- 法華義疏 全二冊 — 聖徳太子／花山信勝 校訳
- 往生要集 全二冊 — 源信／石田瑞麿 訳注
- 教行信証 — 親鸞／金子大栄 校訂
- 歎異抄 — 金子大栄 校注
- 正法眼蔵 全四冊 — 道元／水野弥穂子 校注
- 正法眼蔵随聞記 — 懐奘 編／和辻哲郎 校訂
- 道元禅師清規 — 大久保道舟 訳注
- 一遍上人語録 ―付 播州法語集 — 大橋俊雄 校注
- 南無阿弥陀仏 ―付 心偈 — 柳宗悦
- 蓮如上人御一代聞書 — 稲葉昌丸 校訂
- 日本的霊性 — 鈴木大拙／篠田英雄 校訂
- 新編 東洋的な見方 — 鈴木大拙／上田閑照 編
- 大乗仏教概論 — 鈴木大拙／佐々木閑 訳
- 浄土系思想論 — 鈴木大拙
- 神秘主義 キリスト教と仏教 — 鈴木大拙／坂東性純・清水守拙 訳
- 禅の思想 — 鈴木大拙
- ブッダ最後の旅 ―大パリニッバーナ経 — 中村元 訳
- 仏弟子の告白 ―テーラガーター — 中村元 訳
- 尼僧の告白 ―テーリーガーター — 中村元 訳

ブッダ 神々との対話 —サンユッタ・ニカーヤI　中村元訳
ブッダ 悪魔との対話 —サンユッタ・ニカーヤII　中村元訳
禅林句集　足立大進校注
ブッダが説いたこと　ワールポラ・ラーフラ　今枝由郎訳
ブータンの瘋狂聖 ドゥクパ・クンレー伝　ゲンドゥン・リンチェン編　今枝由郎訳
梵文和訳 華厳経入法界品　梶山雄一・丹治昭義・津田真一・田村智淳・桂紹隆 訳注

《音楽・美術》〔青〕

ベートーヴェンの生涯　ロマン・ロラン　片山敏彦訳
音楽と音楽家　シューマン　吉田秀和訳
レオナルド・ダ・ヴィンチの手記 全二冊　杉浦明平訳
ゴッホの手紙 全三冊　硲伊之助訳
ロダンの言葉抄　高村光太郎訳　高田博厚・菊池一雄編
ビゴー日本素描集　清水勲編
ワーグマン日本素描集　清水勲編
河鍋暁斎戯画集　山口静一・及川茂編
葛飾北斎伝　飯島虚心　鈴木重三校注
ヨーロッパのキリスト教美術 —十二世紀から十八世紀まで 全二冊　エミール・マール　柳宗玄・荒木成子訳

近代日本漫画百選　清水勲編
蛇儀礼　ヴァールブルク　三島憲一訳
セザンヌ　ガスケ　與謝野文子訳
日本洋画の曙光　平福百穂
映画とは何か 全二冊　アンドレ・バザン　野崎歓・大原宣久・谷本道昭訳
漫画 坊っちゃん　近藤浩一路
漫画 吾輩は猫である　近藤浩一路
ロバート・キャパ写真集　ICPロバート・キャパ・アーカイブ編
北斎 富嶽三十六景　日野原健司編
日本漫画史 —鳥獣戯画から岡本一平まで　細木原青起
世紀末ウィーン文化評論集　ヘルマン・バール　西村雅樹編訳
ゴヤの手紙 全二冊　大髙保二郎・松原典子編訳
丹下健三建築論集　豊川斎赫編
丹下健三都市論集　豊川斎赫編
ギリシア芸術模倣論　ヴィンケルマン　田邊玲子訳
堀口捨己建築論集　藤岡洋保編

《日本思想》〔青〕

風姿花伝（花伝書）　世阿弥　野上豊一郎・西尾実校訂
五輪書　宮本武蔵　渡辺一郎校注
養生訓・和俗童子訓　貝原益軒　石川謙校訂
貝原益軒 大和俗訓　石川謙校訂
日本水土考・水土解弁・増補華夷通商考　西川如見　飯島忠夫・西川忠幸校訂
蘭学事始　杉田玄白　緒方富雄校註
島津斉彬言行録　牧野伸顕序
塵劫記　吉田光由　大矢真一校注
兵法家伝書 付 新陰流兵法目録事　柳生宗矩　渡辺一郎校注
長崎版 どちりな きりしたん　海老沢有道校註
農業全書　宮崎安貞編録　貝原楽軒刪補　土屋喬雄校訂
仙境異聞・勝五郎再生記聞　平田篤胤　子安宣邦校注
茶湯一会集・閑夜茶話　井伊直弼　戸田勝久校注
西郷南洲遺訓 附 手抄言志録及遺文　山田済斎編
文明論之概略　福沢諭吉　松沢弘陽校注
新訂 福翁自伝　富田正文校訂

学問のすゝめ　福沢諭吉
福沢諭吉教育論集　山住正己編
福沢諭吉家族論集　中村敏子編
福沢諭吉の手紙　慶應義塾編
新島襄の手紙　同志社編
新島襄 教育宗教論集　同志社編
新島襄自伝 —手記・紀行文・日記　同志社編
植木枝盛選集　家永三郎編
日本の下層社会　横山源之助
中江兆民 三酔人経綸問答　桑原武夫・島田虔次訳・校注
中江兆民評論集　松永昌三編
憲法義解　伊藤博文　宮沢俊義校註
日本風景論　志賀重昂　近藤信行校訂
日本開化小史　田口卯吉　嘉治隆一校訂
新訂 蹇蹇録 —日清戦争外交秘録　陸奥宗光　中塚明校注
茶の本　岡倉覚三　村岡博訳
武士道　新渡戸稲造　矢内原忠雄訳

新渡戸稲造論集　鈴木範久編
キリスト信徒のなぐさめ　内村鑑三
余はいかにしてキリスト信徒となりしか　内村鑑三　鈴木範久訳
代表的日本人　内村鑑三　鈴木範久訳
後世への最大遺物・デンマルク国の話　内村鑑三
ヨブ記講演　内村鑑三
足利尊氏　山路愛山
徳川家康 全二冊　山路愛山
豊臣秀吉 全二冊　山路愛山
妾の半生涯　福田英子
三十三年の夢　宮崎滔天　島田虔次・近藤秀樹校注
善の研究　西田幾多郎
続思索と体験・『続思索と体験』以後　西田幾多郎
西田幾多郎哲学論集 II —論理と生命 他四篇　上田閑照編
西田幾多郎哲学論集 III —自覚について 他四篇　上田閑照編
西田幾多郎歌集　上田薫編
西田幾多郎講演集　田中裕編

岩波文庫の最新刊

暗闇に戯れて
―白さと文学的想像力―

トニ・モリスン著／都甲幸治訳

キャザーやポーらの作品を通じて、アメリカ文学史の根底に「白人男性を中心とした思考」があることを鮮やかに分析し、その構図を一変させた、革新的な批評の書。〔赤三四六-一〕　定価九九〇円

左川ちか詩集

川崎賢子編

左川ちか(一九一一-三六)は、昭和モダニズムを駆け抜けた若き女性詩人。夭折の宿命に抗いながら、奔放自在なイメージを、鮮烈な詩の言葉に結実した。〔緑二三二-一〕　定価七九二円

人類歴史哲学考(一)

ヘルダー著／嶋田洋一郎訳

風土に基づく民族・文化の多様性とフマニテートの開花を描こうとした壮大な歴史哲学。第一分冊は有機的生命の発展に人間を位置づける。(全五冊)　〔青N六〇八-一〕　定価一四三〇円

高野聖・眉かくしの霊

泉　鏡花作

鏡花畢生の名作「高野聖」に、円熟の筆が冴える「眉かくしの霊」を併収した怪異譚二篇。本文の文字を大きくし、新たな解説を加えた改版。(解説＝吉田精一／多田蔵人)〔緑二七-一〕　定価六二七円

今月の重版再開

尾崎紅葉作
多情多恨
〔緑一四-七〕　定価一一三三円

大江健三郎・清水徹編
渡辺一夫評論選 狂気について 他二十二篇
〔青一八八-二〕　定価一一五五円

定価は消費税10％込です　2023. 9